Florian D. Munz

FUSSBALL TRIX

*„Erkenne den Style,
den das Spiel
dir bietet.
Erlerne ihn.
Und mach' Fußball
zur Kunst."*

StreetSpot

Dieses Werk ist urheberrechtlich geschützt.
Die dadurch begründeten Rechte, inbesondere die der Übersetzung, des Nachdrucks, des Vortrags, der Entnahme von Abbildungen und Bildreihen, der Funksendung, der Wiedergabe auf photomechanischem oder ähnlichem Wege und der Speicherung in Datenverarbeitungsanlagen, bleiben, auch bei nur auszugsweiser Verwertung, vorbehalten.
Zuwiderhandlungen unterliegen den Strafbestimmungen des Urheberrechtsgesetzes.

Bibliographische Information der Deutschen Nationalbibliothek
Die Deutsche Nationalbibliothek verzeichnet diese Publikation in der deutschen Nationalbiographie; detaillierte bibliographische Daten sind im Internet über http://dnb.d-nb.de abrufbar.

ISBN: 978-3-9811922-3-0
3., überarb. und erw. Auflage

© 2008, StreetSpot Verlag, München
kingstyle@streetspot.net

Umschlaggestaltung: Michael Bauer, Salach
Lektorat: Frauke Höntzsch, München
Bildbearbeitung: Vision Medical, Tübingen
Druck: Gulde, Tübingen

Gedruckt auf säurefreiem, chlorfrei gebleichtem Papier

Internet-Order auf www.streetspot.net

MASSIVEN DANK AN

Froggie, Basti, Nav, Dan,
Pa und Danki

DANK AN

Ma, Micha, Munz Klan Steinenbach, Doro,
Til Huber, Olaf Knirsch, Herrn Zuckschwerdt,
Miche, Nike Kai Landwehr,
Markus Prechtl, Marko, Setzi, ILLit,
Sarah & Lea, Geri
und die TU München

Inhaltsverzeichnis

Inhaltsverzeichnis 6
Vorwort 8

Prolog 11

Intro 29

    Die Einflussfaktoren der Trix 31
    I. Die Trickmittel 33
    II. Der Gegenspieler 37
    III. Das Lauftempo 43
    IV. Die Ballführung 52
    V. Die Grundtechniken 57
    VI. Die Frontline 69

Face 2 Face Trix 79

    Die Face 2 Face Stellung 81
    I. Fake Trix 85
    II. Shift Trix 92
    III. Bypass Trix 150
    IV. Stepover Trix 161
    V. Spin Trix 186
    VI ShotFake Trix 194

Side 2 Side Trix **207**

    Die Side 2 Side Stellung 209
    I. Fake Trix 214
    II. Spin Trix 220
    III. Bypass Trix 249
    IV. Stepover Trix 267
    V. Stop&Go Trix 284
    VI. ShotFake Trix 317

Back 2 Face Trix **325**

    Die Back 2 Face Stellung 327
    I. Fake Trix 332
    II. Spin Trix 339
    III. Shift Trix 366
    IV. Bypass Trix 379
    V. Stepover Trix 394

Weitere Trix ohne Abbildung 411
Stichwortverzeichnis 415

Vorwort

Seit den Anfängen des Fußballs vor Hunderten von Jahren, als noch auf die Stadttore zweier Nachbarorte gespielt wurde, hat sich das Spiel stark verändert. Während damals der Kampf dominierte, erkannten die Spieler im Laufe der Zeit, dass sie durch geschicktes Zusammenspiel im Team, Zweikämpfen aus dem Weg gehen konnten und so größeren Erfolg im Spiel hatten. Auch die Technik mit dem Ball entwickelte sich weiter und die Spieler erfanden immer ausgefeiltere Tricks, um an ihren Gegenspielern vorbeizukommen – sie verfeinerten das Spiel und fingen an, es zu perfektionieren.

Als ich vor ein paar Jahren begann, mich mit Fußballtricks zu beschäftigen, besorgte ich mir einige Bücher, um einen Überblick über die verschiedenen Tricktechniken zu bekommen. Mir fiel auf, dass meist nur einige wenige Standardtechniken gezeigt wurden und es keine einheitlichen Bezeichnungen gab. Oft behalf man sich damit, Tricks nach bestimmten Spielern zu benennen. Etliche Techniken fehlten ganz und für viele Bewegungs- und Spieltechniken gab es offenbar noch überhaupt keine Begriffe. Das Beschriebene wurde der technischen Dimension des Fußballspiels nicht gerecht. Mir wurde bewusst, dass eine umfassende Systematisierung fehlte – dies wollte ich ändern.

Ich machte mich daran, Fernsehbilder und Videoaufnahmen zu analysieren und probierte selbst verschiedenste Balltechniken aus. Mein Ziel war, Begriffe zu finden, mit denen man, egal wie der Gegenspieler ausgespielt wird, sagen kann, was mit dem Ball gemacht wird. Nach knapp einem Jahr hatte ich das Spiel entschlüsselt. Mit den gewonnenen Bezeichnungen ließen sich nun die einzelnen Tricks gleichzeitig benennen und beschreiben, d.h. man kann aus der Benennung logisch erschließen, was bei der Technik gezeigt wird.

Die Benennung orientiert sich an Begriffen aus Style- und Streetsportarten, wie Skate- oder Snowboarden. Die Bezeichnungen sind in englischer Sprache, da man sich hier sehr kurz und prägnant ausdrücken kann – deutsche Begriffe sind leider meist zu lang und zu umständlich.

Nachdem die Terminologie in sich schlüssig war, begann ich, dieses Buch zu schreiben. Während meiner dreijährigen Arbeit stieß ich auf immer neue, interessante Aspekte zu den Tricks. So werden in diesem Buch die einzelnen Tricktechniken nicht nur benannt und im Bewegungsablauf gezeigt, sondern auch die konkrete Anwendungssituation (*Tricksituation*) beschrieben.

Das Buch umfasst fünf Teile: Der Prolog zeigt dir, aus welchen Elementen das Fußballspiel besteht und wie du als Spieler zur Perfektion, zum *Kingstyle*, finden kannst. Im Intro erfährst du, welche Einflussfaktoren bei der Ausführung von Auspieltechniken eine Rolle spielen und wie sie auf die Tricksituation einwirken. Denn für das Tricksen reicht es nicht aus, ‚nur' die Bewegung drauf zu haben, man muss auch wissen, in welcher Situation sich die Ausspieltechnik anwenden lässt.

Den Hauptteil bilden aber natürlich die Tricktechniken, die ‚Trix', selbst. Sie sind anhand der Grundstellungen zum Gegenspieler in drei Abschnitte gegliedert: frontal (Face 2 Face Trix), seitlich (Side 2 Side Trix) und mit dem Rücken zum Gegenspieler (Back 2 Face Trix). Insgesamt werden über 250 Tricktechniken vorgestellt und mit Bildreihen illustriert.

Dieses Buch soll dir einen tiefen Einblick in die Welt der Fußball Trix geben und dir ein größeres Bewusstsein für das Fintieren und Ausspielen des Gegenspielers verschaffen. Die Trix gehören zweifellos zu den faszinierendsten Aktionen, die man im Fußballspiel zeigen kann. Ein Spieler, der sich mit überragender Technik und mit stylischen Moves gegen seine Gegenspieler durchsetzt, kann sich immer sicher sein, eine Menge Respekt auf dem Platz zu bekommen. Durch diese Aktionen wird Schönheit ins Spiel gebracht und das Spiel vom reinen Kampfspiel zur Kunst empor gehoben. Und genau das ist es doch, was jeder Freund des Fußballs gerne sieht. Leider beschränken sich viele Spieler darauf, nur einige Standardtechniken zu erlernen. So können sie zwar ohne Probleme mitspielen, allerdings ist dieses Spiel für die Gegenspieler sehr leicht durchschaubar. Gerade in der 1:1-Situation können solche Spieler selten bestehen. Meist ‚ziehen sie den Schwanz ein' und schieben den Ball lieber zu einem Mitspieler als selbst ein Dribbling anzusetzen.

Viel zu lange hat man sich bei der Beschreibung und beim Training des Fußballspiels auf den Kampf, das Zusammenspiel in der Gruppe und die Verbesserung der Kondition fokussiert. Die Schönheit des Spiels, die virtuose Balltechnik, wurde bisher sträflich vernachlässigt. Kein Wunder, dass viele Spieler nicht mehr 1:1 gehen können. Früher erlernte man die Balltechnik noch auf der Straße und konnte sich frei entfalten. Heute werden junge Spieler schon frühzeitig zum einfachen und sicheren Spiel erzogen. Leider geht dabei die technische Vielfalt verloren und die Ballfertigkeit der Spieler bleibt begrenzt. Möchte man perfekten Fußball sehen, darf man sich bei der Schulung der Balltechnik nicht darauf beschränken, welche Techniken zwingend gebraucht werden, sondern muss überlegen, was überhaupt mit dem Ball möglich ist. Es gibt keine andere Sportart, in der man so viele Einzeltechniken erlernen kann, wie beim Fußball. Dieses Buch zeigt die technische Vielfalt im Umgang mit dem Ball systematisch auf. Die Umsetzung dieses Wissens wird dein Spiel facettenreicher und überraschender machen und es letztendlich auf ein weit höheres Level bringen.

Der Trend hin zum style- und technikorientierten Fußball ist nicht aufzuhalten. Viele Spieler wollen sich nicht länger in ihrer Kreativität und Spielfreude beschränken lassen. Sie haben Spaß am schönen und technisch ausgefeilten Spiel und wollen dies auch zeigen. Denn Fußball ist nicht nur eine Kampf- und Teamsportart, Fußball ist auch eine Stylesportart, deren Grenzen noch lange nicht erreicht sind. Jeder Spieler hat es selbst in der Hand, noch besser gesagt: im Fuß, das Spiel weiter zu pushen.

Dies ist nun schon die dritte Edition der "FUSSBALL TRIX" und ich freue mich, dass meine Beschreibung eines schöneren Fußballs auf reges Interesse stößt. Die neue Edition wurde wieder um einige Trickstyles erweitert.

Mit diesem Buch möchte ich dir ein umfassendes Handbuch zur Fußballkunst liefern. Ich wünsche dir viel Spaß beim Lesen und viel Erfolg auf deinem weiteren Weg zum perfekten Spiel.

München, im Oktober 2008

PROLOG

Die Elemente des Fußballspiels

Fußball ist ein Spiel, das eine besondere Faszination auf die Menschen ausübt. Wer es einmal gespielt hat, ist meist für immer in seinen Bann gezogen. Kein Wunder, dass es sich auf der ganzen Welt verbreitet hat, auf der ganzen Welt geliebt wird. Es ist ein einfaches Spiel, dessen Regeln man leicht begreift und bei dem man schnell mitspielen kann. Um es zu spielen, braucht man lediglich einen Ball und zwei Tore. So wird es auch an den unterschiedlichsten Orten gespielt. Ob in Parkanlagen, auf der Straße, auf Bolzplätzen oder am Strand, ob in der Halle, in Vereinssportanlagen oder in riesigen Stadien, die Tausende von Leuten fassen: Man spielt dieses Spiel, zeigt es, beobachtet es und hat Freude daran. Doch wie setzt sich das Spiel eigentlich zusammen, was macht es so faszinierend, was sind die Elemente des Fußballspiels?

Um die Elemente des Fußballs zu ergründen, muss man sich zunächst mit der Idee dieses Spiels auseinandersetzen. Im Fußball treten zwei Mannschaften gegeneinander an und versuchen, den Ball ins jeweils gegnerische Tor zu schießen. Nur die Mannschaft, die den Ball besitzt, kann ein Tor erzielen. Die andere Mannschaft muss versuchen, ihn zurückzuerobern. Jede Mannschaft kennt also zwei Zustände: die *Offensive* und die *Defensive*. Hier zeigen die Spieler verschiedenste Aktionen, im Alleingang oder in der Gruppe. Die Offensive und die Defensive können daher in die Ebenen des *Team Spiels* und des *Individual Spiels* unterteilt und in einer Matrix dargestellt werden. Die Matrix zeigt, aus welchen Aktionen das Fußballspiel besteht (Abb. 1).

	Offensive	Defensive
Team Spiel	Strategien zum Angriff aufs Tor und um in Ballbesitz zu bleiben	Strategien, auf gegnerische Angriffe zu reagieren, Tore zu vermeiden und in Ballbesitz zu kommen
Individual Spiel	Techniken im Umgang mit dem Ball sowie das strategische Angriffsverhalten mit und ohne Ball	Techniken, sich den Ball zu erkämpfen, ihn zu sichern und Tore zu verhindern sowie das strategische Verhalten in der Defensive

Abb. 1: Matrix der Aktionen im Fußballspiel

Abb. 2: Fußball Skills

Auf der Ebene des *Team Spiels* zeigen die beiden Mannschaften Offensiv- und Defensivaktionen, bei denen die ganze Mannschaft oder mehrere Spieler als Gruppe beteiligt sind. Diese Aktionen werden als *Strategien* bezeichnet. In der Offensive geht es vor allem darum, Strategien zu entwickeln, mit denen man das gegnerische Tor angreifen kann. Hier werden bestimmte Lauf- und Passkombinationen eingesetzt, mit denen der Ball in Richtung gegnerisches Tor bewegt wird. Die Defensivstrategien dienen dazu, auf die Offensivstrategien der gegnerischen Mannschaft zu reagieren, von vornherein gefährliche Situationen für das eigene Tor zu vermeiden und den Ballbesitz zurückzuerobern. Das strategische Spiel verknüpft das Individual Spiel und das Team Spiel, da die Strategie des Teams sich immer aus den Aktionen einzelner Spieler zusammensetzt.

Auf der Ebene des *Individual Spiels* erkennt man, was der einzelne Spieler in der Offensive und der Defensive drauf hat. Im Offensivspiel kann er vielfältige Aktionen im Umgang mit dem Ball zeigen. Hier zählt seine technische Ballfertigkeit bei Annahmen, der Ballführung oder bei Kicktechniken. Aber auch das Zusammenspiel mit den Teamkollegen ist sehr wichtig, egal ob als Ballführender oder als sich anbietender Mitspieler. Im Defensivspiel zeichnet sich ein Spieler zum einen durch sein Zweikampfverhalten aus, zum anderen durch seine strategischen Aktionen in der Defensive.

Aus der Matrix lassen sich für den Individualspieler drei Fertigkeiten ableiten, die die *Grundelemente* des Fußballspiels bilden: die *Fußball Skills* (Abb. 2). Die Fußball Skills lassen sich in *Fighter Skills*, *Strategie Skills* und *Styler Skills* unterteilen.

Daher kann sich ein Spieler mit besonderen Fertigkeiten als *Fighter*, *Stratege* oder *Styler* hervortun.

Der Fighter

Ein *Fighter* beherrscht Techniken, um sich den Ball zu erkämpfen, ihn zu sichern und Tore zu verhindern. Diese Techniken werden als Fighter Skills bezeichnet. Sie machen den Kampfcharakter des Fußballspiels aus und werden in allen Zweikampfsituationen gebraucht. Zweikämpfe können in verschiedenen Situationen auf dem Platz vorkommen. Man kann drei Grundsituationen unterscheiden.

Erstens: Der Gegenspieler hat den Ball. Dies ist die klassische Zweikampfsituation, in der man versucht, den Ballführenden zu attackieren und ihm den Ball abzunehmen. Hierbei muss ein Spieler die Techniken des *Tacklings* beherrschen. Diese Techniken werden benutzt, um den Ballführenden unter Körpereinsatz zu bedrängen und aus dem Tritt zu bringen oder ihm den Ball wegzugrätschen. Außerdem benötigt man Techniken, die dazu dienen, Tore oder Tormöglichkeiten zu verhindern, wie z.B. beim Blocken von Schüssen oder Flanken.

Zweitens: Keiner der beiden Spieler hat den Ball. In dieser Situation ist der Ball frei und die Spieler kämpfen um den Ballbesitz. Hier sind vor allem Rempeltechniken gefragt, um sich vor den Gegenspieler zu schieben. Dabei spielen neben der Kraft vor allem das Timing und die Schnelligkeit eine entscheidende Rolle, um vor dem Gegenspieler am Ball zu sein.

Drittens: Man selbst hat den Ball. Fighter Skills werden in dieser Situation gebraucht, um sich mittels Körpereinsatz gegen die Attacken des Gegenspielers zur Wehr zu setzen. Diese Situation kommt häufig vor, wenn man sich den Ball gerade erst erkämpft hat oder wenn der Gegenspieler sehr entschlossen und aggressiv den Ball zurückerobern will und gezielt Körperkontakt sucht. Dabei benötigt man Techniken, die dazu dienen, den Ball vor dem Gegenspieler abzuschirmen und zu sichern. Hier wird deutlich, dass das Defensivspiel auf der Individualebene anders zu verstehen ist als auf der Teamebene. Auch wenn das Team sich in der Offensive befindet, muss der Einzelspieler Defensivarbeit leisten. Die Defensivarbeit endet mit der Sicherung des Ballbesitzes.

Allgemein zeichnet sich ein Fighter durch ein geschicktes Zweikampfverhalten aus. Beherrscht er die Fighter Skills in Perfektion, lässt er seinen Gegenspieler zu keiner entscheidenden Aktion kommen und gelangt oft in Ballbesitz.

Eine gute Zweikampfleistung ist sehr wichtig für den Erfolg einer Mannschaft. Der Kampf sollte jedoch nicht überbetont werden. Spieler, die lediglich Fighter Skills beherrschen, spielen nicht sonderlich attraktiv und sind auf die Dauer eher als eintönig und spielzerstörend einzustufen. Eine gewisse Spielintelligenz sowie Raffinesse im Umgang mit dem Ball sollte man von einem Fußballspieler schon erwarten können. Denn Fußball ist ein viel zu schönes Spiel, um es als primitives Kampfspiel zu praktizieren.

Der Stratege

Der *Stratege* besitzt ein besonderes Verständnis für die Strategien, die das Fußballspiel bietet. Unter Strategien versteht man die Gesamtheit der

Möglichkeiten für das Zusammenspiel im Team. Die *Taktik* dagegen ist die Vorgabe für die Anwendung bestimmter Strategien im Wettkampf, d.h. in einem konkreten Spiel. Strategien gibt es für die Offensive und die Defensive.

Ein anschauliches Beispiel für eine *Offensivstrategie* ist der sogenannte „Tödliche Pass". Dabei wird ein Spieler mit einem Steilpass so angespielt, dass er ungestört auf das gegnerische Tor zulaufen kann. Am besten gelingt diese Strategie, wenn der Mitspieler den Pass durch seine Bewegung fordert und seine Bereitschaft zum Zuspiel anzeigt. Erkennt dies der Ballführende, kann er versuchen, ihm den Ball in den Lauf zu spielen. In der Regel wird beim „Tödlichen Pass" die Leistung des Passgebers hervorgehoben, allerdings ist oft der sich anbietende Mitspieler der eigentliche Initiator der Strategie.

Ein Beispiel für eine *Defensivstrategie*, ist das „Übergeben und Übernehmen" von Gegenspielern. Diese Strategie kann z. B. gegen das „Kreuzen" der Angriffsspieler (Offensivstrategie) angewandt werden. Beim „Kreuzen" wechseln zwei Offensivspieler blitzschnell die Positionen, um sich gegenseitig Platz zu schaffen. Durch das „Übergeben und Übernehmen" müssen die Defensivspieler diesen Positionswechsel nicht mitmachen. Sie tauschen stattdessen ihre direkten Gegenspieler.
Durch das Wissen über die Möglichkeiten des Zusammenspiels im Team erlangt ein Spieler Strategie Skills. In der Offensive benötigt ein Spieler Strategie Skills, sowohl wenn er selbst in Ballbesitz ist, als auch bei Ballführung eines Mitspielers. Bei eigener Ballführung sollte der Stratege eine gute Spielübersicht haben. Er hat es in der Hand, den Ball näher in Richtung gegnerisches Tor zu spielen und mit gezielten Passen gefährliche Torchancen herbeizuführen. Doch auch das Laufverhalten der Spieler ohne Ball ist nicht zu unterschätzen. Ein guter Stratege hilft seinen Mitspielern, wann immer es möglich ist, und bietet sich zum Passspiel an. So findet der Ballführende immer eine sichere Anspielstation. ‚Fußball spielt man ohne Ball!' ist daher eine der wichtigsten Weisheiten, die man sich als guter Stratege merken sollte. Durch intelligentes Zusammenspiel kann eine Mannschaft Zweikämpfen aus dem Weg gehen und schließlich zu ungestörten Tormöglichkeiten kommen.

In der Defensive versucht der Stratege, den Spielverlauf, den die Offensivmannschaft vorgibt, vorherzusehen und sein Laufverhalten danach auszurichten. Ein guter Stratege deckt seinen Gegenspieler mal eng, mal im Raum, je nachdem, wo sich der Ball auf dem Platz befindet. Er macht geschickt die Räume eng und versucht permanent, den Weg zum eigenen Tor durch seine Bewegungen zu schützen. Befolgt die ganze Mannschaft dieses Prinzip, wird es dem angreifenden Team sehr schwer gemacht, ein Tor zu erzielen, und die eigenen Spieler kommen häufig in Situationen, in denen sie den Ball zurückerobern können.

Der Stratege hat also allgemein ein gutes Gespür für das Lauf- und Spielverhalten auf dem Platz. Dieses Gespür braucht er, um als Individualspieler möglichst gut im Team agieren zu können. Hier zeigt sich, wer Fußballintelligenz besitzt. Ein guter Stratege steht meist richtig zum Ball, da er den Verlauf von Spielsituationen antizipieren kann. Er erkennt, welche Strategien in bestimmten Spielsituationen eingesetzt werden können und greift durchdacht ins Spielgeschehen ein. Dabei spielt natürlich auch die Spielerfahrung eine große Rolle.

Ob ein Stratege seine Fertigkeiten im Spiel anwenden kann, ist aber auch immer von den Strategie Skills seiner Mitspieler abhängig. Strategien sollten im Team erlernt und abgesprochen werden. Die Spieler wissen dann genau, was in bestimmten Situationen von ihnen gefordert ist und wie sie sich im Raum bewegen müssen.

Listige Strategen bringen durch ihr intelligentes Spielverhalten Niveau ins Spiel und sorgen dafür, dass der Kampfcharakter etwas in den Hintergrund gedrängt wird.

Der Styler

Der *Styler* ist ein Meister im Umgang mit dem Ball. Die Möglichkeiten der Balltechnik werden als Styler Skills bezeichnet. Die Balltechniken sind äußerst vielfältig, es gibt keine andere Sportart, in der man so viele Einzeltechniken erlernen kann wie im Fußball. Der Ball kann mit der Innenseite, der Außenseite, dem Spann, der Sohle oder der Hacke des Fußes gespielt werden. Hohe Bälle werden vorwiegend mit dem Kopf, der Brust oder dem Oberschenkel behandelt.

Styler Skills werden in verschiedenen Spielsituationen benötigt. Man kann Techniken zur An- und Mitnahme des Balls, zur Ballführung, sowie zum Schießen und Passen des Balls unterscheiden. Einen besonderen Teil der Styler Skills bilden aber die Techniken zum Ausspielen des Gegenspielers – die *Fußball Trix*.

Ein echter Styler beherrscht diese Balltechniken in Perfektion. Er richtet dabei sein Können nicht nur daran aus, welche Techniken zwingend gebraucht werden, sondern er zeigt all das, was überhaupt mit dem Ball möglich ist. Dies stellt natürlich hohe koordinative Anforderungen an einen Spieler und es bedarf schon einiger Übung, um sich im Stylebereich hervortun zu können.

Durch die Styler Skills wird Schönheit ins Spiel gebracht und genau das ist es doch, was wohl jeder Fußballfaszinierte gerne sieht. Die Styles sind dabei nicht als selbstdarstellerische Ballartistik und ‚brotlose Kunst' zu sehen. Dies wird einem Styler oft von Spielern vorgeworfen, die selbst nicht sonderlich stark am Ball sind und mit ihrer Kritik versuchen, ihr eigenes spielerisches Unvermögen zu überdecken. Ihre Kritik ist von Neid geprägt und in ihrer Aussage völlig haltlos, denn ein Spieler mit guten Styler Skills hat viel mehr Möglichkeiten, den Ball in verschiedene Richtungen zu bewegen als ein Spieler der lediglich Standardtechniken beherrscht. Dies macht das Spiel eines Stylers facettenreich und unberechenbar für Gegenspieler und Zuschauer. Sein Repertoire an Styles setzt er gezielt ein, um den Gegenspieler auszuspielen, aufs Tor zu schießen oder Pässe zu spielen. Man weiß nie, was geschehen wird, alles kann passieren, wenn ein Styler am Ball ist. Er hat die Macht, überraschende Dinge zu tun und das Spiel maßgeblich zu beeinflussen.

Wer das Talent besitzt, ausgefeilte Techniken ins Spiel einzubringen, kann Gott dafür dankbar sein und sollte versuchen, seine Skills immer weiter zu verfeinern. Denn die Fußballtechnik ist eine der schönsten Formen, sich durch Bewegung auszudrücken und geht fließend in eine artistische Höchstleistung über. Ein Spieler, der sich mit überragender Technik und mit stylischen Moves gegen seine Gegenspieler durchsetzen kann, der spektakuläre Kickstyles drauf hat und außergewöhnliche Tore schießt, kann sich immer sicher sein, eine Menge Respekt von den anderen Spielern und den Zuschauern zu bekommen.

Das Mandala des Fußballs

Die *Grundelemente* des Fußballspiels sind *Fighting*, *Strategie* und *Style*. Aus ihnen setzt sich das gesamte Spiel zusammen. Das Fighting verleiht dem Spiel seinen Kampfcharakter. Die Strategie steht für die Spielintelligenz beim Zusammenspiel in der Gruppe. Der Style bildet das künstlerische Element im Fußballspiel. Die Kombination der Elemente und deren Vielschichtigkeit machen das Spiel so interessant. Das Niveau eines Spiels wird immer dadurch bestimmt, inwiefern die Spieler die Fighter, Strategie und Styler Skills beherrschen und auf dem Platz zeigen können.

Jeder Spieler vereint mehr oder weniger von den Fertigkeiten aller drei Grundelemente in sich. Der Grad seines Könnens zeigt sich im *Mandala des Fußballs* (Abb. 3). Jeder Spieler erreicht durch das Beherrschen eines der drei Fußball Skills Zugang zum äußeren Ring des Mandalas. Er besitzt dann den Mandala Grad eines Fighters, eines Strategen oder eines Stylers. Kann sich ein Spieler die Skills eines weiteren Grundelements aneignen, dringt er zum inneren Ring vor. Er kommt damit in den Grad eines *Fußballarbeiters*, eines *Rohdiamanten* oder eines *Schönspielers*.

Der Fußballarbeiter

Ein *Fußballarbeiter* beherrscht die Techniken eines Fighters und bringt dadurch eine gute Leistung im Zweikampf. Außerdem kennt er die Defensiv- und Offensivstrategien und bewegt sich daher als Stratege intelligent im Raum. Allerdings sieht es mit seiner Balltechnik eher mager aus und als feinen Styler kann man ihn nicht bezeichnen. Da er einfachen Fußball spielt ohne jedes Risiko und Fußball als Kombination aus Balleroberung und Abhandlung von angelernten Passkombinationen sieht, kann man diesen Spielertyp als Fußballarbeiter bezeichnen.

Seine Stärken liegen vor allem im Defensivspiel. Er ist ein starker Verteidiger, der weiß, wie er zum Ball gehen muss und welche Abwehrtechnik in der jeweiligen Spielsituation anzuwenden ist. Er stört seinen Gegenspieler unnachgiebig und ist immer auf den Ball fixiert, er gewinnt Kopfballduelle und besitzt exzellente Tackling-Techniken. Außerdem weiß er, wie er sich in der Defensive strategisch zu verhalten hat, also wie er seinen Gegenspieler am besten bewachen und das Tor schützen kann. Im Offensivspiel bietet er sich geschickt seinen Mitspielern an und kann strategisch kluge Pässe spielen. Bei der Ballbehandlung verlässt er sich auf simple Standardtechniken.

In Situationen aber, in denen eine ausgefeiltere Technik benötigt wird, wie z.B. beim Ausspielen des Gegenspielers, stößt der Fußballarbeiter an seine Grenzen. Meist geht er der Konfrontation mit dem Gegenspieler dann aus dem Weg und spielt den Ball lieber zu einem Mitspieler als selbst eine Tricktechnik einzusetzen. Auch die Möglichkeiten, strategische Pässe zu spielen, sind durch seine mangelnde Balltechnik beschränkt.

Warum sich ein Spieler zu einem Fußballarbeiter entwickelt, kann verschiedene Gründe haben. Manch ein Fußballarbeiter ist einfach nicht talentiert genug, um gekonnt mit dem Ball umzugehen. Viele Spieler trauen sich aber auch einfach nicht, ihre Styles im Spiel zu zeigen, obwohl sie eigentlich das Potential dazu hätten. Dies beruht in den meisten Fällen darauf, dass ergebnisorien

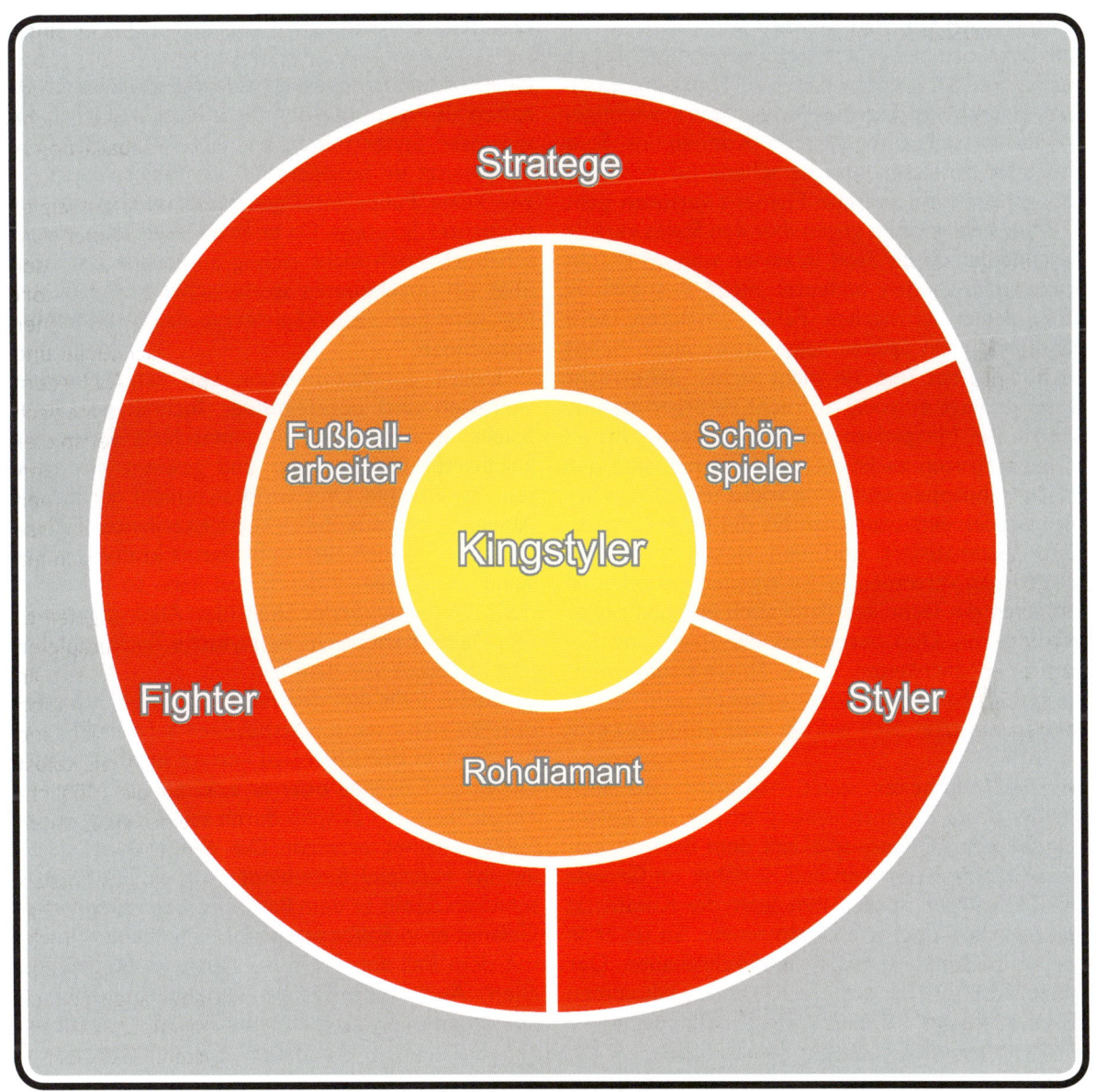

Abb. 3: Das Mandala des Fußballs

Prolog

19

tiert gespielt wird. So setzen Fußballarbeiter auf schnörkellose Sicherheitstechniken, um Fehler zu vermeiden. Sie werden damit zu Funktionssportlern, denen das Ergebnis eines Spiels wichtiger ist als ihr volles technisches Können ins Spiel einfließen zu lassen. Das ist schade für den Fußball, da das künstlerische Element verloren geht.

Wer sich ignorant gegenüber den Styles verhält, beschneidet dieses Spiel in seiner wahren Pracht. Styles anzuwenden bedeutet nicht zwangsläufig, mehr Fehler zu machen. Fehler passieren meist dann, wenn ein Spieler seine Styles nicht richtig einstudiert hat und sie nicht sicher beherrscht. Dann erzeugt er völlig zu recht Verärgerung und Unmut bei Mitspielern und Zuschauern. Um als Styler auftreten zu können, hilft es nur, sich den Ball zu schnappen und seine Tricks und Moves immer wieder einzustudieren bis die Bewegungsabläufe automatisiert sind und richtig sitzen. So schafft man Vertrauen in die eigenen Fertigkeiten und kann die Techniken dann auch im Spiel sicher präsentieren. Dies bereichert die Spiel- und Bewegungsmöglichkeiten eines Spielers ungemein, ohne die Fehlerquote zu erhöhen und bringt sein Spiel letztendlich auf ein weit höheres Level.

Der Fußballarbeiter spielt intelligent und auch effektiv. Seine Defensivleistung ist perfekt. Leider zeigt er beim Offensivspiel mit dem Ball nur einfache Standardtechniken und ist daher im Grunde ein langweiliger Spieler. Ihm fehlt die Kreativität und jegliches Überraschungsmoment. So ist er in der Ballbehandlung leicht zu durchschauen. Der Fußballarbeiter ist sicherlich sehr willkommen als zuverlässiger Mitspieler, ein Zuschauermagnet wird er aber mit Sicherheit niemals sein.

Der Rohdiamant

Der *Rohdiamant* legt ein perfektes Zweikampfverhalten als Fighter an den Tag und ist zusätzlich ein virtuoser Styler mit feiner Technik am Ball. Leider besitzt er bezogen auf das Teamspiel so gut wie keine Fußballintelligenz und ist dadurch ein schlechter Stratege. Da er in der Regel nur mannschaftlich noch nicht richtig ausgebildet ist, aber über ein ungeheueres spielerisches Potential verfügt, kann man diesen Spielertyp als Rohdiamanten bezeichnen.

Durch die Kombination von kämpferischem Verhalten und überragender Technik ist dieser Spieler eine wahre Fußballmaschine. Er ist ein knallharter Gegenspieler und gewinnt die meisten Zweikämpfe. Dies wirkt sich nicht nur auf die Abwehrarbeit aus, durch seine exzellenten Fighter Skills setzt er sich auch in Ballbesitz kraftvoll gegen seine Gegenspieler durch und kann so in Verbindung mit seinen Styler Skills ideal Alleingänge starten. Dabei beherrscht er stylische Tricktechniken und ist eiskalt vor dem Tor.

Leider fehlt ihm der Teamsinn und er versteht es nicht, sich mannschaftsbezogen auf dem Platz zu bewegen. In der Offensive kommt er eher zufällig zu seinen Chancen oder er erkämpft sie sich. Die Möglichkeit, ein Zuspiel durch seine Bewegung zu fordern, kennt er nicht. Die einzige Möglichkeit, ihn ins Passspiel einzubinden, ist es, ihn steil zu schicken, damit er dem Ball hinterher rennen kann. Gelangt er in Ballbesitz, kennt er nur eine Option: mit dem Ball aufs Tor zurennen und ihn ‚reinmachen'. Auch in der Defensive reagiert er eher auf Spielsituationen als sich aktiv ins Spiel einzubringen. So kann er höchstens zur „Manndeckung" verpflichtet werden, ein variables Defensivspiel, etwa mit „Verschieben", ist mit ihm nicht möglich.

Ein Rohdiamant hat noch kein rechtes Bewusstsein für das Spiel im Team und ist daher für seine Mitspieler im strategischen Bereich keine Verstärkung. Ihm fehlt oftmals einfach die Erfahrung. Rohdiamanten sind meist junge Spieler, die sich bis jetzt vor allem mit ihrem eigenen Spiel beschäftigt haben und erst noch die Bedeutung des Teamspiels erkennen müssen. Denn gerade das Wissen über die Strategien bringt einem Spieler einen entscheidenden Vorteil. Er kann dadurch seine Laufwege optimal planen und wird so nicht nur öfter in Ballbesitz kommen, sondern auch seinen Mitspielern und damit dem ganzen Team eine große Hilfe sein.

Ein Rohdiamant ist, wie der Name schon sagt, ein Spieler, der enorm viel Potenzial besitzt. Er beherrscht technisch all das, was man von einem perfekt ausgebildeten Fußballer erwarten kann – Kampf gepaart mit Ballfertigkeit. Um sein Potenzial voll auszuschöpfen, muss er nur noch mehr über die Strategien des Fußballspiels in Erfahrung bringen, dann ist er bald reif für die große Fußballbühne.

Der Schönspieler

Der *Schönspieler* verfügt als Styler über eine außergewöhnliche Technik am Ball und beherrscht vielseitige Kick-, Trick- und Annahmetechniken. Außerdem hat er ein gutes Gespür für das Spiel und weiß als Stratege immer, was die Spielsituation von ihm erfordert. Leider meidet er Zweikämpfe und ist somit ein schlechter Fighter. Da er sich aus der aktiven Defensivarbeit lieber raus hält und mehr an schönen Ballstafetten und stylischen Bewegungen interessiert ist, kann dieser Spielertyp als Schönspieler bezeichnet werden.

Der Schönspieler ist optimal für das Offensivspiel geeignet. Er beherrscht Tricks und Styles und ist eine Augenweide für jeden Freund der Fußballkunst. Seine perfekten Styler Skills bereichern dabei auch sein strategisches Offensivspiel. Durch seine technischen Möglichkeiten kann er z. B. eine Vielzahl von Kick-Techniken für das strategische Passspiel verwenden und so überraschende Zuspiele zeigen. Er forciert den Torerfolg und leitet Angriffe selbst ein. Außerdem hat er ein gutes Gespür dafür, ob in der jeweiligen Spielsituation ein Alleingang oder Abspielen die bessere Alternative ist. Sein Offensivspiel ist daher sehr flexibel. Er bietet sich seinen Mitspielern an und sie können sich immer auf seine Hilfe verlassen. Auch die Defensivstrategien des Teamspiels kennt er. Er ist vor allem ein Freund der „Raumdeckung".

Wenn es aber darum geht, Defensivtechniken anzuwenden und aktiv zu verteidigen, hält er sich eher zurück. Er überlässt den Ball lieber dem Gegenspieler als den Zweikampf anzunehmen und möglicherweise eine Verletzung zu riskieren. Er wartet stattdessen darauf, dass sich ein Mitspieler den Ball erkämpft und er ihn bequem zugespielt bekommt. Seine Gegenspieler durchschauen jedoch sehr schnell, dass der Schönspieler mangelnde Fighter Skills besitzt und schätzen ihn in der Defensive als ungefährlich ein.

Ein Schönspieler ist sich meist zu schade, Abwehrarbeit zu leisten. Da er mit feiner Technik und Fußballintelligenz ausgestattet ist und so mit seinem Offensivspiel überzeugen kann, meint er, sich aus der Defensivarbeit rauszuhalten zu können. Durch diese Arroganz schwächt er das gesamte

Team und verkennt, dass er durch einen engagierten Zweikampfeinsatz die Leistung seiner Mannschaft noch erheblich verstärken könnte.

Der Schönspieler ist ohne Zweifel eine Bereicherung für jedes Fußballspiel. Seine Balltechnik und sein Spielverständnis fördern ein schönes und niveauvolles Spiel. Seine mangelndes Zweikampfverhalten gibt dem gegnerischen Team die Möglichkeit, leichter ans Tor heranzurücken. Es kommt so zu mehr Torchancen und einem lebendigeren Spiel. Allerdings richtet der Schönspieler bei seinem eigenen Team erheblichen Schaden an.

Der Kingstyler

Ein perfekter Fußballer vereint die Gesamtheit der Fußball Skills in sich. Er ist ein starker Fighter, ein listiger Stratege und ein filigraner Styler. Durch das Beherrschen der drei Grundelemente – Fighting, Strategie und Style – erreicht er das Zentrum des Mandalas. Er erlangt den Grad eines *Kingstylers*, wird zum Meister des Spiels und findet zur Perfektion.

Kondition und Psyche

Die Skills zu erlernen, ist aber nur der erste Schritt, man muss auch in der Lage sein, seine Fertigkeiten auf dem Platz und im Wettkampf zu präsentieren. Ob dies einem Spieler gelingt, ist von seiner *Kondition* und seiner *Psyche* abhängig.

Kondition

Ein Spieler kann zwar alle drei Fußball Skills beherrschen, seine Fertigkeiten jedoch nicht voll ausspielen, wenn sein Gegenspieler ihm konditionell überlegen ist. Der konditionell bessere Spieler wird meist schneller am Ball sein und so gut wie jeden Zweikampf für sich entscheiden. Je besser man daher die eigene konditionelle Leistungsfähigkeit trainiert, auf desto weniger Spieler wird man treffen, die einem konditionell überlegen sind und desto besser kann man seine fußballerischen Fertigkeiten auf dem Platz auch zeigen.

Die konditionellen Anforderungen an einen Fußballer sind äußerst komplex und vielfältig. Beim Training der Kondition können zunächst drei konditionelle Grundziele benannt werden, die im Prinzip für jeden Sportler gelten:

Das erste Grundziel ist die Schulung der Grundlagenausdauer. Durch Ausdauertraining kann sich ein Spieler ein ökonomisch arbeitendes Herzkreislaufsystem antrainieren. Damit verbessert sich die Erholungsfähigkeit und man kann einer frühzeitigen Ermüdung im Spiel entgegenwirken. So kann man seine Kraft- und Schnelligkeitsleistungen über einen größeren Zeitraum voll ausspielen und ist nach anstrengenden Aktionen schneller erneut belastbar.

Das zweite Grundziel ist die Schulung der allgemeinen Kraft. Durch ein allgemeines Krafttraining kann sich ein Spieler eine korrekte anatomische Körperhaltung antrainieren bzw. erhalten. Hierbei spielen vor allem eine gut aufgerichtete Wirbelsäule und eine stabile Stellung in den Körpergelenken die entscheidende Rolle. Mit diesem Trainingsziel verschafft man sich zum einen ein gutes Kraftniveau zur Ausführung verschiedenster Bewegungen, zum andern schützt man sich vor Haltungsschäden und dadurch bedingten Abnutzungserscheinungen im Körper. Erst wenn man dieses Grundziel erreicht hat, sollte man sich daran machen, ein spezielles Krafttraining aufzunehmen. Denn ein Krafttraining mit Haltungsschaden verstärkt muskuläre Dysbalancen und verschlimmert meist Abnutzungserscheinungen.

Das dritte Grundziel ist die Schulung der Beweglichkeit. Durch Beweglichkeitstraining kann sich ein Spieler eine elastische und dehnfähige Muskulatur aneignen. Dies garantiert einen großen Bewegungsumfang in den Körpergelenken und ermöglicht weite und gewandte Bewegungen. Außerdem beugt eine gute Beweglichkeit typischen Sportverletzungen wie Muskelzerrungen oder Bänderrissen vor.

Neben den konditionellen Grundzielen sind für einen Fußballer spezielle konditionelle Fähigkeiten entscheidend, die auf das Spiel und den Wettkampf zugeschnitten sind. Welche Fähigkeiten ein Fußballspieler benötigt, zeigt sich, wenn man die Kondition in Bezug zu den Fußball Skills setzt (Abb. 4).

Fighter Skills werden in allen Zweikampfsituationen gebraucht. Hier zählt vor allem eine große Körperkraft für den effektiven Einsatz von Rempeltechniken. So kann ein kräftiger Spieler seinen Gegenspieler so gut wie immer wegschieben und vom Ball fernhalten. Die Körperkraft sollte aber nicht maximal, sondern optimal trainiert werden. Gerade eine übermäßige Muskelmasse kann sich negativ auf die Schnellkraft auswirken, da durch mehr Muskelmasse auch mehr Körpergewicht beschleunigt werden muss. Die Schnellkraft dient dem Fighter dazu, beim Antritt schneller am Ball zu sein als der Gegenspieler und blitzschnell auf Richtungswechsel des Ballführenden reagieren zu können. Als zentrale konditionelle Fähigkeiten der Fighter Skills können die Kraft sowie die Schnellkraft beim explosiven Antritt gesehen werden.

Strategie Skills ermöglichen einem Spieler ein intelligentes und mannschaftsbezogenes Bewegungsverhalten auf dem Platz. Der Stratege versucht ständig, den Verlauf des Spiels zu antizipieren und sich immer passend zur jeweiligen Spielsituationen zu bewegen. Dabei wird das Laufverhalten vor allem davon bestimmt, welches Team gerade in Ballbesitz ist. Der Stratege muss in der Lage sein, blitzschnell von Offensive auf Defensive umzustellen oder umgekehrt. Mal geht es für ihn vor allem darum, sich den Mitspielern anzubieten, um den Ball zugepasst zu bekommen und Styler Skills zeigen zu können, mal vor allem darum sich so auf dem Platz zu postieren, dass er den Gegenspieler, sobald dieser in Ballbesitz kommt, stören und Fighter Skills einsetzen kann. Für diese enorme Laufarbeit ist die azyklische Ausdauer von entscheidender Bedeutung. Das heißt, dass die Belastung nicht immer gleich hoch ist, sondern variiert, da ein Spieler sich mal sprintend, mal trabend, mal im langsamen Tempo oder auch mal gar nicht auf dem Platz bewegt. Eine weitere zentrale Größe ist die Schnellkraft, denn auch für den Strategen ist ein schneller Antritt unabding-

Konditionelle Fähigkeiten	Fighter	Stratege	Styler
Ausdauer	Ausdauer im Sinne der Grundziele: Ermüdungswiderstandsfähigkeit, schnelle Erholzeit für maximale Kraft- und Schnelligkeitsleistungen	azyklische Ausdauer für ständige Positionsänderungen, um immer optimal zum Ball zu stehen	Ausdauer im Sinne der Grundziele
Kraft	Körperkraft beim Rempeln und Abschirmen des Balls; Beinkraft, um auf extreme Richtungswechsel des Ballführenden zu reagieren	Kraft im Sinne der Grundziele	Beinkraft, um leichter extreme Richtungswechsel zu vollziehen; starke Schusskraft durch große Körperkraft
Schnellkraft	Antritt zum Ball und zum Gegenspieler	Antritt beim Freilaufen und Anbieten	explosiver Antritt nach Finten; Sprünge zu Volleykicks und Kopfbällen; starke Schusskraft durch schnelle Beinbeschleunigung
Schnelligkeit	Bewegungsschnelligkeit zu Ball und Gegenspieler; Schnelligkeit beim Laufduell; Reaktionsschnelligkeit bei Gelegenheiten in Ballbesitz zu kommen	Bewegungsschnelligkeit bei Positionsänderungen; Reaktionsschnelligkeit auf wechselnde Spielsituationen	Bewegungsschnelligkeit mit dem Ball; Reaktionsschnelligkeit bei Attacken des Gegenspielers
Beweglichkeit	größere Bewegungsweite macht Tacklingtechniken effektiver und erleichtert die Balleroberung	Beweglichkeit im Sinne der Grundziele	größerer Bewegungsumfang verbessert Möglichkeiten der Balltechnik; starke Schusskraft durch bessere Vordehnung in den Gelenken
Koordination	Koordination bei Tacklingtechniken und beim Abschirmen des Balls; Timing beim Angriff auf den Ball; Antizipation der Bewegungen des Ballführenden	Orientierung im Raum; Antizipations- und Umstellungsfähigkeit; Lauftechnik; Timing bei Positionsänderungen; Freilauftechniken	Balltechnik; Bewegungstechnik; Kopplung von beidem; Schusstechniken; Zielgenauigkeit; Timing bei Kick- und Tricktechniken

Abb. 4: Konditionelle Fähigkeiten und Fußball Skills (Anmerkung: Zur Vereinfachung wird die Koordination als Teil der Kondition gesehen)

bar. Er benötigt ihn besonders, um sich im richtigen Moment vom Gegenspieler lösen zu können, sich freizulaufen und zum Passspiel anzubieten. Besonders wichtig für die Strategie Skills sind die azyklische Ausdauer und der schnellkräftige Antritt.

Styler Skills dienen der perfekten Ballbehandlung bei Annahme, Ballführung und beim Kicken des Balls. Dies stellt höchste Ansprüche an die Koordination eines Spielers. Er sollte umfangreiche Ball- und Bewegungstechniken beherrschen und im Stande sein, sie miteinander zu koppeln. Auch für das Timing bei Bewegungen mit dem Ball, z.B. bei Tricktechniken, wird die Koordination benötigt. Die Schusskraft wird durch mehrere konditionelle Fähigkeiten beeinflusst. Zunächst einmal kann ein starker Schuss durch eine große Körperkraft im Rumpf und in den Beinen entstehen. Dabei dient eine gute Beweglichkeit dazu, eine größere Vordehnung in den Gelenken zu ermöglichen, um so eine höhere Schusskraft zu entwickeln. Um den Ball dann beim Kick möglichst schnell zu beschleunigen, ist die Schnellkraft im Schussbein von Bedeutung. Eine große Schusskraft kann aber auch durch eine optimal koordinierte Schusstechnik erreicht werden. Eine hohe Zielgenauigkeit erlaubt es einem Spieler, gefährliche Torschüsse abzuliefern und genaue strategische Pässe zu spielen. Für Trickstyles ist neben der Koordination der schnelle und explosive Antritt entscheidend, um den Gegenspieler rasch überlaufen zu können. Für extreme Richtungswechsel ist zudem eine große Beinkraft sehr wichtig, um aus hohem Tempo abzubremsen, die Laufrichtung zu wechseln und wieder blitzschnell beschleunigen zu können. Die Styler Skills stellen wohl die umfangreichsten konditionellen Anforderungen an einen Spieler. Besonders wichtig ist dabei die Koordination sowie der schnellkräftige Antritt.

Die wohl bedeutendste konditionelle Fähigkeit und der zentrale leistungsbestimmende Faktor im Fußballspiel ist die Schnellkraft. Sie wird bei allen Fußball Skills zum explosiven Antritt gebraucht, jedoch in jeweils ganz unterschiedlichen Spielsituationen. Allgemein stellen die Fußball Skills ganz unterschiedliche konditionelle Anforderungen an einen Spieler. Die Kondition kann somit als *Querschnittselement* zu den drei Grundelementen gesehen werden. Bei der Verbesserung der konditionellen Fähigkeiten sollte man daher wenn möglich im Training den Bezug zu den Grundelementen herstellen. Als Spieler weiß man dann genau, wieso man eine Trainingsübung durchführt und was sie einem letztendlich für das Spiel bringt.

Psyche

Aber nicht nur die Kondition ist relevant, um im Spiel Kingstyle zeigen zu können, auch die Psyche eines Spielers hat eine große Bedeutung für den Wettkampf. Vorraussetzung für eine optimale Leistung ist, dass man sich voll und ganz auf das Spiel konzentrieren kann und nicht von anderen Dingen abgelenkt ist. Dabei können sowohl innere, wie äußere Einflüsse dafür verantwortlich sein, dass man dem Spiel nicht die volle Aufmerksamkeit schenken kann. Ein Spieler kann dann seine Fertigkeiten nicht voll unter Beweis stellen, denn die Konzentration ist äußerst wichtig für die Wahrnehmung verschiedenster Reize während eines Spiels. Durch die Wahrnehmung dieser Reize kann ein Fußballer, Spielsituationen einschätzen und seine Handlungs-

	Fighter	Stratege	Styler
Psychische Fähigkeiten	Durchsetzungs-vermögen; Entschlossenheit; Aggressivität im Zweikampf	Laufbereitschaft; Durchhaltevermögen; Zuversichtlichkeit; Teamfähigkeit; Motivation der Mitspieler; Kommunikation	lockeres, selbstbewusstes Auftreten; Spielfreude; Vertrauen in die eigenen Fertigkeiten; Risikobereitschaft

Abb. 5: Psychische Fähigkeiten und Fußball Skills

entscheidungen treffen.

Ebenso wichtig wie die Konzentrationsfähigkeit ist die Einstellung zum Spiel. Welche Einstellung ein Spieler haben sollte, erkennt man gut, wenn man auch hier einen Bezug zu den Fußball Skills herstellt (Abb. 5).

Für den Fighter ist eine gesunde, kämpferische Einstellung von großer Bedeutung. Ein Spieler sollte so motiviert sein, dass er aggressiv und ohne zu zögern zum Ball geht. So kann er sich entschlossen im Zweikampf durchsetzen. Die Aggressivität sollte aber nicht überhand nehmen und dazu führen, dass man ohne Rücksicht auf Verluste, Verletzungen des Gegenspielers billigend in Kauf nimmt.

Der Stratege muss eine hohe Laufbereitschaft zeigen – ‚immer weiter laufen, niemals aufgeben' heißt die Devise. Dafür benötigt er ein großes Durchhaltevermögen. Er bleibt stets zuversichtlich und behält immer eine positive Einstellung zum Spiel. Ein guter Stratege motiviert aber nicht nur sich selbst, sondern ermuntert auch die Mitspieler zu optimaler Leistung. Außerdem zeichnet er sich durch seine Teamfähigkeit aus. Er kommuniziert mit seinen Mitspielern, warnt sie vor Gegenspielern, die sich von hinten nähern und macht sie auf geeignete Anspielstationen aufmerksam.

Für den Styler ist vor allem Lockerheit wichtig, um die komplexen Ball- und Bewegungstechniken sauber spielen zu können. Bei den Styles darf ein Spieler nicht zu angespannt und aggressiv sein. Er sollte Spaß haben, Spielfreude zeigen, das Spielchen lieben. Er muss bereit sein, Risiken einzugehen und Vertrauen in die eigenen Fertigkeiten haben – auch dann, wenn einmal ein Trick misslingt.

Vergleicht man die optimale psychische Einstellung des Stylers mit der des Fighters, erkennt man, dass sie im Widerspruch zueinander stehen. Während eine aggressive Einstellung bei der Anwendung der Fighter Skills beherzte Abwehraktionen begünstigt, führt sie bei den Styles zu übermäßiger Anspannung. Hier ist eine gewisse Lockerheit von Vorteil, die bei den Fighter Skills allerdings zu nachlässigem und zaghaftem Einsteigen führen würde. Meist behält ein Spieler eine der beiden

Einstellungen über die gesamte Spieldauer bei. Dies kann erklären, warum ein Fußballarbeiter es nicht schafft, seine Styler Skills im Spiel zu präsentieren. Er ist einfach zu verspannt und zu verbissen, um ‚zaubern' zu können. Auch die schwache Zweikampfleistung des Schönspielers lässt sich mit seiner auf Styles ausgerichteten Einstellung begründen.

Als guter Spieler sollte man sich über die Diskrepanz in der optimalen psychischen Einstellung zwischen Fighter und Styler bewusst werden und sich beim Ausmaß an Aggressivität bzw. Lockerheit an der Spielsituation und dem benötigten Fußball Skill orientieren. Verharrt man in einer der beiden Einstellungen, führt dies dazu, dass das Leistungspotential entweder bei den Fighter Skills oder den Styler Skills nicht voll ausgeschöpft werden kann. Hat man den Ball am Fuß, wird ein Lächeln aufgesetzt, hat der Gegenspieler den Ball oder muss man den Ball verteidigen ‚fletscht man die Zähne'.

Für die Umsetzung der drei Fußball Skills benötigt ein Spieler also ganz unterschiedliche psychische Fähigkeiten. Die Psyche bildet daher ein weiteres Querschnittselement.

Fünf Elemente führen zum Kingstyle

Das Fußballspiel besteht in seiner Gesamtheit aus fünf Elementen: Den drei Grundelementen *Fighting*, *Strategie* und *Style* sowie den beiden Querschnittselementen *Kondition* und *Psyche*. Diese Elemente bilden für jeden Spieler den Maßstab, um perfekten Fußball zu spielen und *Kingstyle Football* zeigen zu können. Dazu muss ein Spieler die Bedeutung der Skills erkennen, er muss wissbegierig sein, um möglichst viel über sie zu erfahren, er muss Durchhaltevermögen darin beweisen, sie zu erlernen und seinen Körper und seinen Geist optimal auf das Spiel und die Anwendung der Skills vorbereiten.

INTRO

Die Einflussfaktoren der Trix

Wie gezeigt wurde, besteht das Fußballspiel aus drei Grundelementen – *Fighting*, *Strategie* und *Style*. Die Grundelemente prägen das Spiel durch bestimmte Aktionen auf dem Platz. Styles stehen für das Schöne, das Spektakuläre, das Künstlerische im Fußballspiel. Es ist das Element, das die meisten Skills enthält, aber auch am schwersten erlernbar ist. Die Mühe lohnt sich jedoch, denn die Styles bereichern dein Spiel ungemein, machen es vielseitiger und unvorhergesehener für den Gegenspieler. Styles werden in verschiedenen Situationen gebraucht. Man kann dabei drei Style Teildisziplinen unterscheiden – *Receive*, *Handling* und *Kicks* (Abb. 6).

Unter dem Begriff *Receive* versteht man die Techniken zur An- und Mitnahme des Balls. Mit den Receives stellst du Kontakt zum Ball her und erlangst Kontrolle über ihn. Nachdem du den Ball angenommen hast, kannst du ins Handling übergehen. Das *Handling* beschreibt die Techniken der Ballführung. Die dritte Teildisziplin bilden die *Kicks*. Sie beinhalten die Techniken zum Schießen und Passen des Balls. Kicks werden nach dem Receive, dem Handling oder als Direktabnahme gezeigt. Die *Trix* bilden eine Sonderform des Handlings. Dabei setzt man Handling-Techniken zum Ausspielen und Überlaufen des Gegenspielers ein. Eine Sonderform des Receives bilden die *Receive Trix*, diese werden in diesem Buch jedoch nicht vorgestellt.

Tricktechniken zu beherrschen, ist sehr vorteilhaft für dein Spiel. So musst du keine Konfrontation mit dem Gegenspieler scheuen, da du spezielle Techniken kennst, mit denen du ihn leicht überwinden kannst. Um Trix anzuwenden, reicht es aber nicht aus, nur die Handling-Techniken spielen zu können. Weitere Einflussfaktoren spielen eine ent-

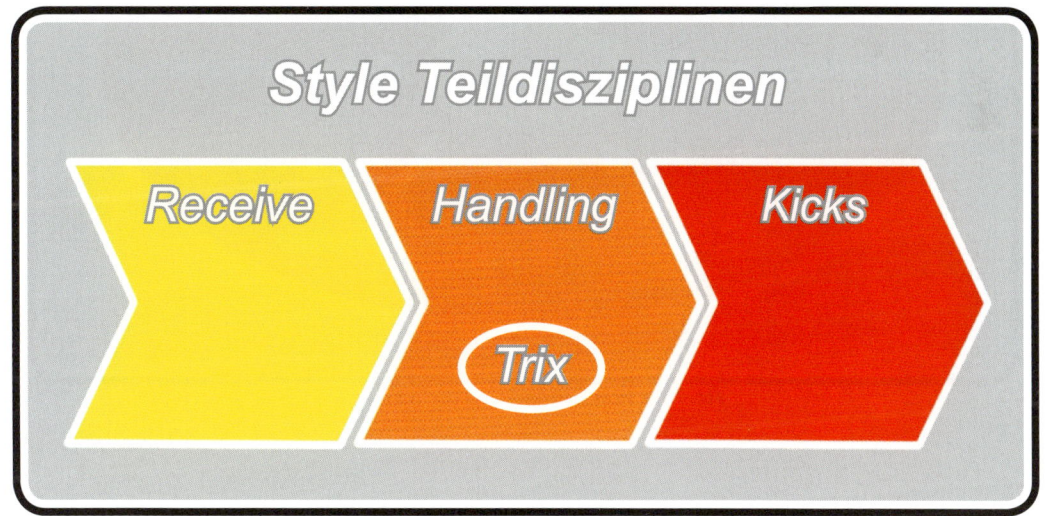

Abb. 6: Style Teildisziplinen

scheidende Rolle und machen in ihrer Gesamtheit die *Tricksituation* aus (Abb. 7). Für den effektiven Einsatz der Trix ist es von Vorteil, diese Einflussfaktoren zu kennen und sich über ihre jeweilige Wirkung bewusst zu werden. Schaffst du es im Spiel, die Einflussfaktoren zu berücksichtigen, wirst du beim Ausspielen des Gegenspielers meist erfolgreich sein. Deshalb studiere die Einflussfaktoren gut und verwende dieses Wissen zur Optimierung deines Spiels.

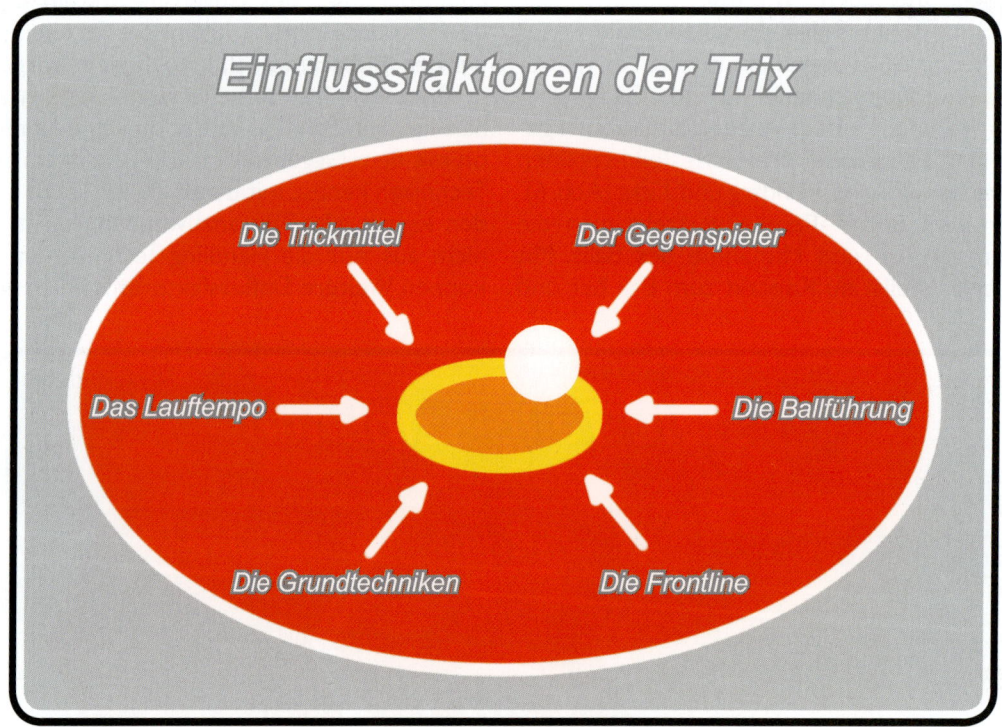

Abb. 7: Die sechs Einflussfaktoren der Tricksituation

1. Die Trickmittel

Bevor man sich daran macht, die Tricks zu erlernen, sollte man zunächst einmal wissen, wie Tricks eigentlich funktionieren, also mit welchen *Trickmitteln* sich der Gegenspieler überhaupt austricksen lässt. Das Ziel des Gegenspielers ist es, dir den Ball abzunehmen. In der Zweikampfsituation laufen bei jedem Gegenspieler bestimmte *Abwehrmechanismen* ab. Kennst du diese, kannst du das Wissen darüber gegen ihn verwenden und die Abwehrmechanismen durch die Anwendung der sogenannten *Trickmittel* ausnutzen. Drei Trickmittel stehen dir dabei zur Verfügung – *Speeding*, *Faking* und *Splitting*.

Speeding

Speeding ist das einfachste Trickmittel. Du überläufst den Gegenspieler mit einem schnellen Richtungswechsel (vgl. Bildreihe 1). Der Abwehrmechanismus, den du dir beim Speeding zu nutze machst, ist, dass der Gegenspieler stets auf die Position des Balls reagieren muss. Um das Tor zu schützen, stellt er sich immer auf die Linie zwischen Ball und Tor. Veränderst du deine Position, muss er seine Position der deinigen anpassen. Er ist also in gewisser Weise dazu ‚verdammt' zu reagieren, denn

Bildreihe 1: Der Ball wird zunächst nach rechts gespielt, dann folgt ein schneller Richtungswechsel nach links.

Bildreihe 2: Eine Mitnahme mit der rechten Außenseite wird angetäuscht, dann der Ball nach links mitgenommen.

nur du hast die Macht, darüber zu entscheiden, wohin sich der Ball bewegt.

Der Gegenspieler hat so den Nachteil, immer erst verzögert etwas gegen deine Positionswechsel unternehmen zu können. Dies kannst du mit einem schnellen und überraschenden Richtungswechsel ausnutzen. Ein schneller Antritt ist dabei von großer Bedeutung, damit der Zeitvorsprung möglichst groß wird. Speeding ist ein starkes Trickmittel gegen konditionell unterlegene Gegenspieler, da sie einem schnellen Richtungswechsel nur schwer folgen können.

Faking

Das zweite Trickmittel ist *Faking*. Beim Faking täuschst du durch Körper- oder Ballbewegungen eine Mitnahme des Balls zu einer Seite, der *Fakeside*, an und überläufst den Gegenspieler dann auf der anderen Seite (vgl. Bildreihe 2). Der Abwehrmechanismus, den du dir beim Faking zu nutze machst, ist, dass der Gegenspieler versucht, deine Bewegungen vorauszusehen. Dieses Verhalten ist eine Folge aus der ‚Verdammnis zu reagieren'. Um schneller stören zu können, antizipiert er deinen Laufweg und bewegt sich, sobald er zu wissen meint, wohin du den Ball als nächstes führen willst. Durch Scheinbewegungen, mit denen du einen Richtungswechsel vortäuscht, kannst du den Gegenspieler dazu verleiten, eine eigentlich unnötige Abwehrbewegung durchzuführen. Dadurch nimmt er Geschwindigkeit zur Fakeside auf und kann so schlechter in die Richtung beschleunigen, in die der Ball schließlich mitgenommen wird. Dies verschafft dir einen Zeitvorsprung und genügend Platz, um ihn einfach zu überlaufen.

Damit der Gegenspieler auf das Faking hereinfällt, muss die Täuschbewegung natürlich überzeugend sein. Sie sollte deshalb nicht nur mit dem Fuß, sondern mit dem ganzen Körper ausgeführt werden. Am besten drehst du auch den Kopf zur Fakeside, damit der Gegenspieler zusätzlich durch die Blickrichtung getäuscht wird.

Das Schwierigste beim Faking ist das Timing. Zum einen der richtige Moment zur Eröffnung der Täuschbewegung, zum anderen die Geschwindigkeit, mit der die Täuschbewegung durchgeführt wird. Die Täuschung sollte nicht zu früh eröffnet werden, da der Gegenspieler sich sonst schnell wieder stellen kann und zudem zu erhöhter Wachsamkeit animiert wird. Sie darf aber auch nicht zu spät erfolgen, da man dann zu dicht am Gegenspieler dran ist und keinen Platz mehr für die Mitnahme zur Seite hat. Auch die Täuschungstechnik selbst muss richtig getimt werden. Sie darf nicht zu langsam sein, da der Gegenspieler sie sonst rasch durchschaut, aber auch nicht zu schnell, da er sonst gar keine Zeit hat, darauf zu reagieren.

Das richtige Timing beim Faking ist abhängig vom Lauftempo. Je schneller das Lauftempo, desto früher muss die Täuschbewegung eröffnet werden und desto schneller die Bewegungsausführung sein. Um das Timing der Eröffnung und der Bewegungsausführung richtig hinzubekommen, stellst du dir am besten vor, du wolltest den Ball tatsächlich zur Fakeside mitnehmen. So wirkt die Täuschung realistisch. Die anschließende Mitnahme zur Seite sollte ohne Zögern erfolgen, um den durch das Faking gewonnenen Zeitvorsprung auch effektiv nutzen zu können. Hier ist es von Vorteil, wenn man über einen explosiven Antritt verfügt und schnell wegziehen kann.

Faking ist gut gegen aufmerksame Gegenspieler anwendbar, da sie sehr schnell auf die Täuschbewegungen reagieren. Auch Gegenspieler, die dir konditionell überlegen sind, kannst du versuchen, mit Faking-Techniken auszuspielen. Sie reagieren sogar noch heftiger zur Fakeside und katapultieren sich förmlich in die falsche Richtung. Faking ist das am schwierigsten anzuwendende, aber wohl auch das schönste Trickmittel, da der Gegenspieler damit herrlich vorgeführt wird.

Splitting

Beim *Splitting* trennst du dich kurzzeitig vom Ball, um ihn am Gegenspieler vorbeizuspielen und nimmst ihn dann wieder an (vgl. Bildreihe 3). Der Abwehrmechanismus, den du dir beim Splitting zu nutze machst, ist, dass der Gegenspielers stets zum Ball geht, sobald dieser in Reichweite ist. Da es sein Ziel ist, an den Ball zu kommen, reagiert er sofort, wenn der Ball eng an ihm vorbeigespielt wird. Beim Splitting spielst du den Ball so am Gegenspieler vorbei, dass er keine Chance hat, an den Ball zu kommen, aber trotzdem zu einem Zucken zum Ball verleitet wird. Diese Reaktion hat zwei Wirkungen, eine direkte und eine indirekte.

Die direkte Wirkung ist, dass er dadurch in eine ungünstige Körperposition kommt, um wirkungsvolle Abwehrmaßnahmen einzuleiten. So bekommst du einen Zeitvorsprung. Da er primär den Ball im Auge hat, achtet er auch nicht mehr

Bildreihe 3: Der Ball wird durch die Beine des Gegenspielers gespielt, dann wieder angenommen.

Trickmittel

richtig darauf, wie und wohin du dich bewegst. So kannst du ihn relativ ungestört überlaufen. Dies ist die indirekte Wirkung des Splitting.

Splitting ist ein sehr effektives Trickmittel. Das Schwierigste daran ist, den Ball mit der richtigen Kraft zu kicken, damit er an der gewünschten Stelle wieder angenommen werden kann.

Die drei Trickmittel Speeding, Faking und Splitting nutzen also die typischen Abwehrmechanismen des Gegenspielers aus. Jede existierende Tricktechnik basiert auf einem der drei Trickmittel. Um die Tricktechniken gekonnt anzuwenden, ist es gut zu wissen, wieso sie überhaupt funktionieren. Abbildung 8 zeigt dies noch einmal im Überblick.

Abwehr-mechanismus des Gegenspielers	Trickmittel	Körperbewegungen / Balltechniken
Reagieren auf die Position, die der Ballführende vorgibt	Speeding	Überraschender und explosiver Richtungswechsel, auf den der Gegenspieler nur zeitverzögert reagieren kann
Antizipation der Bewegungen des Ballführenden, um schneller stören zu können	Faking	Täuschbewegungen mit oder ohne Ball, um Abmehrmaßnahmen zu provozieren
Bewegung zum Ball, sobald dieser in Reichweite ist	Splitting	kurzzeitige Trennung vom Ball durch enges Vorbeispielen am Gegenspieler, dieser zuckt zum Ball und kann ungestört überlaufen werden

Abb. 8: Abwehrmechanismen des Gegenspielers, Trickmittel und Bewegungstechniken

II. DER GEGEN-SPIELER

Bei den Trix treffen *Fighter* und *Styler* aufeinander und messen ihre Skills. Dieses Duell macht einen besonderen Reiz des Fußballspiels aus. Der *Gegenspieler* ist auch der wichtigste Einflussfaktor der Trix. Denn er ist derjenige, der sich dir früher oder später in den Weg stellt und versucht, deinen Torlauf zu stoppen. Sinn und Zweck der Trix ist es, den Gegenspieler in eben dieser Situation auszuspielen und zu überlaufen. Je mehr man über ihn weiß, desto besser kann man ihn einschätzen und Tricks gegen ihn anwenden.

Der Gegenspieler hat ganz unterschiedliche Verhaltensmerkmale. Neben der im Rahmen der Trickmittel gezeigten *Abwehrmechanismen*, weist er auch immer ein bestimmtes *Aktivierungsniveau* auf (Abb. 9). Das Aktivierungsniveau zeigt, wie entschlossen und aggressiv ein Spieler in den Zweikampf geht und in welchem Maß er bereit ist, sich den Ball zu erkämpfen.

Ist sein Aktivierungsniveau sehr hoch, geht ein Spieler ‚ohne Rücksicht auf Verluste' in den Zweikampf. Er steigt übertrieben hart ein, grätscht in die Beine des Ballführenden und riskiert bei seinen Aktionen, den anderen Spielern schwere Verletzungen zuzufügen. Bei seinen Attacken beschleunigt er mit vollem Tempo auf den Ballführenden zu, so dass diesem nur zwei Möglichkeiten bleiben: entweder sich ‚umsäbeln' zu lassen, um ein Foul zu bekommen oder auszuweichen, um einer möglichen Verletzung aus dem Weg zu gehen. Der erste Fall stellt, objektiv betrachtet, eine Körperverletzung dar, der zweite eine Nötigung. Leider wird dieses Verhalten noch viel zu oft toleriert und mit Sprüchen wie ‚Wer den Ball zu lange hält, bekommt was auf die Socken' sogar legitimiert.

Ein Gegenspieler, der ein solches Verhalten zeigt, kann als *Pitbull* bezeichnet werden. Man kann in diesem Zusammenhang eigentlich nicht mehr vom Gegenspieler sprechen, sondern vom Gegner, denn der Pitbull ist ein Feind des Fußballs. Er verhält sich respektlos gegenüber den anderen Spielern und respektlos gegenüber dem Spiel. Durch sein Verhalten müssen die anderen Spieler ständig

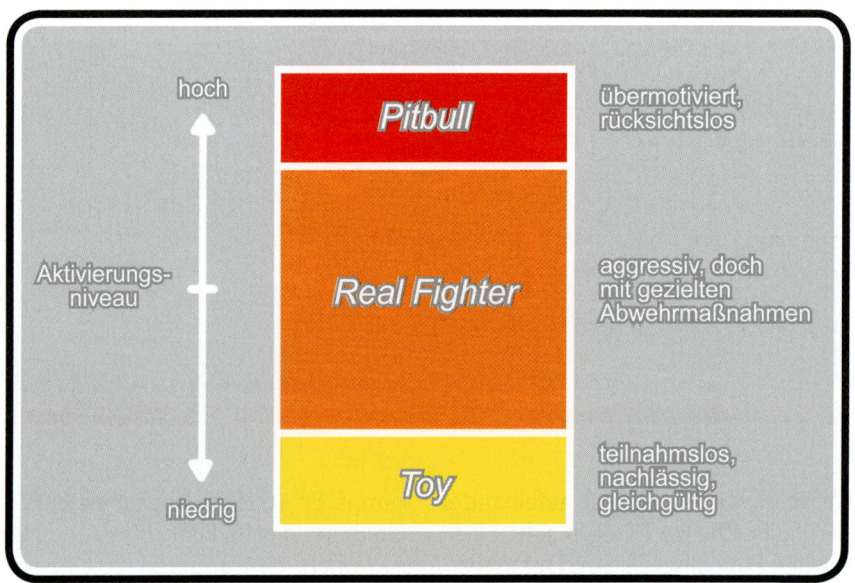

Abb. 9: Das Aktivierungsniveau des Gegenspielers

Angst um ihre Gesundheit haben und können nur noch gehemmt den Ball spielen. Alles in allem leidet die Schönheit des Spiels unter dem Verhalten des Pitbulls. Das brutale Einsteigen bringt seiner Mannschaft, genau betrachtet, auch keinen Vorteil, denn durch Foulen kommt man nicht in Ballbesitz und fliegt obendrein irgendwann hoffentlich vom Platz.

Oft sind Pitbulls Spieler, die am Ball zu schwach sind und versuchen, ihre mangelnde Balltechnik mit übertrieben hartem Einsatz wettzumachen. Aber auch frustrierte oder übermotivierte Spieler neigen zu pitbullmäßigem Einsteigen. Pitbulls gehören nicht auf den Fußballplatz. Leute, die sich kampfmäßig abreagieren wollen, sollten sich überlegen, ob sie nicht vielleicht im Rugby besser aufgehoben wären oder – noch besser – gleich Kampfsport ausüben sollten. Das Aktivierungsniveau des Pitbulls ist einfach zu hoch und er übertreibt es mit dem Einsatz.

Ist das Aktivierungsniveau eines Spielers dagegen sehr niedrig, zeigt er nur wenig Einsatz. Ein solcher Gegenspieler ist unentschlossen, fast teilnahmslos und geht nur halbherzig in die Zweikämpfe. Er kann als Toy bezeichnet werden, denn der Ballführende hat leichtes Spiel mit ihm. Da er nachlässig im Zweikampf ist, kann er sehr leicht ausgetrickst und überlaufen werden. Ein Trickstyler kann hier optimal seine Techniken ausprobieren und mit dem Gegenspieler sein Spielchen treiben. Toys sind oft von vornherein konditionell unterlegene Gegenspieler oder solche, die nach einer gewissen Spieldauer zu erschöpft sind, um noch mithalten zu können. Aber auch ein Spieler, dem der Ausgang des Spiels von vornherein egal ist, einer, der schon aufgegeben hat oder einer, der sich zu schade für den Zweikampf ist, wird zu einem Toy.

Das optimale Aktivierungsniveau für den Fighter liegt zwischen dem Pitbull und dem Toy. Tendenziell sollte es aber eher in Richtung Pitbull gehen, denn als Fighter ist eine gewisse aggressive Grundeinstellung durchaus von Vorteil. Die Abwehrmaßnahmen sollten aber gezielt und auf den Ball gerichtet sein. Man sollte immer in der Lage sein, die Folgen seines Einsteigens mit einzukalkulieren.

Wie gezeigt wurde, ist *Fighting* ein *Grundelement* des Fußballspiels. Vor allem das Kräftemessen mit den Oberkörpern ist ein wichtiger Bestandteil dieses Elements. Vorsichtig sollte man jedoch mit den Beinen des Ballführenden umgehen, da hier böse Verletzungen entstehen können. Der kämpferische Geist darf also nicht übertrieben werden und in Unsportlichkeit oder Brutalität übergehen. Als Gegenspieler sollte man immer Respekt vor der Gesundheit der anderen Spieler haben und das Spiel als fairen Wettkampf sehen, in dem man seine fußballerischen Skills mit denen anderer Spieler misst. Mit dieser Einstellung wird ein Spieler zum *Real Fighter*. Jeder Spieler sollte versuchen, diese Einstellung in der Fighter Situation einzunehmen. Das faire Zweikampfverhalten hat einen großen Vorteil: Man kann so den Ballbesitz erobern und direkt den Gegenschlag initiieren, während die gegnerische Mannschaft noch auf die Offensive eingestellt ist.

Besonders wichtig für die Trix. erweist sich jedoch eine Analyse des Lauf- und Bewegungsverhaltens des Gegenspielers. Eine Tricktechnik gelingt nur dann optimal, wenn der Gegenspieler ein bestimmtes Bewegungsverhalten zeigt. Der Gegenspieler kann dir in vier charakteristischen Bewegungsformen auf dem Platz begegnen. Demnach gibt es vier verschiedene *Gegenspielertypen*: den *Disturber*, den *Rester*, den *Sidestepper* und den *Watcher*. Ein Gegenspieler ist aber nie nur ein bestimmter Typ, d.h. man kann nicht sagen, dass ein Gegenspieler ein typischer Disturber oder typischer Rester ist. Jeder Gegenspieler hat alle Typen in sich. Welchen Typus er gerade verkörpert, ist abhängig von seiner Laufbewegung in Bezug auf den Ballführenden.

Der Disturber – der Störer

Der *Disturber* bewegt sich direkt auf dich zu und versucht, dich so früh wie möglich zu stören (Abb. 10). Er ist der klassische angreifende Gegenspielertyp und ein unangenehmer Gegenspieler, da er aggressiv auf den Ball geht und zuschlägt, sobald dieser

Abb. 10: Der Disturber greift an

in Reichweite ist.

Du hast verschiedene Möglichkeiten, auf seinen Angriff zu reagieren. Dabei können alle drei *Fußball Skills* zum Einsatz kommen. Die einfachste Möglichkeit ist es, den Ball sicher zu einem Mitspieler zu passen, um so der Zweikampfsituation aus dem Weg zu gehen (*Strategie Skills*). Ist der Zweikampf unausweichlich, musst du selbst ebenfalls *Fighter Skills* anwenden und den Disturber mit deinem Körper vom Ball fernhalten. Die eleganteste Variante, auf den Disturber zu reagieren, ist aber wohl der Einsatz von Tricktechniken (*Styler Skills*).

Es ist nicht einfach, gegen einen Disturber Tricks zu zeigen. Mit seinem Angriff setzt er dich massiv unter Druck und bringt dich in Zugzwang. Der Disturber hat aber eine Schwäche, und zwar das Lauftempo. Da er schon Geschwindigkeit in Richtung Ball aufgebaut hat, kann er nur schwer umdrehen. Für einen Richtungswechsel braucht man, wie später noch genauer gezeigt wird, umso mehr Kraft und Zeit, je weiter die neue Laufrichtung der ursprünglichen Laufrichtung entgegengesetzt ist. Daher kannst du einen Disturber am leichtesten abschütteln, wenn du es schaffst, den Ball in seinen Rücken zu spielen und ihn somit ins Leere laufen lässt. Besonders gut eignet sich hierfür das Trickmittel *Splitting*.

Der Rester – der Abwartende

Der *Rester* wartet ab, bis du auf ihn zukommst und lauert auf den richtigen Moment zum Angriff (Abb. 11). Er schaut erst einmal, was du vorhast und stellt sich zwischen Ball und Tor.

Da der Rester sehr aufmerksam ist, ist es nicht einfach, an ihm vorbeizukommen. Doch auch er hat

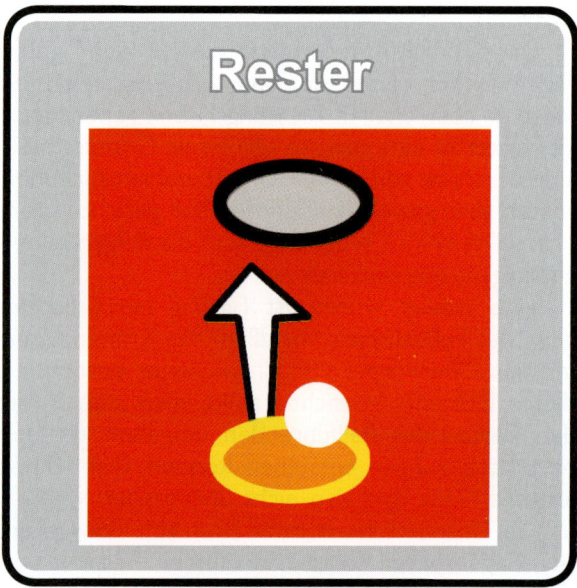

Abb. 11: Der Rester wartet ab

einen Schwachpunkt, und zwar, dass er noch kein Lauftempo aufgenommen hat. Besonders leicht kann ein Rester daher ausgespielt werden, wenn du das eigene Lauftempo nutzt. Läufst du mit hoher Geschwindigkeit, kann er dein Tempo meist nicht schnell genug aufnehmen, da er aus dem Stand beschleunigen muss. So kannst du problemlos an ihm vorbeiziehen und ihn hinter dir lassen. Tricktechniken, die bei hohem Tempo spielbar sind, sind deshalb besonders gut gegen Gegenspieler vom Typ Rester einsetzbar.

Befindest du dich ebenfalls im Stand, ist es schwierig, den Rester auszutricksen. Er kann nach allen Seiten ungefähr gleichschnell starten und wartet wachsam auf deine erste Bewegung. Ein gutes Trickmittel, um die Wachsamkeit des Resters auszunutzen, ist Faking. Du täuschst ihn, bringst ihn dazu,

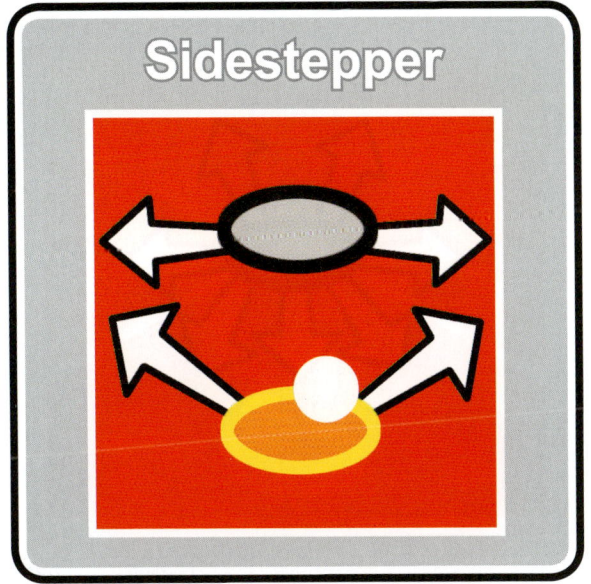

Abb. 12: Der Sidestepper bewegt sich zur Seite

sich zur Fakeside zu bewegen und überläufst ihn mit einem explosiven Antritt in die Gegenrichtung.

Du kannst dich aber auch aus dem Stand in sicherem Abstand zur Seite bewegen und die Konfrontation mit dem Gegenspieler erst einmal verschieben. Der Rester muss sich dann ebenfalls zur Seite bewegen, da er nicht mehr richtig zum Ball steht. Er verwandelt sich dann von einem Rester in einen *Sidestepper*.

Der Sidestepper – der SeitwärtsMitläufer

Der *Sidestepper* greift dich nicht an, sondern bewegt sich seitlich mit dir mit (Abb. 12). Der Gegenspieler zeigt dieses Verhalten, wenn du dich nicht direkt auf ihn zu bewegst, sondern versuchst, ihn weiträumig zu umlaufen. Da du dich seitlich von ihm wegbewegst, steht er nicht mehr optimal zwischen Ball und Tor. Er muss daher ebenfalls mit einer Seitwärtsbewegung reagieren, andernfalls würde er Flanken- oder Schussmöglichkeiten zulassen.

Die Schwäche des Sidesteppers ist das Lauftempo, das er zur Seite aufgebaut hat. Mit einem plötzlichen Richtungswechsel in die entgegengesetzte Richtung kannst du ihn geschickt ins Leere laufen lassen.

Der Sidestepper ist der angenehmste und interessanteste Gegenspielertyp für die Anwendung von Trickstyles. Zum einem kann er ausgetrickst werden, ohne einen Zweikampf und einen Ballverlust riskieren zu müssen, da der Sidestepper dich nicht direkt angreift. Zum anderen kann man den Gegenspieler bewusst zu diesem Bewegungsverhalten zwingen. Ganz einfach, indem man sich nicht direkt

Abb. 13: Der Watcher beobachtet dich im Rückwärtslaufen

Gegenspieler

auf ihn zu bewegt, sondern leicht zur Seite. Den Gegenspieler in einen Sidestepper zu verwandeln, ist ein mächtiges Mittel zum Einleiten von Tricks und dabei sehr einfach anzuwenden.

Der Watcher – der Beobachter

Der *Watcher* nimmt dein Lauftempo auf und beobachtet dich im Rückwärtslaufen (Abb. 13). Er riskiert zunächst keine direkte Konfrontation mit dir. Im Rückwärtslaufen deckt er die Linie zum Tor ab und beobachtet aufmerksam deine Bewegungen.

Da der Watcher in die gleiche Richtung Tempo aufgebaut hat wie du, kann er nur sehr schwer überlaufen werden. Man kann den Ball jedoch ungefährdet nach vorn treiben und so einen ungestörten Raumgewinn erzielen.

Es gibt verschiedene Möglichkeiten, gegen einen Watcher zu spielen. Eine Möglichkeit ist es, das Lauftempo weiter zu erhöhen. Der Gegenspieler muss sich dann entweder der Konfrontation stellen und abbremsen (Verwandlung in Rester oder Disturber) oder sich ebenfalls in Richtung Tor drehen, um das erhöhte Tempo mitgehen zu können. Er beobachtet dich dabei im Laufen über die Schulter hinweg. Mit kleinen Richtungsänderungen nach rechts und links kannst du ihn dazu bringen, sich permanent drehen zu müssen, um dich immer wieder in den Schulterblick zu bekommen. Dadurch verliert er an Tempo und du kannst versuchen, ihn zu überlaufen.

Auch ein schneller Richtungswechsel zur Seite ist gegen einen Watcher einfach möglich. So kannst du ihn zwar nicht überlaufen, du bekommst aber viel Platz, denn durch seine Bewegung weg vom Ball kann er nicht besonders schnell umkehren. Du hast so Zeit, dir den Ball zur Seite zu legen und

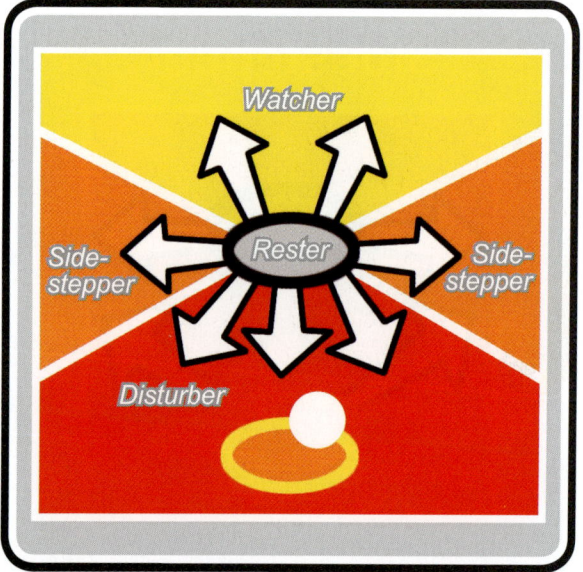

Abb. 14: Die Bewegungsmöglichkeiten des Gegenspielers

einen überlegten Pass zu spielen oder aufs Tor zu schießen. Der Watcher ist für einen Trickstyler aber eher uninteressant; da man ihn schlecht überlaufen kann, lassen sich gegen ihn nur sehr schwer Tricks anwenden.

Mit Hilfe der vier Gegenspielertypen werden sämtliche Bewegungsmöglichkeiten des Gegenspielers abgebildet (Abb. 14). Diese Einteilung hilft dir, den Gegenspieler beim Spielen von Tricks besser einschätzen zu können. Versuche im Spiel zu erkennen, mit welchem Gegenspielertyp du es zu tun hast und orientiere dich daran bei der Auswahl einer Tricktechnik. Ein guter Trickstyler zeichnet sich dadurch aus, dass er für jeden Gegenspielertyp geeignete Techniken im Repertoire hat.

III. DAS LAUF-TEMPO

Das *Lauftempo* ist ein sehr interessanter Einflussfaktor der Trix. Fußball bietet ein hohes Maß an Bewegungsfreiheit, denn du kannst dich sehr frei auf dem Platz bewegen und den Ball in alle Richtungen mitnehmen. Dabei bewegst du dich mit unterschiedlichen Laufgeschwindigkeiten. Mal gehst du, mal trabst du, mal sprintest du und manchmal bewegst du dich gar nicht. Auch Tricktechniken werden aus unterschiedlichen Laufgeschwindigkeiten heraus eröffnet.

Das Lauftempo hat eine starke Auswirkung auf die Möglichkeiten, die Richtung zu wechseln. Gut die Richtung wechseln zu können, ist gerade für die Trix ein fundamentaler Faktor und es lohnt sich, die Wirkungen des Lauftempos näher zu betrachten. Da sich der Gegenspieler ebenfalls frei auf dem Platz bewegen kann, erfährt auch er die Wirkung des Lauftempos. Hierbei kann man sich überlegen: Wohin kann sich der Gegenspieler, je nachdem welches Lauftempo er drauf hat, wie gut bewegen?

Zum Veranschaulichen der Wirkung des Lauftempos dient ein *Bewegungsraum*, der alle Positionen abbildet, die ein Spieler im nächsten Augenblick, genauer gesagt in der nächsten Sekunde, erreichen kann. Je nachdem, ob man sich weiter nach vorne bewegt, zur Seite abdreht oder umdreht, kann man andere Positionen im Bewegungsraum erreichen. Erhöht man das Lauftempo, verändert sich die Gestalt des Bewegungsraums. Hieraus wird die Wirkung, die das Lauftempo auf die Möglichkeiten, einen Richtungswechsel zu machen, hat, ersichtlich.

Das Lauftempo kann in vier Bereiche eingeteilt

werden – kein Tempo T_0, langsames Lauftempo T_1, schnelles Lauftempo T_2 und Top Speed T_3. Jeder Lauftempobereich hat eigene Charakteristika, die bei der Eröffnung von Tricksstyles wichtig sind.

Kein Tempo

Bei T_0 eröffnest du den Trick aus dem Stand. Diese Situation kommt häufig vor, wenn du den Ball im Stehen angenommen hast oder du aus dem Laufen bis zum Stehen abbremst. Der Ball ruht dann ebenfalls. Er kann sehr gut kontrolliert werden und der Gegenspieler hat im Normalfall keine Chance, an den Ball zu kommen.

Ihn zu überlaufen, ist allerdings nicht so einfach, da du aus der Ruhe heraus beschleunigen musst. Dabei stellt sich die Frage, wohin kann ich wie gut beschleunigen. Dies kann man sich ungefähr vorstellen, wenn man überlegt, welche Positionen ein Spieler aus dem Stand in einer Sekunde erreichen kann (Abb. 15).

Der Bewegungsraum hat annähernd eine Kreisform, denn du kannst aus dem Stand nach allen Seiten nahezu schnell starten. Am besten kann man nach vorne beschleunigen. Zur Seite kann man für kurze Bewegungen im Sidestep beschleunigen. Für weitere Bewegungen dreht man sich erst in die gewünschte Richtung und beschleunigt dann ebenfalls vorwärts. Um nach hinten zu starten, dreht man sich schnell um und startet dann vorwärts. Daher ist die Laufstrecke, die man in einer Sekunde erreichen kann, zur Seite und nach hinten etwas geringer als nach vorne.

Im Allgemeinen hast du bei Lauftempo T_0 relativ gute Bewegungsmöglichkeiten nach allen Seiten, du musst jedoch erst einmal aus der Ruhe heraus beschleunigen und benötigst dazu einen explosiven Antritt.

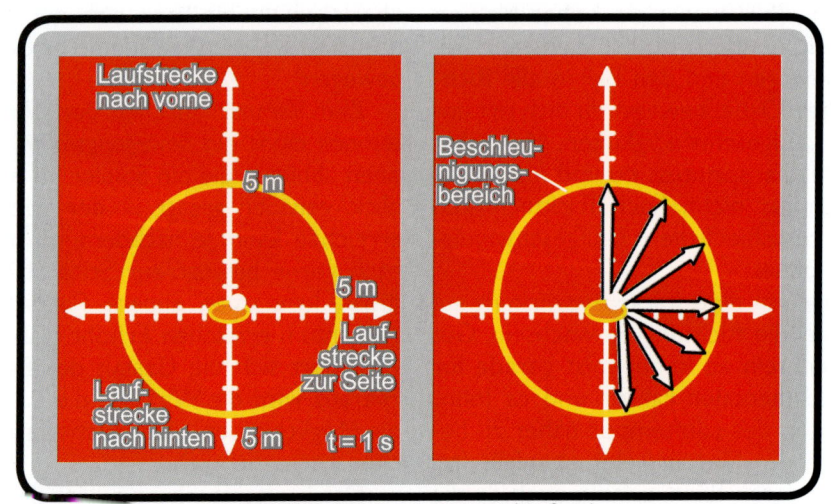

Abb. 15: Der Bewegungsraum aus dem Stand

Bildreihe 4: Ballführung bei langsamem Lauftempo (2er-Rhythmus)

Langsames Lauftempo

T1

Bei Tempo *T1* führst du den Ball mit langsamer Laufgeschwindigkeit. Dies kommt häufig vor, wenn du den Ball angenommen hast und anfängst, dich aus dem Stand heraus fortzubewegen. Dabei läuft man mit kleinen Schritten, Hüpfern oder Sidesteps. Der Ball wird meist in einem 2er-Rhythmus geführt, d.h. bei jedem zweiten Schritt kickst du den Ball ein Stückchen nach vorne (Bildreihe 4). Du kannst den Ball also bei jedem zweiten Schritt zu einem Wechsel in der Rollrichtung bewegen. So sind schnell und oft Richtungswechsel möglich. Du hast gute Ballkontrolle und führst den Ball sehr dicht am Körper. Dies sind die optimalen Voraussetzungen, um Trickstyles zu zeigen.

Den Bewegungsraum bei langsamem Lauftempo kann man sich ungefähr wie in Abbildung 16 veranschaulicht vorstellen. Er zeigt die Positionen an, die man in einer Sekunde im Idealfall erreichen kann. Dabei muss man sich vorstellen, dass man sich im Betrachtungspunkt schon im langsamen Lauftempo befindet. Der Bewegungsraum besteht aus zwei Komponenten, einem *Beschleunigungsbereich* und einem *Bremsbereich*.

Im *Beschleunigungsbereich* setzt man seinen Lauf fort ohne dabei abzubremsen. Man beschleunigt also weiter. Bei Lauftempo T1 hast du ungefähr ein Lauftempo von drei Metern pro Sekunde (3 m/s). Durch das bereits aufgenommene Lauftempo kannst du nun viel leichter nach vorne beschleunigen als aus dem Stand. Du kannst auch gut zur Seite beschleunigen. Beim größtmöglichen Richtungswechsel zur Seite, bei dem man sich noch im Beschleunigungsbereich befindet, bewegt man sich auf einer Kreisbahn. Eine noch engere Linie zu laufen ist nicht möglich, da es einen sonst ‚aus der Bahn werfen' würde.

Ab einem bestimmten Winkel ist es daher besser, kurz abzubremsen und erst dann zur Seite zu beschleunigen. Hierbei bewegst du dich im *Bremsbereich* des Bewegungsraums. Er gibt alle Positionen an, die man in einer Sekunde erreichen kann, wenn man kurz abstoppt, sich dann in die gewünschte Richtung dreht und wieder beschleunigt.

Für einen Fußballer ist es also nicht nur wichtig, schnellkräftig beschleunigen zu können, er muss auch in der Lage sein, schnell abzubremsen. Dies ist besonders beim Umdrehen von Bedeutung. In Abbildung 16 rechts erkennt man, dass man immer

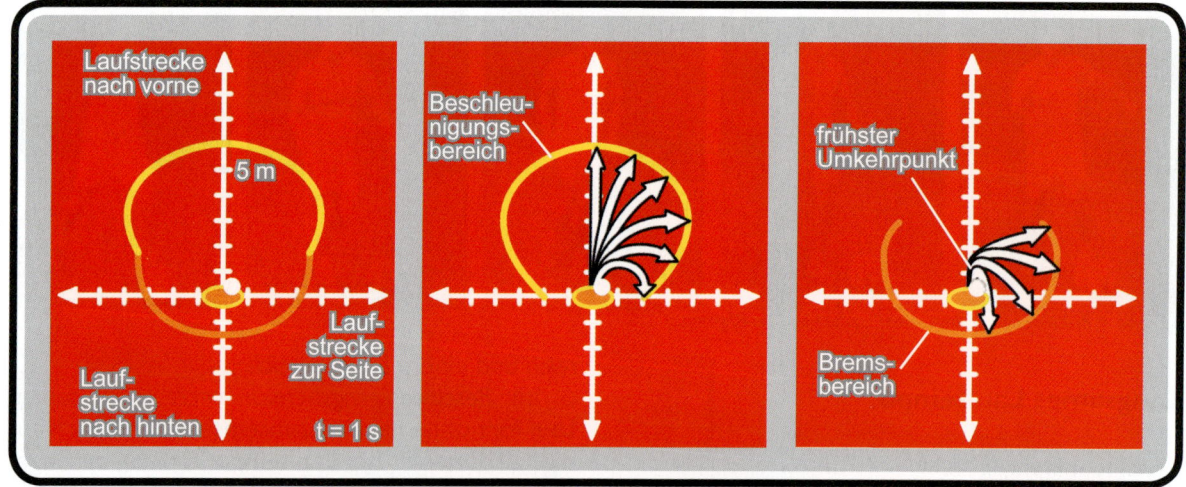

Abb. 16: Der Bewegungsraum bei langsamem Lauftempo

ein kleines Stück in die ursprüngliche Laufrichtung mitgezogen wird, bevor man umdrehen kann. Dafür ist die *Trägheitskraft* verantwortlich, die durch das beschleunigte Körpergewicht auftritt und beim Umdrehen auf dich wirkt. Daher kann man nicht so schnell Umdrehen und Beschleunigen wie aus dem Stand.

Betrachtet man den gesamten Bewegungsraum, erkennt man, dass er sich bei Lauftempo T1, etwas nach vorne verlagert hat und schmaler geworden ist. Die Bewegungsmöglichkeiten nach vorne haben sich verbessert, zur Seite und nach hinten etwas verschlechtert.

Schnelles Lauftempo T2

Bei Lauftempo T_2 führst du den Ball im schnellen Lauftempo. Dies kommt im Spiel oft vor, wenn du einen Pass in den Lauf erhältst und den Ball dann im schnellen Lauftempo mitnimmst. Aber auch, wenn du einen Gegenspieler ausgetrickst und überlaufen hast und dich dann rasch von ihm entfernst, kommst du ins schnelle Lauftempo. Der Ball wird dabei in der Regel in einem 4er-Rhythmus geführt (Bildreihe 5).

Im 4er-Rhythmus hast du zwischen den Ballkontakten mehr Schritte zum Beschleunigen und kannst so ein höheres Lauftempo erreichen. Allerdings geht dies auf Kosten der Ballkontrolle, denn du kannst den Ball nur noch jeden vierten Schritt zu einem Richtungswechsel bewegen. Auch die Ballsicherung verschlechtert sich, denn der Ball kann, während man ihn sich vorlegt, schlecht vor dem Gegenspieler abgeschirmt werden.

Den Bewegungsraum bei Lauftempo T2 kann man sich ungefähr so vorstellen (Abb. 17). Bei schnellem Lauftempo hast du eine Laufgeschwindigkeit von ca. 5 m/s. Du kannst noch weiter nach

Bildreihe 5: Ballführung bei schnellem Lauftempo (4er-Rhythmus)

vorne beschleunigen und die Geschwindigkeit leicht auf Top Speed erhöhen. Eine Bewegung im Beschleunigungsbereich ist auch noch in gewissem Umfang zur Seite möglich. Beim größtmöglichen Richtungswechsel zur Seite bewegst du dich wieder auf einer Kreisbahn. Dabei hat sich der Radius im Vergleich zu T1 vergrößert. Durch das höhere Lauftempo wirkt auch die Trägheitskraft stärker und zieht dich bei einem Richtungswechsel in die ursprüngliche Laufrichtung mit.

Die Bewegungen im Bremsbereich werden sehr kraftintensiv. Dies macht sich am stärksten beim Umdrehen bemerkbar. In einer Sekunde schaffst du es nicht einmal mehr, an die Ausgangsposition zurückkehren.

Der gesamte Bewegungsraum hat sich im Ver-

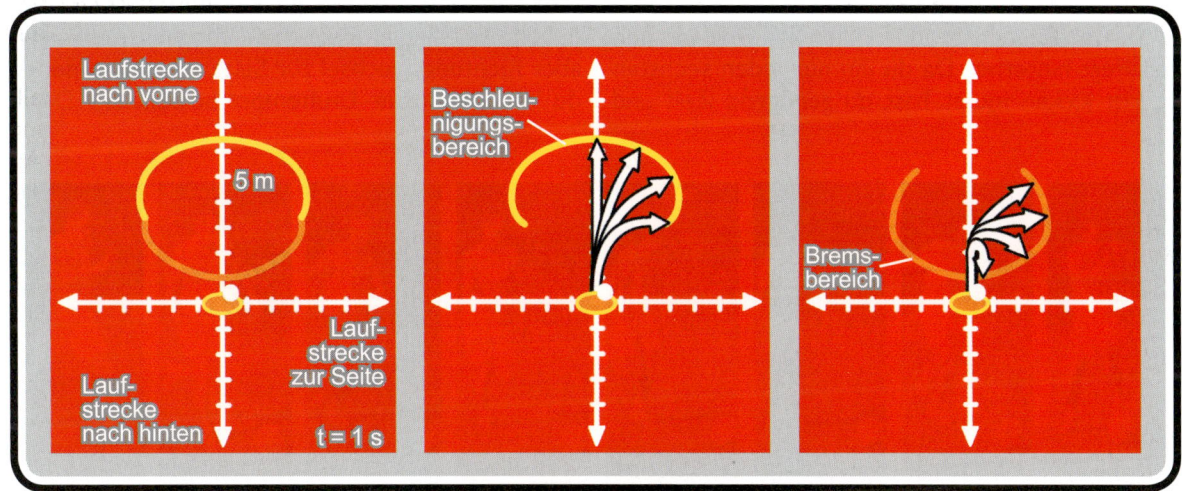

Abb. 17: Der Bewegungsraum bei schnellem Lauftempo

Lauftempo

gleich zu T1 noch weiter nach vorne verlagert und ist noch schmaler geworden. Man kann also in einer Sekunde noch weiter nach vorne kommen, zur Seite und nach hinten haben sich die Möglichkeiten zum Richtungswechsel verschlechtert.

Durch die verminderte Ballkontrolle sind Tricks bei Lauftempo T2 etwas schwieriger zu spielen und können durch die schlechteren Möglichkeiten zum Richtungswechsel nicht mehr ganz so einfach gezeigt werden. Dennoch gibt es viele Tricktechniken, die du auch noch bei diesem Lauftempo einsetzen kannst.

Top Speed

Bei Lauftempo *T3* oder *Top Speed* treibst du den Ball mit maximaler Laufgeschwindigkeit nach vorne. Dies kommt oft nach dem Erlaufen eines Steilpasses vor. Du führst den Ball dabei in einem 6er-Rhythmus oder höher (Bildreihe 6).

Bei Top Speed legst du dir den Ball weit vor und sprintest hinterher. Da du ihn nur jeden sechsten Schritt kicken musst, hast du genügend Zeit und Raum, um die Maximalgeschwindigkeit zu halten. Die Ballkontrolle leidet natürlich ungemein unter dem hohen Lauftempo. Der Ball kann frühestens alle 5-10 Meter zu einer Positionsänderung bewegt werden. Dabei musst du ihn sehr exakt spielen. Legst du ihn dir zu kurz vor, kommst du ins Stocken und musst abbremsen. Legst du ihn dir zu weit vor, riskierst du einen Ballverlust. Die Ballsicherung verschlechtert sich ohnehin, je schneller das Lauftempo wird. Dies erhöht die Chance des Gegenspielers, sich zwischen dich und den Ball zu schieben und *Tacklings* anzusetzen.

Den Bewegungsraum bei Top Speed kann man sich wie folgt vorstellen (Abb. 18). Bei Lauftempo T3 bewegt man sich ungefähr mit 7 m/s fort. Die Maximalgeschwindigkeit im Dribbling ist etwas geringer anzusetzen als bei einer Bewegung ohne Ball, da das Kicken des Balls den natürlichen Lauf etwas behindert. Da du schon maximales Lauftempo aufgebaut hast, kannst du logischerweise nicht noch schneller werden. Du kannst daher höchstens das Tempo halten, eine überraschende Tempoverschärfung ist nicht mehr möglich. Du kannst aber Richtungswechsel zur Seite zeigen, bei denen du das maximale Lauftempo beibehältst. Diese

Bildreihe 6: Ballführung bei maximalem Lauftempo (6er-Rhythmus)

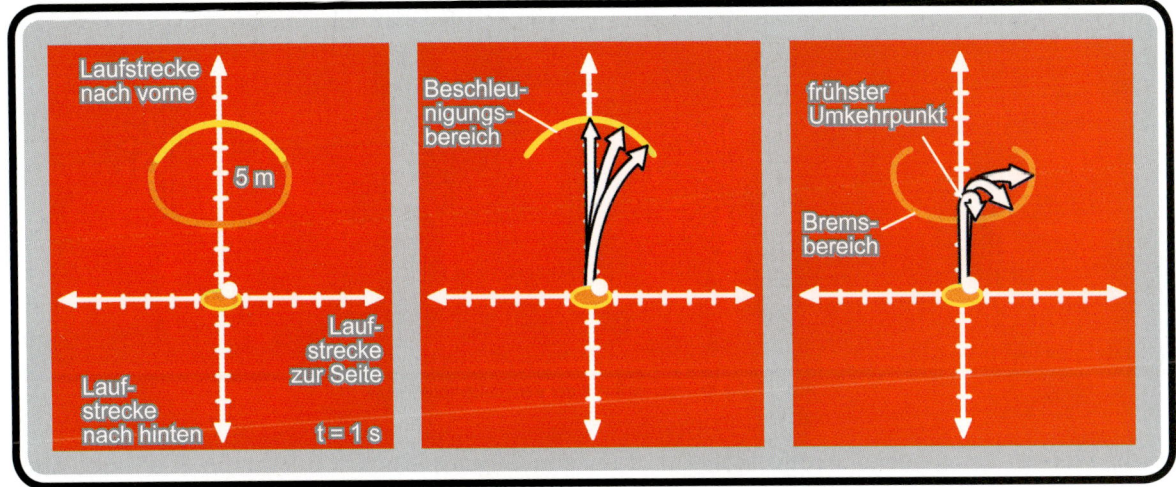

Abb. 18: Der Bewegungsraum bei maximaler Laufgeschwindigkeit

sind jedoch nur noch in geringem Umfang möglich. Der Beschleunigungsbereich des Bewegungsraums ist daher sehr begrenzt.

Für extremere Richtungswechsel zur Seite musst du stark abbremsen. Und beim Umdrehen ist die Trägheitskraft so groß, dass man erst einmal einige Schritte benötigt, um zum Stehen zu kommen. Der Bremsbereich befindet sich folglich weit vor dem Körper (Abb. 18 rechts). Die Ausgangsposition kann man bei Top Speed erst einige Sekunden später wieder erreichen.

Der Bewegungsraum bei Top Speed verlagert sich weit nach vorne, an den Seiten und hinten wird er noch schmaler als bei T2. Allgemein ist der Bewegungsraum sehr klein geworden und hat sich entlang der ursprünglichen Laufrichtung nach vorne verschoben. Sich mit Top Speed auf dem Platz zu bewegen, eignet sich gut, um so schnell wie möglich in Richtung Tor zu sprinten.

Für Trickstyles ist das Lauftempo T3 eher weniger geeignet. Ein großer Nachteil ist, dass keine weitere Tempoverschärfung im Beschleunigungsbereich möglich ist. So kann man keinen überraschenden Antritt mehr zeigen. Auch für den Gegenspieler wird man sehr leicht durchschaubar, da er gut antizipieren kann, wo du in der nächsten Sekunde ungefähr hinsprinten wirst.

Die genaue Gestalt des Bewegungsraums ist natürlich für jeden Spieler etwas anders. Sie ist vor allem von seinen konditionellen Fähigkeiten abhängig, aber auch die Griffigkeit des Bodens und der Schuhsohlen sind von Bedeutung. Die Wirkung des Lauftempos auf die Gestalt des Bewegungsraums gilt jedoch im Groben für jeden Spieler. Abbildung 19 zeigt die vier Bewegungsräume, bei den jeweiligen Laufgeschwindigkeiten noch einmal im Überblick.

Man erkennt deutlich, wie das Lauftempo den Bewegungsraum, der in der nächsten Sekunde er-

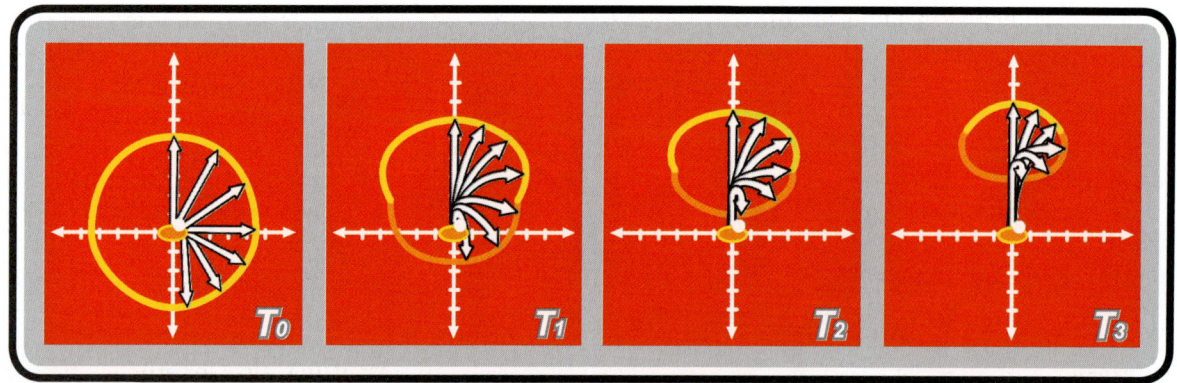

Abb. 19: Die Bewegungsräume der vier Lauftempobereiche

reicht werden kann, beeinflusst. Je schneller das Lauftempo wird, desto weiter verlagert sich der Bewegungsraum nach vorne und desto schmaler wird er. Du kannst also immer schlechter extreme Richtungswechsel zeigen. Gerade bei Tricks, bei denen man den Ball querlegen oder zurückziehen muss, sollte diese Tatsache bedacht werden. Nicht jede Technik kann bei jedem Lauftempo angewandt werden. Je schneller die Laufgeschwindigkeit wird, desto schwieriger wird die Ballkontrolle und desto weniger können Tricktechniken mit weiten Bewegungen angewendet werden.

Bei Lauftempo T0 ist die Ballkontrolle am besten. Allerdings bist du hier leicht für den Gegenspieler auszurechnen. Da du noch kein Tempo aufgenommen hast, kann er einfach auf deine erste Bewegung warten.

Das Lauftempo T1 bietet die umfangreichsten Möglichkeiten zum Anwenden von Tricks. Dies hat mehrere Gründe. Durch das einmal aufgenommene Lauftempo kannst du leichter nach vorne beschleunigen. Dies ermöglicht schnellere Bewegungen und macht sie schwerer vorhersehbar für den Gegenspieler. Da das Tempo aber noch nicht besonders hoch ist, kannst du auch gut wieder abbremsen und starke Richtungswechsel zur Seite oder nach hinten vornehmen.

Das Lauftempo T2 ist zwar nicht ganz so gut zum Spielen von Tricks geeignet wie das Lauftempo T1. Dennoch können viele Techniken auch noch bei dieser Laufgeschwindigkeit gezeigt werden. Tricks bei Lauftempo T2 werden oft gebraucht, wenn man schon einen Gegenspieler ausgespielt hat und nun bei erhöhtem Tempo weitere Gegenspieler vor sich hat. Dabei erschwert sich die Ballkontrolle und man muss seine Styles auch noch im Tempolauf beherrschen.

Bei Lauftempo T3 ist es am schwierigsten, Tricks zu spielen. Es können nur noch einige Top Speed-Techniken gezeigt werden.

Bei den Laufbewegungen auf dem Platz bewegt man sich natürlich nie nur in einem Lauftempo fort. Die Laufgeschwindigkeit variiert ständig, da man immer wieder beschleunigen und abbremsen muss. Um Tricktechniken optimal zeigen zu können, ist es am besten, sich im Tempobereich zwischen

T_1 und T_2 zu bewegen. Du eröffnest den Trick bei langsamem Lauftempo, spielst den Gegenspieler aus und beschleunigst auf schnelles Lauftempo, um ihn zu überlaufen.

Oft behalten Spieler nach dem Überlaufen des Gegenspielers ihr schnelles Lauftempo bei oder erhöhen es sogar weiter auf Top Speed, um noch schneller wegzuziehen. Dabei verschlechtert sich aber leider die Ballkontrolle und meist bleiben sie kurz darauf am nächsten Gegenspieler hängen. Daher sollte man, sofern man noch weitere Gegenspieler ausspielen muss, versuchen, nach dem Überlaufen des ersten Gegenspielers das Lauftempo wieder etwas zu drosseln, um beim nächsten Trick wieder optimale Ballkontrolle zu haben.

Die Auswirkungen des Lauftempos auf die Möglichkeiten, einen Richtungswechsel zu zeigen, gelten aber nicht nur für den Ballführenden, auch der Gegenspieler bekommt die Wirkung der Geschwindigkeit zu spüren. Hier kann man eine Beziehung zu den *Gegenspielertypen* herstellen.

Der Bewegungsraum von T_0 entspricht den Bewegungsmöglichkeiten des *Resters*. Er kann fast in alle Richtungen gleich gut beschleunigen, allerdings nicht besonders weit. Die anderen Gegenspielertypen bewegen sich bei ihren Aktionen und haben Lauftempo aufgenommen. Der *Disturber* nach vorne, der *Sidestepper* zu Seite und der *Watcher* nach hinten. Je nachdem wie schnell sich ein Gegenspieler dabei bewegt, kann man den Bewegungsraum von T_1, T_2 oder T_3 auf ihn anwenden (da der Bewegungsraum für Bewegungen nach vorne gilt, ist er für Sidestepper und Watcher nur bedingt anwendbar, da sie seitlich bzw. rückwärts laufen).

Je schneller sich der Gegenspieler bewegt, desto schlechter kann er die momentane Laufrichtung ändern. Bei T_2 und T_3 schafft er es in der nächsten Sekunde nicht einmal mehr, an seine momentane Position zurückzukehren. Dies musst du beim Spielen von Tricks mit einkalkulieren. So kannst du bspw. einen Disturber, der in schnellem Lauftempo auf dich zugerannt kommt, leicht ins Leere laufen lassen, wenn du dir den Ball nur kurz zur Seite legst. Durch sein hohes Lauftempo rauscht er einfach an dir vorbei und wird dir erst mal nicht mehr in die Quere kommen.

Das Lauftempo ist damit ein weiterer elementarer Einflussfaktor der Trix, sowohl zum Erkennen der eigenen Bewegungsmöglichkeiten als auch um die Bewegungsmöglichkeiten des Gegenspielers von vornherein abzuschätzen. Das Wissen über das Lauftempo liefert eine wichtige Erkenntnis für dein Spiel: Sie hilft dir, deinen Lauf intelligent zu planen und macht die Bewegungen des Gegenspielers berechenbar.

IV. Die Ballführung

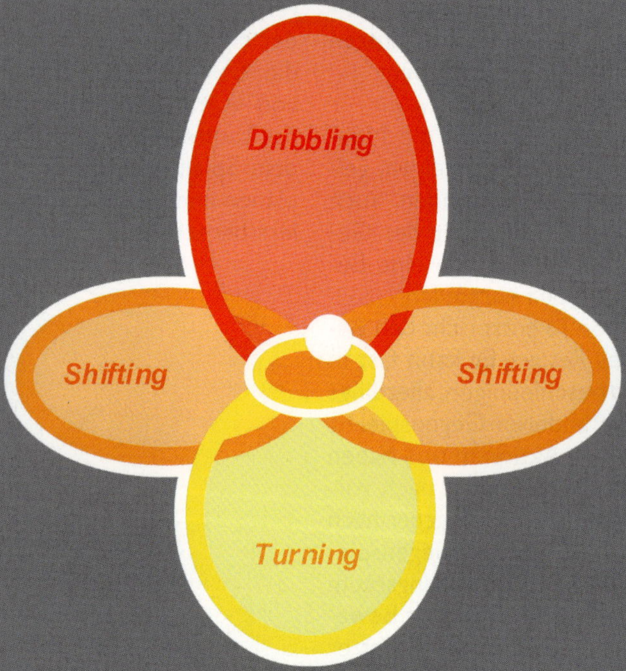

Abb. 20: Die Ballführungstechniken zur Bewegung in alle Richtungen

Die Trix sind eine Sonderform der Ballführung oder des *Handlings*. Beim Handling hast du den Ball bereits angenommen und kannst nun verschiedene Dinge mit ihm anstellen. Das Handling hat mehrere Unterdisziplinen: das *Dribbling*, das *Shifting*, das *Turning*, das *Tripping*, das *Lifting* und das *Juggling*.

Bei *Dribbling*, Shifting und Turning bewegst du dich mit dem Ball am Fuß in verschiedene Richtungen (Abb. 20). Diese Techniken dienen in gewisser Weise dazu, auf dem Platz zu navigieren und müssen beherrscht werden, um sich mit dem Ball in alle Richtungen bewegen zu können.

Beim *Tripping* bleibst du tänzelnd oder trippelnd auf der Stelle und lässt den Ball um den Körper kreisen. Du befindest dich also im Lauftempo *T0*. Mit Tripping-Techniken kannst du den Gegenspieler zwar nicht überlaufen, du kannst aber ständig die Position des Balls ändern und den Gegenspieler damit extrem reizen. So kann man z.B. einen *Rester* dazu bringen sich in einen *Disturber* zu verwandeln und anzugreifen. Tut er dies, hat er verloren. Man zeigt einen Trickstyle, lässt ihn ins Leere laufen und geht vorbei.

Lifting-Techniken verwendet man dazu, den Ball in die Luft zu befördern und *Juggling* dient dazu, ihn in der Luft zu halten.

Für die Trix sind besonders Dribbling-, Shifting- und Turning-Techniken interessant, da man sich mit diesen Techniken auf dem Platz fortbewegen kann.

Dribbling

Das *Dribbling* verwendest du, um den Ball vor dir herzutreiben und ihn im Vorwärtslaufen mitzuführen. Im Dribbling kannst du dich am schnellsten fortbewegen, da der menschliche Körper von Natur aus für die Bewegung nach vorne am besten geeignet ist. Daher ist dies auch die meist verwendete Technik zur Ballführung. Das Dribbling wird im Lauftempobereich von T_1 bis T_3 eingesetzt. Dabei verwendet man hauptsächlich zwei Techniken – das *Inside Dribbling* und das *Outside Dribbling*.

Inside Dribbling

Beim *Inside Dribbling* spielst du den Ball mit der Innenseite nach vorne (Bildreihe 7). Das Inside Dribbling ist die einfachere Technik, denn mit der Innenseite hast du die beste Kontrolle über den Ball. Durch die große Kontaktfläche kann er zum

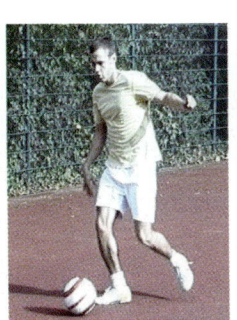

Bildreihe 7: Dribbling mit der Innenseite

Ballführung

einen sehr genau mitgenommen werden, zum anderen lässt sich die Stärke, mit der der Ball gekickt wird, gut dosieren.

Das Inside Dribbling hat aber auch einige Nachteile. Wie man in Bildreihe 7 erkennen kann, muss man das Spielbein in Hüft-, Knie- und Sprunggelenk weit nach außen drehen, um den Ball mit der Innenseite mitnehmen zu können. Nach dem Kick wird der Fuß gezwungenermaßen schräg aufgesetzt, so dass man sich beim Beschleunigen nicht optimal abstoßen kann. Im Ganzen bewirkt dies, dass die Laufbewegung unrund wird.

Ein weiterer Nachteil besteht darin, dass ein Richtungswechsel nach außen nur eingeschränkt möglich ist, sobald man die Bewegung zum Ball mit der Innenseite eingeleitet hat. Da der Fuß nach außen gedreht ist, kann eine Mitnahme mit der Außenseite nur noch mit einer weiten Bewegung gezeigt werden. Sobald ein Gegenspieler erkennt, dass du stets ein Inside Dribbling verwendest, kann er sich darauf einstellen, dass du ziemlich sicher deinen Laufweg entweder nach vorne fortsetzt oder nach innen ziehen wirst. Dein Laufweg ist daher beim Inside Dribbling für den Gegenspieler leicht zu durchschauen. Gerade für die Eröffnung von Tricktechniken ist dies ein großer Nachteil.

Outside Dribbling

Beim *Outside Dribbling* treibst du den Ball mit der Außenseite bzw. dem Außenspann nach vorne (Bildreihe 8). Das Outside Dribbling ist etwas schwieriger als das Inside Dribbling, da die Kontaktfläche, mit der du den Ball triffst, kleiner ist. Die Ballkontrolle wird dadurch etwas erschwert.

Das Outside Dribbling hat jedoch viele Vorteile. Zunächst kann das Spielen des Balls sehr gut in die Laufbewegung integriert werden. Der Lauf ist flüssiger und schneller, weil der Fuß beim Spielen des Balls relativ neutral gehalten wird, d.h., er zeigt in Laufrichtung. Er wird nach dem Kick gerade aufgesetzt und du kannst optimal nach vorne beschleunigen. Gerade bei hohem Tempo sollte man immer das Outside Dribbling verwenden.

Ein weiterer Vorteil ist, dass man durch die neutrale Fußhaltung nach beiden Seiten blitzschnell die Richtung wechseln kann. Durch eine kleine Drehung des Fußes lässt sich der Ball überraschend mit der Außenseite nach außen oder mit der Innenseite nach innen spielen. So bist du für den Gegenspieler schwerer zu durchschauen, denn er hat keine Chance, deine Möglichkeiten

Bildreihe 8: Dribbling mit der Außenseite

zum Richtungswechsel einzuschätzen und du kannst Tricktechniken überraschend eröffnen.

Vergleicht man Outside und Inside Dribbling, erkennt man, dass beide Techniken Vor- und Nachteile haben. Während die Innenseittechnik eine bessere Kontrolle über den Ball gewährt, kann man sich mit der Außenseittechnik schneller und flüssiger bewegen und ist weniger berechenbar für den Gegenspieler. Für Könner ist das Outside Dribbling sicherlich die bessere Alternative.

Shifting

Shifting verwendet man dazu, den Ball zur Seite zu spielen und die Richtung nach rechts oder links zu wechseln (Bildreihe 9). Shifting dient dazu eine neue Laufrichtung einzuschlagen oder sich den Ball kurz zur Seite zu legen und dann das Dribbling in die ursprüngliche Laufrichtung fortzusetzen.

Bei langsamem Lauftempo (T1) kannst du dich im Shifting seitlich fortbewegen. Bei schnellerem Lauftempo dreht man sich dann aber nach vorne und nimmt den Ball im Dribbling mit.

Shifting-Techniken können sehr gut für Trickstyles eingesetzt werden. Du dribbelst auf den Gegenspieler zu, spielst den Ball mit einem Shift an ihm vorbei, überläufst ihn und nimmst den Ball wieder an. Hierbei verwendest du das Trickmittel *Speeding*. Du kannst den Gegenspieler aber auch mit einer *Faking*-Technik täuschen und den Ball dann mit einem Shift in die entgegengesetzte Richtung mitnehmen.

Es gibt eine Vielzahl von stylischen Techniken, zum Spielen von Shifts. Sie werden dir noch im Rahmen der Trix begegnen.

Turning

Turning setzt man ein, um den Ball entgegengesetzt der Laufrichtung zu spielen und sich umzudrehen (Bildreihe 10). Beim Turning unterbrichst du das Dribbling, bremst ab, drehst dich um und setzt deinen Lauf in der Gegenrichtung fort.

Turning-Techniken benötigt man z.B., wenn man sich vom Tor wegbewegt oder wenn sich der Gegenspieler seitlich von dir befindet und ihr euch an der Seite des Spielfelds ein Laufduell liefert. Hier können Turns gut als Trickstyles verwendet werden. Mit einer schnellen Drehung lässt du

Bildreihe 9: Shifting - der Ball wird von rechts nach links gespielt

Ballführung

Bildreihe 10: Turning - Umdrehen mit dem Ball

den Gegenspieler einfach ins Leere laufen und hast dann Platz zum Passen, Flanken oder Schießen. Turning-Techniken sind allerdings sehr kraftintensiv, besonders bei hoher Geschwindigkeit, da man sich dabei im *Bremsbereich* des *Bewegungsraums* befindet (vgl. Kapitel III. Das Lauftempo). Auch für das Turning stehen dir viele stylische Techniken zu Verfügung, mit denen du den Gegenspieler effektiv ausspielen kannst.

Die Handling-Techniken Dribbling, Shifting und Turning ermöglichen dir also, dich in verschiedene Richtungen mit dem Ball zu bewegen. Je mehr Techniken du beherrschst, desto vielseitiger wird dein Spiel und desto besser kannst du bei der Ballführung von den Möglichkeiten des Bewegungsraums Gebrauch machen.

V. Die Grundtechniken

Die Trix werden mit speziellen *Grundtechniken* gespielt. Es gibt einfach zu spielende und anspruchsvolle Techniken. Je mehr Grundtechniken du beherrschst, desto variabler und vielseitiger werden deine Trickstyles, da du die Grundtechniken dann kombinieren kannst.

Die Grundtechniken zeigen, welche Möglichkeiten man hat, den Ball mit dem Fuß zu führen. Zum Spielen des Balls, stehen dir als Kontaktfläche die Innenseite, die Außenseite, der Spann, die Hacke und die Sohle zur Verfügung. Sie können auf unterschiedliche Art und Weise zum Führen des Balls verwendet werden. Die Grundtechniken werden unterteilt in *Innen- & Außenseit-Techniken*, *Hacken-Techniken* und *Sohlen-Techniken*.

Innen- & Außenseit-Techniken

Die Innen- & Außenseit-Techniken bieten dir die besten Möglichkeiten zum Spielen des Balls. In ihrer einfachen Form sind es Standardtechniken, die von jedem Fußballer beherrscht werden müssen.

Bildreihe 11: Die Inside-Technik

Bildreihe 12: Die Outside-Technik

Inside-Technik

Bei der *Inside*-Technik spielst du den Ball mit der Innenseite (Bildreihe 11). Die Inside-Technik ist die einfachste und am häufigsten verwendete Technik, um den Ball zu spielen. Mit ihr kickt man den Ball vor dem Körper nach innen. Die Innenseite garantiert dir die beste Ballkontrolle, da die Fläche, mit der der Ball geführt wird, relativ groß ist. Die Technik wird zum *Dribbling*, *Shifting* und *Turning* eingesetzt.

Outside-Technik

Bei der *Outside*-Technik spielst du den Ball mit der Außenseite (Bildreihe 12). Die Outside-Technik ist ebenfalls einfach zu spielen. Sie ist zwar etwas schwieriger als die Inside-Technik, da die Fläche, mit der der Ball geführt wird, kleiner ist. Dennoch kann der Ball auch mit der Außenseite gut kontrolliert werden. Die Outside-Technik wird zum Dribbling, Shifting und Turning eingesetzt. Wie gezeigt wurde, ist sie vor allem beim Dribbling von Vorteil.

Während man den Ball bei der Inside-Technik nach innen kickt, spielt man ihn mit der Outside-Technik nach außen. So beherrscht man zwei einfache Techniken, mit denen man zu beiden Seiten die Richtung wechseln kann. Dies sind die technischen Mindestanforderungen an einen Fußballspieler. Man sollte sich damit aber nicht zufrieden

Bildreihe 13: Die CrossInside-Technik, bzw. Cross-Technik

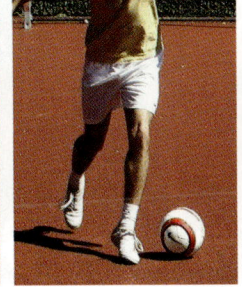

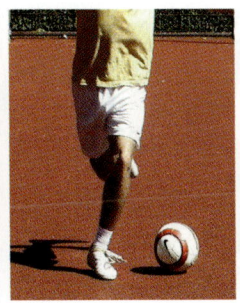

Bildreihe 14: Der Cross Shot

geben, denn das Fußballspiel hat stylemäßig weit mehr zu bieten.

Cross-Technik

Bei der *Cross*-Technik spielst du den Ball mit der Innenseite hinter dem Körper (Bildreihe 13). Die Cross-Technik ist schon etwas anspruchsvoller. Da bei dieser Technik die Beine überkreuzt werden, wird sie als CrossInside-Technik oder kurz Cross-Technik bezeichnet.

Es ist eine sehr starke Grundtechnik. Der Ball wird kontrolliert mit der Innenseite gespielt und kann dabei meist vor dem Gegenspieler abgeschirmt werden, da man sich zwischen Ball und Gegenspieler befindet.

Die Cross-Technik wird hauptsächlich zum Shifting und Turning verwendet. Auch nach vorne kannst du den Ball gut kicken. Für ein längeres Dribbling ist die Cross-Technik allerdings etwas umständlich. Kurze Kicks nach vorne während des Dribblings sollte man aber durchaus beherrschen, da diese für einige Trickstyles benötigt werden.

Ein äußerst interessanter Kickstyle ist der *Cross Shot* (Bildreihe 14). Dabei wird der Ball mit dem Spann hinter dem Körper nach vorne geschossen. Der Cross Shot ist eine schöne Schusstechnik, die jeder Styler in sein Repertoire aufnehmen sollte.

Bildreihe 15: Die CrossOutside-Technik

Grundtechniken

Bildreihe 16: Die Heel-Technik

CrossOutside-Technik

Bei der *CrossOutside*-Technik spielst du den Ball mit der Außenseite hinter dem Standbein nach vorne (Bildreihe 15). Da sich dabei die Beine hinter dem Körper überkreuzen lässt sie sich als CrossOutside-Technik bezeichnen. Diese stylische Bewegung gehört zu den schwierigsten Grundtechniken. Du musst dazu sehr beweglich in der Hüfte sein und außerdem gut das Gleichgewicht auf einem Bein halten können. Die CrossOutside-Technik wird vor allem beim *Tripping* eingesetzt und lässt sich außerdem zum Shifting verwenden.

Hacken-Techniken

Bei den Hacken-Techniken kickst du den Ball, wie der Name schon sagt, mit der Hacke. Das Spiel mit der Hacke ist nicht einfach, da sie die kleinste Trefffläche aller Grundtechniken hat. Der Ball muss daher sehr genau getroffen werden, um ihn in die gewünschte Richtung zu spielen. Mit der Hacke kann der Ball sehr hart gekickt werden. Hacken-Techniken eignen sich daher optimal für raumgreifende Richtungswechsel.

Bildreihe 17: Der Power Heel Kick

Intro

Bildreihe 18: Die CrossHeel-Technik

Heel-Technik

Bei der *Heel*-Technik kickst du den Ball auf der Spielbeinseite mit der Hacke nach hinten (Bildreihe 16). Die Heel-Technik ist die einfachste Hacken-Technik. Sie eignet sich optimal, um den Ball entgegengesetzt der Laufrichtung zu spielen. Daher kann sie gut zum Turning eingesetzt werden, aber auch zum Shifting wird sie verwendet.

Eine weitere äußerst stylische Kick-Technik ist der *Power Heel Kick* (Bildreihe 17). Dabei wird der Ball nicht direkt gekickt, sondern man macht einen Schritt über den Ball, setzt den Fuß vor ihm auf, macht einen weiteren Schritt nach vorne und kickt dabei den Ball mit der Hacke des zuvor aufgesetzten Fußes kraftvoll nach hinten.

CrossHeel-Technik

Bei der *CrossHeel*-Technik kickst du den Ball auf der Standbeinseite mit der Hacke nach hinten (Bildreihe 18). Die CrossHeel-Technik ist die stylischste Hacken-Technik. Da dabei die Beine vor dem Körper überkreuzt werden, wird sie als CrossHeel-Technik bezeichnet. Diese Technik kann man sehr flüssig spielen, da sie gut in die Laufbewegung integrierbar ist. Du spielst den Ball während eines Vorwärtsschritts nach hinten.

Bildreihe 19: Die SideHeel-Technik

Grundtechniken

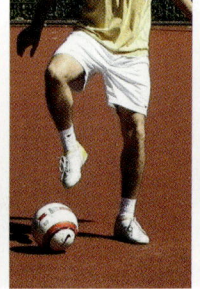

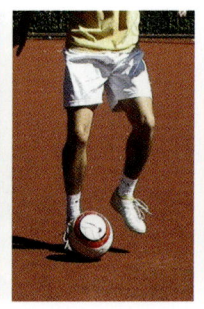

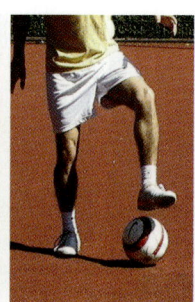

Bildreihe 20: Stroking - das Spiel mit der Sohle

Die CrossHeel-Technik wird zum Shifting und zum Turning eingesetzt. Sie eignet sich aber auch gut als Kickstyle für überraschende Kurzpässe.

SideHeel-Technik

Bei der *SideHeel*-Technik kickst du den Ball mit der Hacke hinter dem Standbein zur Seite (Bildreihe 19). Um diese Technik spielen zu können, drehst du das Spielbein nach außen und kickst den Ball seitlich vom Körper mit der Hacke. Daher wird diese Grundtechnik als SideHeel-Technik bezeichnet. Sie wird zum Shifting und Turning eingesetzt.

Sohlen-Techniken

Bei den Sohlen-Techniken wird der Ball mit der Sohle gespielt, oder was heißt gespielt, er wird vielmehr gestreichelt (Bildreihe 20). Deshalb werden diese Techniken auch als *Stroking*-Techniken bezeichnet.

Mit den Stroking-Techniken kannst du den Ball in alle Richtungen ziehen. Sie werden vor allem im Stand und bei langsamem Lauftempo verwendet. Mit diesen Techniken kannst du den Ball sehr kontrolliert und gefühlvoll handeln. Besonders beim *Tripping* werden Stroking-Techniken eingesetzt.

Die Sohlen-Techniken sind sehr vielfältig und bieten dir die meisten Möglichkeiten, um den Ball zu führen.

Bildreihe 21: Die InwardStroke-Technik

Bildreihe 22: Die OutwardStroke-Technik

InwardStroke-Technik

Bei der *InwardStroke*-Technik ziehst du den Ball mit der Sohle nach innen (Bildreihe 21). Die Inward-Stroke-Technik ist eine einfache Sohlentechnik, mit der du dir den Ball gefühlvoll von der einen auf die andere Seite legen kannst. Sie kann gut für das Shifting und das Dribbling bei langsamem Lauftempo verwendet werden. Besonders gut ist diese Technik aber geeignet, um Tricks einzuleiten.

OutwardStroke-Technik

Bei der *OutwardStroke*-Technik ziehst du den Ball mit der Sohle nach außen (Bildreihe 22). Mit der OutwardStroke-Technik kannst du den Ball kontrolliert zur Seite legen. Die OutwardStroke-Technik verwendest du zum Shifting und zum Einleiten von Tricks.

ForwardStroke-Technik

Bei der *ForwardStroke*-Technik bewegst du den Ball mit der Sohle nach vorne (Bildreihe 23). Mit der ForwardStroke-Technik kannst du dir den Ball gefühlvoll vorlegen. Man benutzt diese Technik z.B., um einen Schuss aufs Tor oder eine Flanke einzuleiten. Auch zum Dribbling bei langsamem Lauftempo wird die ForwardStroke-Technik verwendet.

Bildreihe 23: Die ForwardStroke-Technik

Grundtechniken

Bildreihe 24: Die ReverseStroke-Technik

ReverseStroke-Technik

Bei der *ReverseStroke*-Technik ziehst du den Ball mit der Sohle nach hinten (Bildreihe 24). Mit der ReverseStroke-Technik kannst du den Ball kontrolliert hinter den Körper bringen. Diese Technik verwendet man vor allem, um den Ball bei einem Angriff des Gegenspielers in Sicherheit zu bringen und sich zwischen Ball und Gegenspieler zu schieben.

Die ReverseStroke-Technik ist die beste Technik, um sich mit dem Ball am Fuß rückwärts zu bewegen. Bei den Trix benötigt man die ReverseStroke-Technik besonders zum Einleiten von speziellen Tricktechniken.

CrossStroke-Technik

Bei der *CrossStroke*-Technik ziehst du den Ball auf der Standbeinseite mit der Sohle nach hinten (Bildreihe 25). Da sich bei dieser Technik die Beine vor dem Körper überkreuzen, wird sie als CrossStroke-Technik bezeichnet. Mit ihr kannst du sehr gut abbremsen, den Ball gefühlvoll in die Gegenrichtung ziehen und direkt hinterher drehen. Die CrossStroke-Technik eignet sich daher ideal für das Turning, aber auch beim Shifting kannst du sie einsetzen.

SideStroke-Technik

Bei der *SideStroke*-Technik ziehst du den Ball mit

Bildreihe 25: Die CrossStroke-Technik

Bildreihe 26: Die SideStroke-Technik

der Sohle hinter dem Standbein zur Seite (Bildreihe 26). Bei dieser Technik drehst du das Spielbein nach außen und ziehst den Ball seitlich vom Körper hinter dem Standbein nach innen. Daher wird sie als SideStroke-Technik bezeichnet. Mit dieser Technik kannst du den Ball sehr kontrolliert zur Seite ziehen und auch gut aus hohem Lauftempo abbremsen. Die SideStroke-Technik wird zum Shifting und Turning eingesetzt.

180°-Technik

Bei der *180°*-Technik (One-Eighty) ziehst du den Ball während einer halben Drehung mit der Sohle mit (Bildreihe 27). Die 180°-Technik ist eine starke Technik. Dabei wird das Spielen des Balls optimal mit der Körperbewegung gekoppelt. So kann die Gesamtbewegung sehr schnell und flüssig gezeigt werden. Mit der Drehbewegung ist sehr schnelles Beschleunigen möglich, da du den Schwung der Drehung fließend auf die Vorwärtsbewegung übertragen kannst. Die 180°-Technik wird zum Shifting und Turning verwendet sowie für einige spezielle Trickstyles.

Stroke Split-Technik

Bei der *Stroke Split*-Technik ziehst du den Ball mit der Sohle zurück und drehst dich, weg vom Ball, um (Bildreihe 28). Der Begriff Split ist bereits bei

Bildreihe 27: Die 180°-Technik

Grundtechniken

Bildreihe 28: Die Stroke Split-Technik

der Erklärung des Trickmittels *Splitting* aufgetaucht. Ein *Split* steht allgemein für eine Trennung vom Ball. Bei der Stroke Split-Technik verliert man bei der Drehung, den Ball für einen kurzen Moment aus dem Auge und wird so „von ihm getrennt". Daher wird sie als Stroke Split-Technik bezeichnet. Mit dieser Technik kannst du gut abbremsen und den Ball gefühlvoll in die Gegenrichtung ziehen. Schon beim Spielen des Balls leitest du die Drehung ein und kannst dann aus der Rotation schön zum Ball beschleunigen. Die Stroke Split-Technik kann sehr schnell gezeigt werden und wird zum Shifting und Turning eingesetzt.

CrossInwardStroke-Technik

Bei der *CrossInwardStroke*-Technik ziehst du den Ball mit der Innenseite und der inneren Sohle (Innensohle) hinter dem Standbein zur Seite (Bildreihe 29). Da du den Ball nach innen streichelst und sich dabei die Beine hinter dem Körper überkreuzen, lässt sich diese Technik als CrossInwardStroke-Technik bezeichnen. Sie ist nicht schwer zu spielen und lässt sich gut zum Shifting verwenden.

CrossOutwardStroke-Technik

Bei der *CrossOutwardStroke*-Technik ziehst du den

Bildreihe 29: Die CrossInwardStroke-Technik

Bildreihe 30: Die CrossOutwardStroke-Technik

Ball mit der Außenseite und der äußeren Sohle (Außensohle) hinter dem Körper zur Seite (Bildreihe 30). Beim Nachaußenstreicheln überkreuzen sich die Beine hinter dem Körper, daher wird die Technik CrossOutwardStroke-Technik genannt. Sie gehört zu den anspruchvollsten Stroking-Techniken, da sich der Ball dabei direkt hinter dir befindet und du ihn so beim Ziehen nicht im Blick hast. Die CrossOutwardStroke-Technik ist stylemäßig sehr empfehlenswert und lässt sich ideal für schnelles Turning und überraschendes Shifting einsetzen, besonders findet sie jedoch als Tripping Move Verwendung.

FrontTween-Technik

Bei der *FrontTween*-Technik ziehst du den Ball mit der Sohle von vorne zwischen deinen Beinen hindurch (Bildreihe 31). Da der Ball zwischen den Beinen hindurch (engl.: *between the legs*) gezogen wird und das von vorne, wird diese Technik als FrontTween-Technik bezeichnet. Der FrontTween ist eine schöne Technik. Der Ball wird dabei direkt unter dem Körper hindurch gezogen. Er kann so dicht am Körper gehalten und sehr eng kontrolliert werden. Da du den Ball zwischen den Beinen hindurch ziehst, wird er mit dem vorderen Bein abgeschirmt

Bildreihe 31: Die FrontTween-Technik

Grundtechniken

Bildreihe 32: Die BackTween-Technik

und der Gegenspieler kann nicht an den Ball gelangen. Die FrontTween-Technik setzt man zum Shifting und Turning ein oder auch um den Ball über kurze Distanz überraschend zu einem Mitspieler zu passen.

BackTween-Technik

Bei der *BackTween*-Technik ziehst du den Ball mit der Sohle von hinten zwischen deinen Beinen hindurch (Bildreihe 32). Die BackTween-Technik ist im Prinzip die genaue Umkehrung des FrontTween. Hier wird der Ball kontrolliert von hinten durchgezogen. Das Standbein schützt dabei den Ball vor dem Gegenspieler. Nachdem du den Ball nach vorne gezogen hast, bekommst du ihn optimal vor den Körper. Der Schwung, den man beim Ziehen des Balls aufbaut, kann optimal zum Beschleunigen genutzt werden. Dabei stimmen die Rollrichtung des Balls und die Bewegungsrichtung des Körpers optimal überein. Die BackTween-Technik kann daher gut mit einem nachfolgenden Dribbling oder einem Schuss aufs Tor kombiniert werden. Im Rahmen der Trix wird sie zum Shifting und Turning verwendet.

VI. Die Frontline

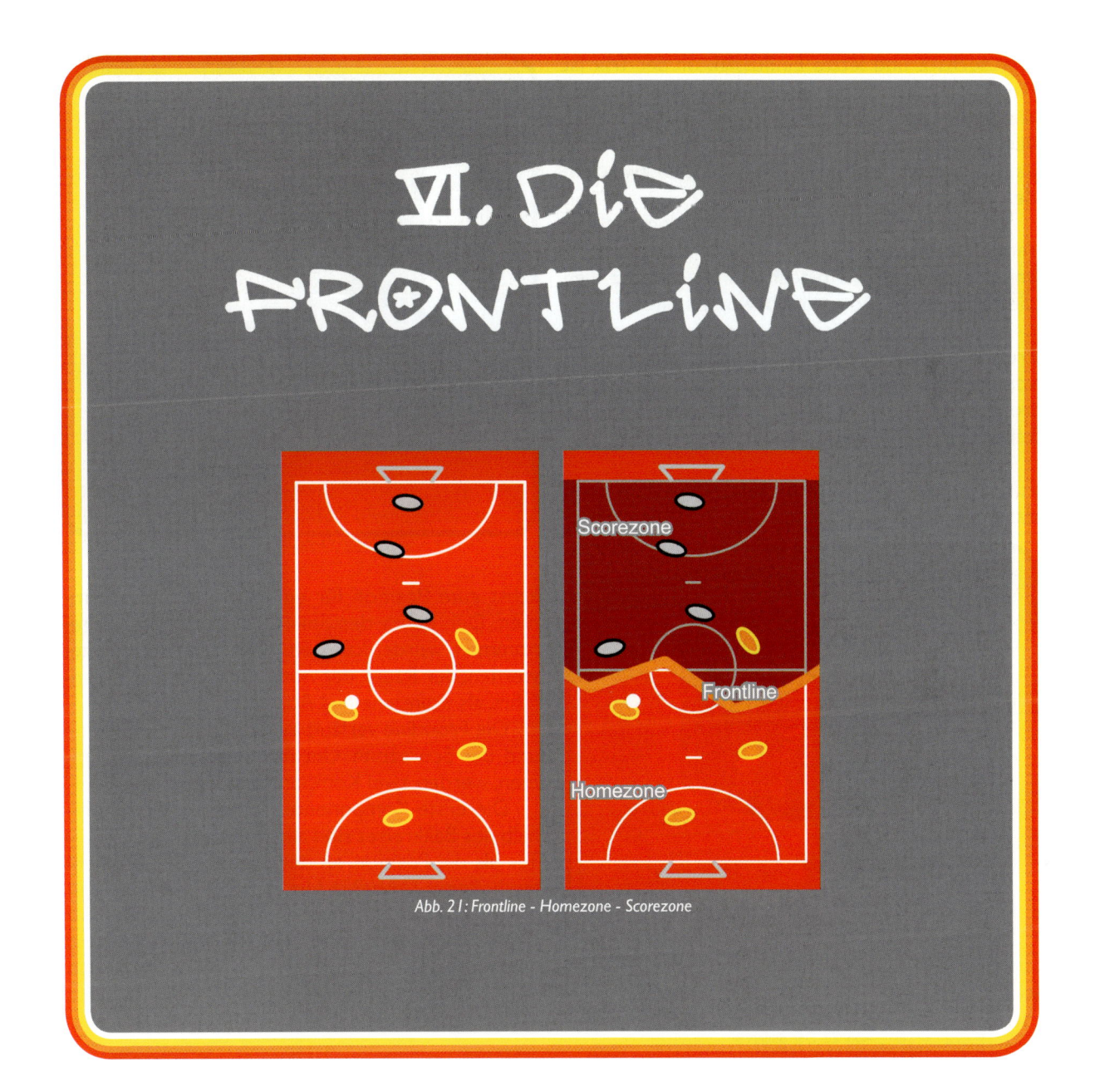

Abb. 21: Frontline - Homezone - Scorezone

Frontline

69

Der sechste und letzte Einflussfaktor der Trix ist die *Frontline*. Die Frontline ist eine gedachte Linie, die die Grenze zwischen der angreifenden und der verteidigenden Mannschaft bildet. An ihr kommt es früher oder später zur Konfrontation zwischen den beiden Teams.

Die Konfrontation wird zwischen dem ballführenden Spieler und seinem Gegenspieler ausgetragen. Mit Hilfe von Tricktechniken kannst du dich dieser Konfrontation selbstbewusst stellen.

Im Folgenden soll gezeigt werden, wie man die Frontline grafisch bestimmen kann, wie sie sich verschieben lässt und welche Aspekte zur Konfrontation an der Frontline dir zu wichtigen Erkenntnissen zum Spielen von Tricks verhelfen.

Für die angreifende Mannschaft geht es im Spiel darum, Raumgewinne zu erzielen, um in eine mög-

Abb. 23: Die Sektoren

lichst gute Position für einen Torschuss zu kommen. Der Raum des Spielfelds, der schon eingenommen wurde, kann als *Homezone* bezeichnet werden, der Raum, der noch näher ans Tor heranführt, als *Scorezone* (vgl. Abb. 21).

Die Frontline verläuft zwischen der Homezone und der Scorezone. Um ihren Verlauf zu bestimmen, werden zwei Komponenten benötigt.

Die erste Komponente ist der *Ballkreis*. Innerhalb des Ballkreises sind alle Positionen näher zum Tor als die Position, an der sich der Ball momentan befindet (Abb. 22). Um den Ballkreis zu bilden, nimmt man als Mittelpunkt die Mitte des Tors der Defensivmannschaft und als Radius den Abstand zum Ball. Je näher der Ball ans gegnerische Tor gebracht werden kann, desto einfacher ist es, einen Treffer zu erzielen. Für das Offensivteam ist es da-

Abb. 22: Der Ballkreis

her attraktiv, Positionen innerhalb des Ballkreises einzunehmen.

Die zweite Komponente der Frontline bilden sogenannten *Sektoren*, in die das Spielfeld eingeteilt werden kann. Jeder Spieler erzeugt einen Sektor: Zu jeder Position innerhalb dieses Sektors hat er eine kürzere Entfernung als alle anderen Spieler (Abb. 23). Um einen Sektor zu bestimmen, bildet man die Verbindungslinie zwischen zwei Spielern, die sich am nächsten sind und sucht den Mittelpunkt der Verbindungslinie. Dann bildet man die Senkrechte auf die Verbindungslinie durch den Mittelpunkt. Macht man dies mit allen Spielern, ergeben sich aus den Senkrechten und der Spielfeldbegrenzung die Sektoren.

Befinden sich alle Spieler in Ruhe und unterstellt man, dass sie die gleichen konditionellen Fähigkeiten haben und in alle Richtungen gleich schnell starten können, kann jeder Spieler innerhalb seines Sektors jede Position am schnellsten erreichen. Dies gilt jedoch nicht, wenn die Spieler in Bewegung sind. Die Sektoren sind daher vielmehr als Momentaufnahme einer Spielsituation zu sehen, in der man die Abstände einzelner Spieler zueinander vergleicht.

Um die Frontline zu bestimmen, benötigt man lediglich die Sektoren für den Ballführenden und seine nächstgelegenen Gegenspieler (Abb. 24 links). Zusammen mit dem Ballkreis ergibt sich dann der Verlauf der Frontline (Abb. 24 rechts).

Die Homezone kann hier also noch um einen kleinen Bereich erweitert werden. Die Erweiterung der Homezone zeigt an, wie viel Platz die Gegenspieler dem ballführenden Spieler lassen und

Abb. 24: Sektor des Ballführenden, Ballkreis und zusammengesetzte Frontline

Frontline

wie weit sie von einer Möglichkeit, Fighter Skills einzusetzen, momentan entfernt sind. Setzt ein Gegenspieler den Ballführenden unter Druck, wird die Erweiterung immer kleiner und verschwindet schließlich, sobald der Gegenspieler in Reichweite des Balls ist. Die Frontline wird dann zu einem Halbkreis.

Die Frontline ist eine dynamische Grenze, deren Gestalt sich permanent verändert, da ihr Verlauf von den Positionen des Balls und der Spieler auf dem Platz beeinflusst wird. Sie ist in jedem Fall der Ort, an dem es zur Konfrontation zwischen den beiden Teams kommt.

Ziel des angreifenden Teams ist es, die Frontline weiter in Richtung gegnerisches Tor zu schieben. Eine Verschiebung der Frontline ist auf zweierlei Arten möglich, entweder durch ein Dribbling oder durch einen Pass.

Die einfachste und schnellste Möglichkeit, einen Raumgewinn zu erzielen, ist das strategische Passspiel (Abb. 25 oben). Mit einem Pass kannst du der Konfrontation mit dem Gegenspieler aus dem Weg gehen. Wann immer es möglich ist, sollte man einen starken Pass einem Dribbling vorziehen, denn damit schafft man einen schnelleren Raumgewinn als mit jedem noch so flinken Dribbling.

Man sollte der Konfrontation mit dem Gegenspieler aber auch nicht aus dem Weg gehen. Hast du nur noch ein oder zwei Gegenspieler vor dir und lässt sich keine geeignete Anspielstation finden, ist es durchaus angebracht, es mit ihnen aufzunehmen (Abb. 25 unten). Hier kommen die Trix ins Spiel, denn mit ihrer Hilfe kannst du dich mit breiter Brust der Konfrontation an der Frontline stellen. Schaffst du es, den Gegenspieler auszuspielen, schiebst du die Frontline an ihm vorbei und

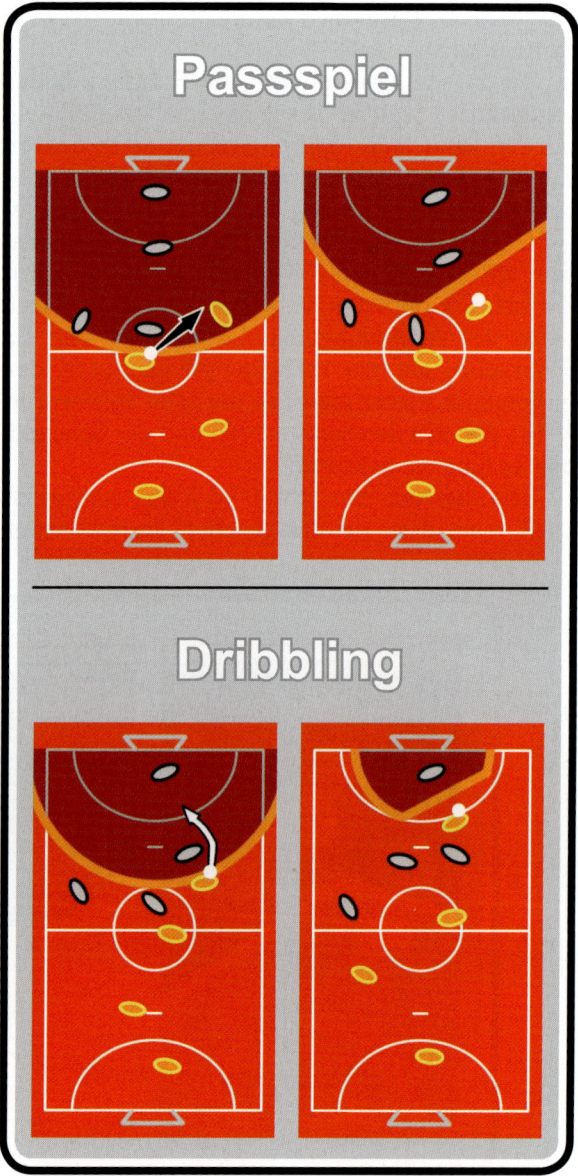

Abb. 25: Frontlineverschiebung durch Passspiel und Dribbling

es kommt zum *Take Out*. Dies bedeutet, dass er sich nicht mehr innerhalb der Scorezone befindet. Ein Take Out kann durch das strategische Passspiel oder durch die Anwendung von Tricktechniken erreicht werden.

So weit, so gut, zur Bestimmung der Frontline und zu ihrer Verschiebung. Doch was bringt einem dieses Wissen für das Spielen von Trix? Schaut man sich die Ausgangssituation der Konfrontation an der Frontline genauer an, zeigen sich drei Aspekte, die dir weitere Erkenntnisse zum Spielen von Tricktechniken liefern.

Der wichtigste Aspekt ist das *Saveside-Weakside Handling*. Man kann auf zwei Arten mit dem Ball zum Gegenspieler stehen. Dribbelst du auf den Gegenspieler zu, befindet sich der Ball vor dem Körper; er wird auf der *Weakside* geführt (Abb. 26 links).

Beim *Weakside Handling* befindet sich der Ball direkt auf der Frontline (Abb. 26 Mitte). Die Weakside ist die schwächere Seite zur Ballführung, denn der Ball ist nicht vor den Angriffen des Gegenspielers geschützt. Er hat dadurch bessere Chancen, dich zu stören und an den Ball zu kommen. Außerdem hat er den Ball gut im Blick und kann so seine Abwehrmaßnahmen gezielt einleiten.

Sicherer ist es, den Ball auf die *Saveside* zu bringen (Abb. 26 rechts). Dabei schiebst du deinen Körper zwischen Ball und Gegenspieler und nimmst den Ball hinter die Frontline. Der Ball ist so vor den Angriffen des Gegenspielers geschützt. Außerdem ist er schlechter sichtbar für den Gegenspieler, da du ihn mit dem Körper verdeckst.

Ob du den Ball auf der Weakside oder der Saveside führst, ist von der Spielsituation abhängig. Dribbelst du auf den Gegenspieler zu, befindet sich der Ball automatisch vor dem Körper und somit auf der Weakside. Ein Richtungswechsel kann aber über die Saveside erfolgen und der Ball so si-

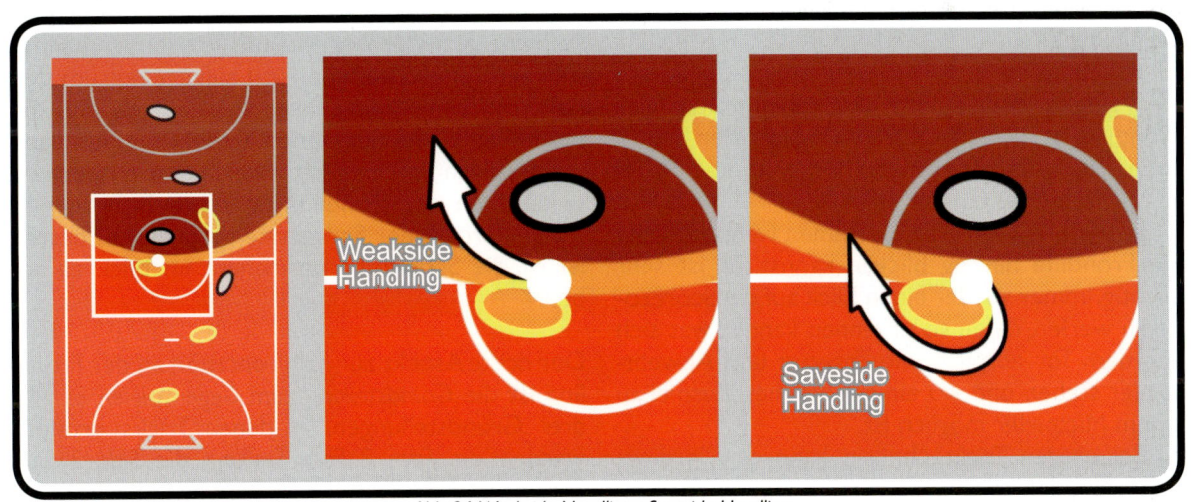

Abb. 26: Weakside Handling - Saveside Handling

Frontline

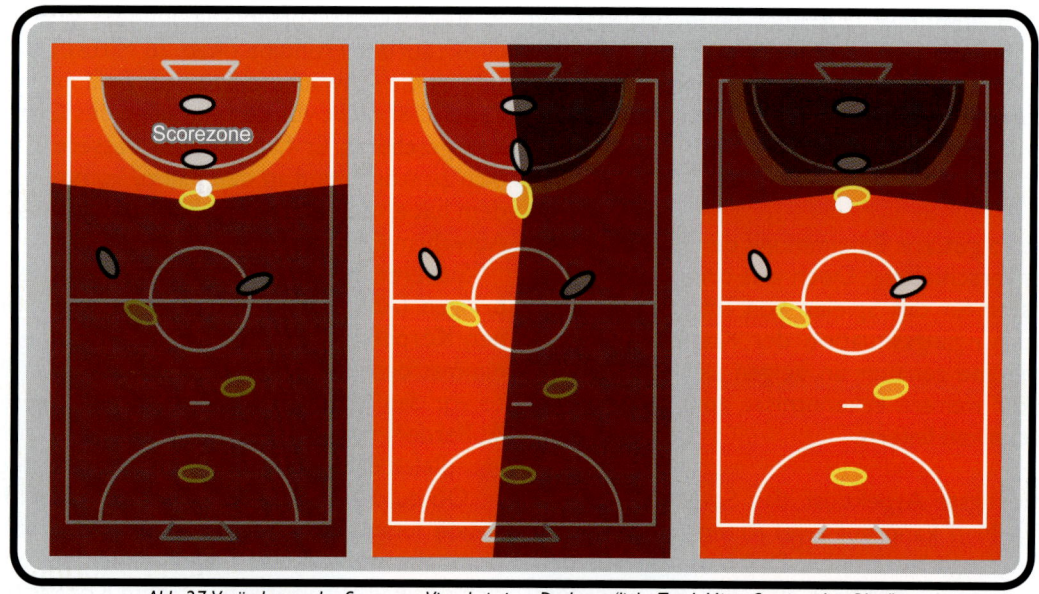

Abb. 27: Veränderung der Scorezone View bei einer Drehung (links: Total, Mitte: Semi, rechts: Blind)

cher zur Seite gespielt werden. Für das Spiel über die Saveside stehen spezielle Tricktechniken zur Verfügung.

Der zweite Aspekt zur Konfrontation an der Frontline ist die *Scorezone View*. Unter der Scorezone View versteht man die Sicht auf den Raum zum Tor bzw. auf das Tor selbst.

Scorezone View hast du immer, wenn du über die Frontline hinweg blicken kannst. Es ist sehr wichtig, immer wieder einen Blick auf die Scorezone zu werfen, da du so erkennen kannst, was sich vor dem Tor abspielt, wie Torwart und Abwehrspieler stehen und wo ein gefährliches Zuspiel zu einem Mitspieler möglich ist.

Bei einigen Tricktechniken kann es allerdings passieren, dass man sich vom Tor wegdreht und dabei die Scorezone View verliert (Abb. 27). Keine Scorezone View zu haben ist von Nachteil, da du so keine gezielten Angriffe aufs Tor starten kannst. Oft wird die Scorezone View aufgegeben, um den Ball vor dem Gegenspieler zu schützen und ihn auf die Saveside zu nehmen. Drehst du dich dann wieder nach vorne, musst du dich erst wieder neu orientieren und schnell in Erfahrung bringen, was sich innerhalb der Scorezone abspielt. Am besten ist es, die Scorezone permanent im Blick zu haben.

Der dritte Aspekt zur Konfrontation an der Frontline ist die *Grundstellung zum Gegenspieler*. Es gibt drei Grundstellungen, in denen Tricks eröffnet werden: die *Face 2 Face Stellung*, die *Side 2 Side Stellung* und die *Back 2 Face Stellung* (Abb. 28).

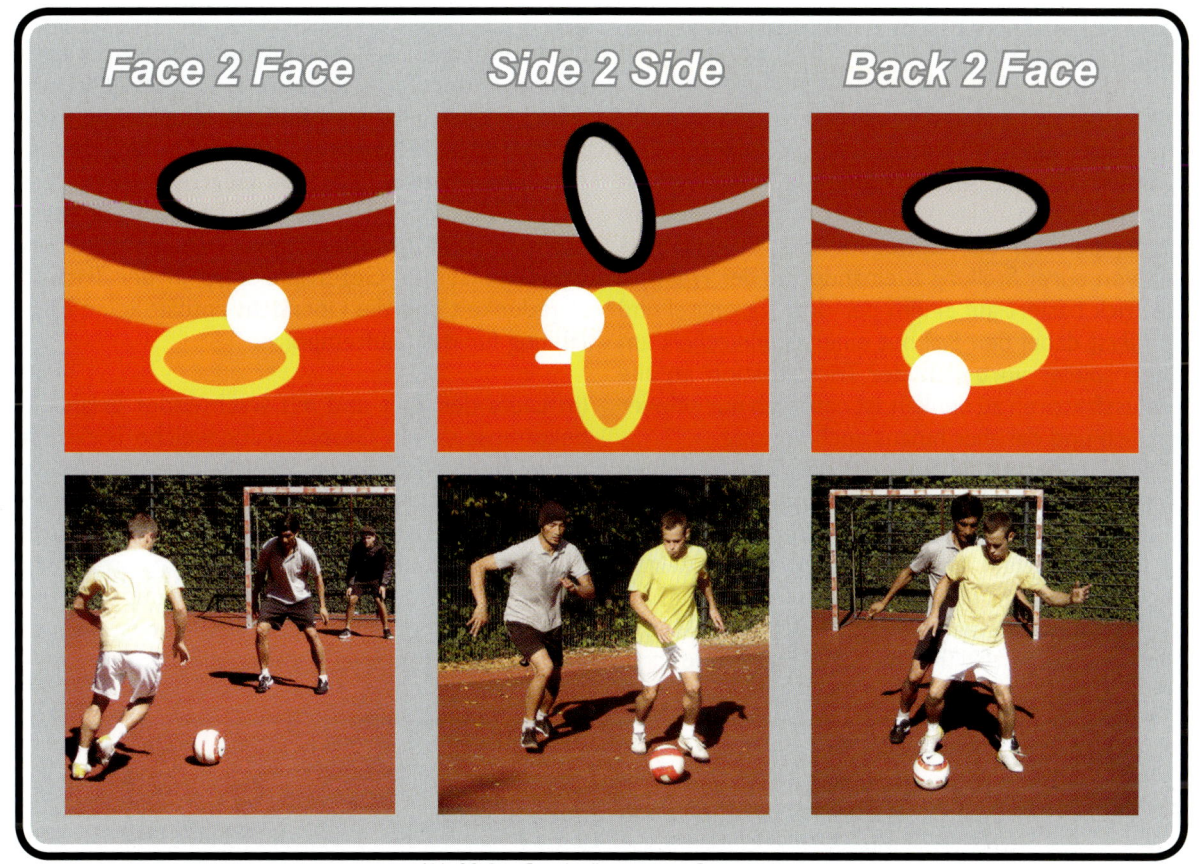

Abb. 28: Die Grundstellungen zum Gegenspieler

In der Face 2 Face Stellung stehst du deinem Gegenspieler frontal gegenüber. Dies ist die klassische Stellung zum Spielen von Tricks. In der Side 2 Side Stellung steht ihr seitlich zueinander. Dies kommt häufig vor, wenn du versuchst, an der Seite des Spielfelds nach vorne zu kommen. In der Back 2 Face Stellung befindet sich der Gegenspieler hinter dir. Dies passiert z.B., wenn du dich vom Gegenspieler wegdrehst und den Ball auf die Saveside nimmst, um ihn zu sichern.

Die *Fußball Trix* sind anhand der Grundstellungen zum Gegenspieler in drei Teile gegliedert. Jede der drei Grundstellung hat ihre eigenen Charakteristika und für jede Stellung existieren starke Tricktechniken, mit denen du schnell zum Take Out kommen kannst.

Frontline

Sechs Faktoren beeinflussen die Tricksituation

Die sechs Einflussfaktoren machen in ihrer Gesamtheit die *Tricksituation* aus. Wann du welche Technik zeigen solltest, ist abhängig von deinem _Lauftempo_, von der Bewegung des _Gegenspielers_ und von eurer Stellung zueinander an der _Frontline_. Ein Trick basiert auf einem der drei _Trickmittel_ und du _führst_ dabei den _Ball_ mit einer _Grundtechnik_ am Gegenspieler vorbei. In der Tricksituation an alle Einflussfaktoren zu denken, ist natürlich nur schwer möglich und darüber hinaus auch unnötig.

Eine Hilfestellung soll dir die *Trick-ID* geben (Abb. 29). Allen in diesem Buch vorgestellten Tricks ist eine Übersicht beigefügt, die ihre Charakteristika und möglichen Anwendungssituationen zeigen. Die Abbildung zeigt als Beispiel, die Trick-ID des auf S. 191 beschriebenen *Forward 360°* (Three-Sixty). Man verwendet das Trickmittel *Speeding* und kann den Trick gegen Gegenspieler vom Typ *Disturber* bei Lauftempo T_0-T_3, sowie gegen *Rester* bei Lauftempo T_2 und T_3 einsetzen. Gegen *Sidestepper* und *Watcher* ist er nicht geeignet. Du kannst eine Tricktechnik also nicht beliebig verwenden. Sie muss für die Spielsituation, d.h. den Gegenspielertyp und dein Lauftempo, geeignet sein. Ist ein Trick gegen einen bestimmten Gegenspielertyp nicht gut anwendbar, ist der Gegenspielertyp in der Trick-ID abgedunkelt und die Übersicht enthält keine Empfehlung für das Lauftempo.

Im Laufe der Zeit und mit wachsender Erfahrung bekommst du ein Gespür dafür, welche Tricktechnik in einer bestimmten Spielsituation angebracht ist. Je mehr Techniken du beherrschst, umso mehr Spielsituationen wirst du meistern können. Durch das Wissen über die sechs Einflussfaktoren wirst du eine ungeheure Überlegenheit verspüren und die Umsetzung dieses Wissens macht dich zu einem mächtigen Spieler auf dem Platz.

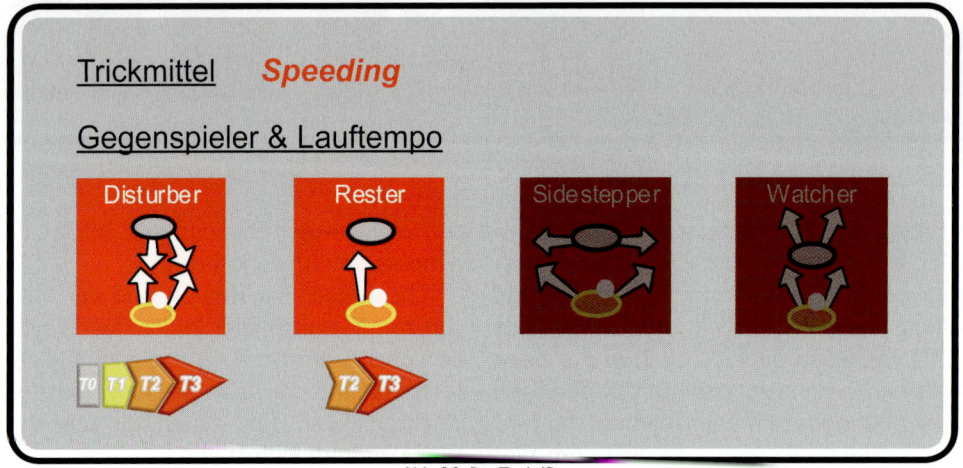

Abb. 29: Die Trick-ID

FACE 2 FACE

TRIX

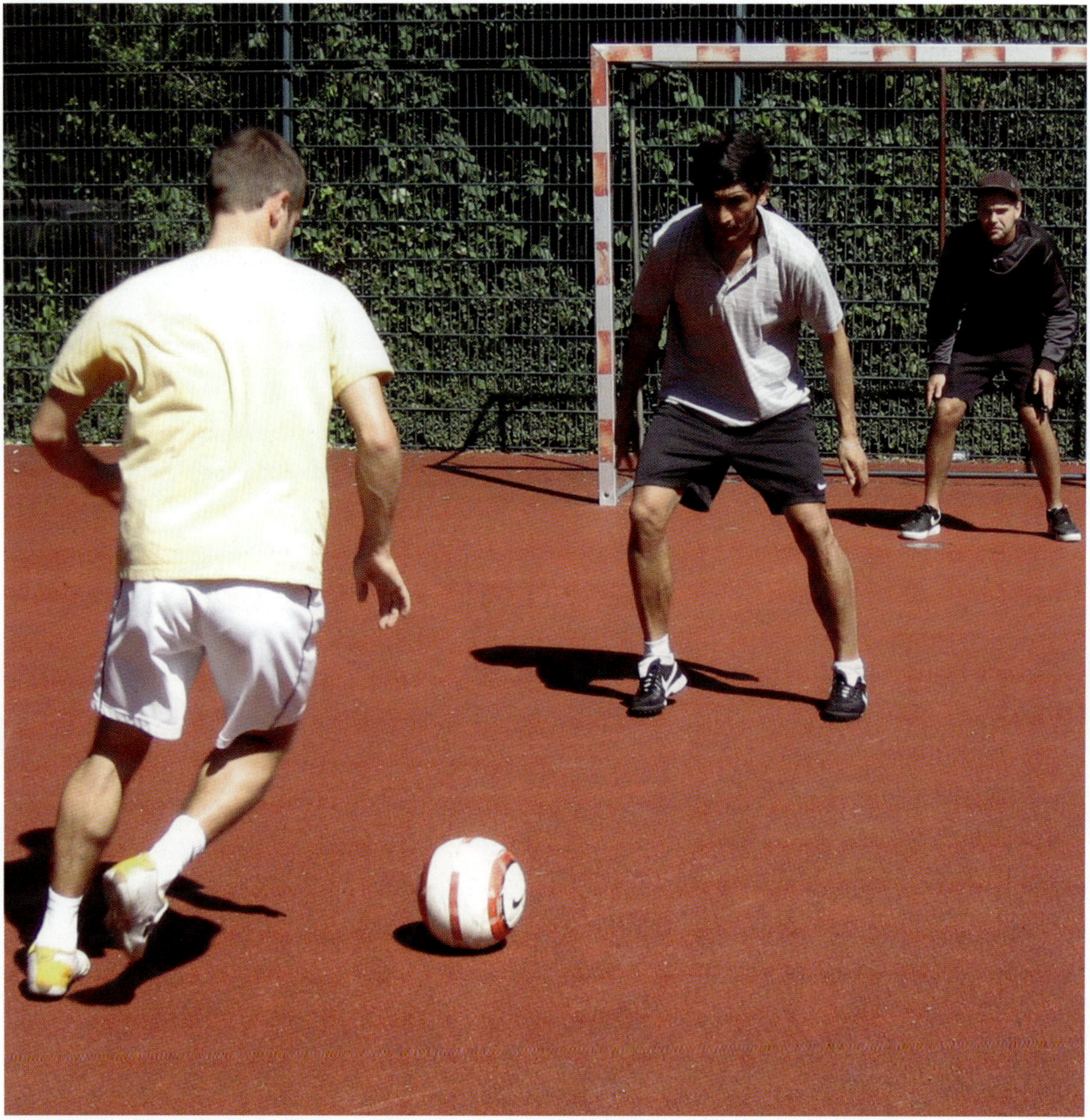

Die Face 2 Face Stellung

Die klassische Grundstellung zum Gegenspieler ist die Face 2 Face Stellung, in der du dem Gegenspieler Auge in Auge gegenüberstehst. Sie kann an verschiedenen Stellen auf dem Platz vorkommen (Abb. 30).

In die Face 2 Face Stellung kommst du immer dann, wenn du den Ball auf das Tor zu treibst. Egal ob du versuchst, durch die Mitte nach vorne zu kommen, leicht schräg auf das Tor zu dribbelst oder von der Seite nach innen ziehst – der Gegenspieler wird sich dir in den Weg stellen und versuchen, dich zu stoppen. Um ihn zu überwinden, benötigst du spezielle Balltechniken – die *Face 2 Face Trix*.

Charakteristisch für die Face 2 Face Trix ist, dass man den Ball bei der Eröffnung der Tricktechniken auf der *Weakside* führt. Dies hat den Nachteil, dass man den Ball nicht vor dem Gegenspieler abschirmen kann und er zudem freie Sicht auf den Ball hat. So kann er dich leicht stören, doch den Ball vor dem Körper zu führen, ist nun mal die schnellste Art, sich mit ihm fortzubewegen. Ein Vorteil der Face 2 Face Stellung ist, dass man die *Scorezone* ideal im Blick hat. So kann man optimal gut postierte Mitspieler vor dem Tor ausmachen oder den besten Laufweg für ein Tempodribbling bestimmen.

Face 2 Face Trix werden auf verschiedene Arten eröffnet. Der Ball kann gerade auf den Gegenspieler zu geführt werden oder leicht schräg zu einer Seite.

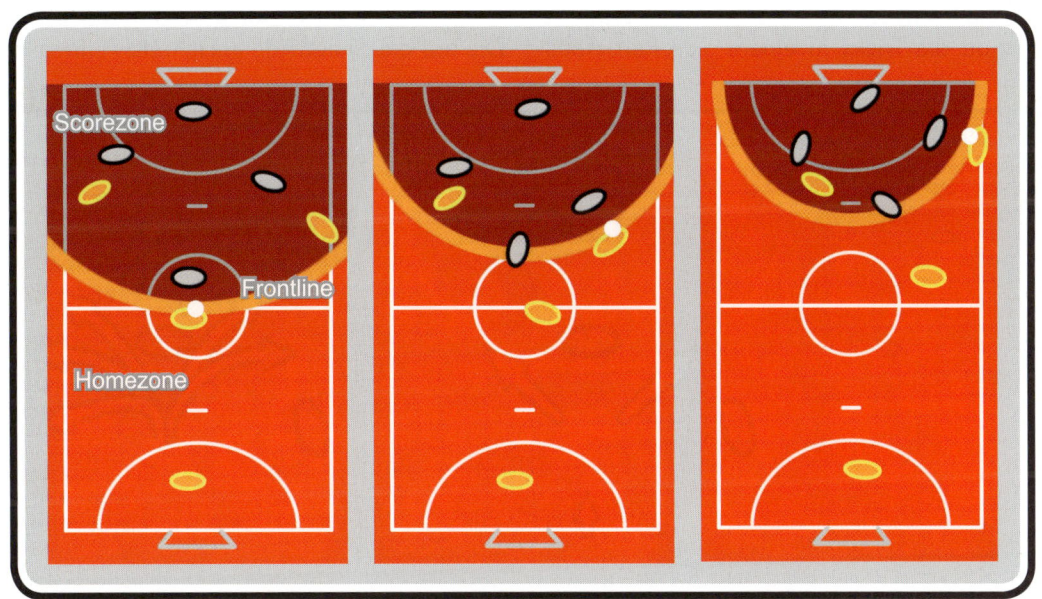

Abb. 30: Die Face 2 Face Stellung an verschiedenen Positionen auf dem Platz

Intro

Wird der Ball gerade auf den Gegenspieler zu geführt, spricht man von einem *Straight Run* (Abb. 31). Bei einem Straight Run kannst du zu beiden Seiten gleich gut die Richtung wechseln. Die Abbildung 31 rechts zeigt den *Bewegungsraum* bei T1. Gehst du mit Tempo am Gegenspieler vorbei, bewegst du dich innerhalb des *Beschleunigungsbereichs* (gelb) und kannst dein Lauftempo zum schnellen Überlaufen des Gegenspielers ausnutzen. Je dichter du auf den Gegenspieler aufläufst, desto schlechter kannst du dich im Beschleunigungsbereich bewegen. Du musst dir den Ball querlegen und kannst dich nur noch im *Bremsbereich* (orange) bewegen.

Eine Besonderheit des Straight Run ist, dass der Gegenspieler nicht erahnen kann, auf welcher Seite man vorbeigehen möchte. Beide Seiten sind gleich wahrscheinlich, denn man kann nach beiden Seiten gleich gut beschleunigen.

Läufst du leicht schräg auf den Gegenspieler zu, eröffnest du die Tricks in einem *Side Run*. Abbildung 32 zeigt einen Side Run zur rechten Seite. Wie man am Bewegungsraum erkennt, kann man in diesem Fall auf der rechten Seite schneller am Gegenspieler vorbei gehen als auf der linken.

Überläufst du den Gegenspieler auf der rechten Seite, bewegst du dich im Beschleunigungsbereich des Bewegungsraums – diese Seite wird als *SpeedSide* bezeichnet. Nimmst du den Ball nach links mit, bewegst du dich im Bremsbereich – diese Seite bezeichnet man als *CutSide*.

Das Besondere an einem Side Run ist, dass der Gegenspieler damit rechnen muss, dass du eher versuchst, auf der SpeedSide an ihm vorbeizugehen, da du so schneller an ihm vorbeikommst. Daher deckt er diese Seite besonders aufmerksam ab. Mit einem schnellen Richtungswechsel zur CutSide, kannst du ihn einfach ausspielen. Der Richtungswechsel muss aber überraschend gezeigt werden. Das verwendete Trickmittel ist *Speeding*. Die auf die SpeedSide gerichtete Aufmerksamkeit

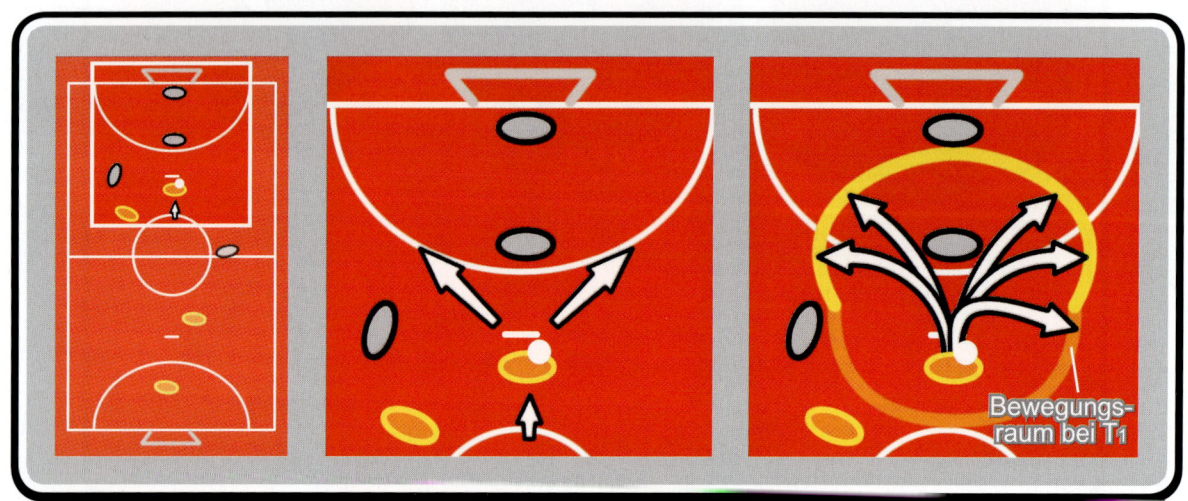

Abb. 31: Straight Run - du läufst gerade auf den Gegenspieler zu

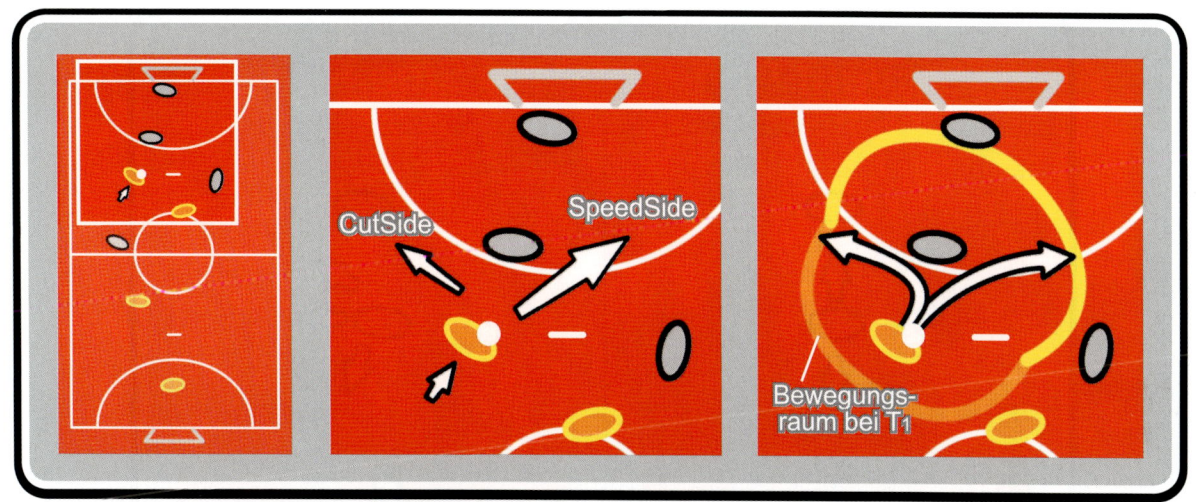

Abb. 32: Side Run - du läufst schräg auf den Gegenspieler zu

des Gegenspielers kann aber auch mit dem Trickmittel *Faking* ausgenutzt werden. Da er höllisch aufpasst, nicht mit Tempo überlaufen zu werden, reagiert er sehr leicht auf Täuschbewegungen zur SpeedSide. Mit einer schnellen Mitnahme zur CutSide kannst du dann locker an ihm vorbeigehen.

Es macht also einen großen Unterschied, ob man den Ball in einem Straight Run oder einem Side Run auf den Gegenspieler zuführt. Dies wird noch deutlicher, wenn man sich anschaut, mit welchen *Gegenspielertypen* man jeweils konfrontiert wird (Abb. 33).

Bei einem Straight Run kann der Gegenspieler auf dich zu gelaufen kommen (*Disturber*), stehen bleiben und abwarten (*Rester*) oder dein Tempo aufnehmen und dich im Rückwärtslaufen beobachten (*Watcher*). In jedem Fall bewegt er sich auf der Linie zwischen Ball und Tor.

Bei einem Side Run steht der Gegenspieler nicht mehr optimal zwischen Ball und Tor. Er muss daher reagieren und fängt an, sich ebenfalls zur Seite zu bewegen. Stellst du es geschickt an, kannst du ihn zu einem *Sidestepper* machen. Der Sidestepper ist der angenehmste Gegenspielertyp zum Spielen von Trickstyles. Mit einer schnellen Mitnahme zur CutSide kannst du ihn einfach ins Leere laufen lassen und an ihm vorbeigehen, ohne einen Zweikampf riskieren zu müssen.

Es gibt starke Tricktechniken gegen alle Gegenspielertypen. Zu erkennen, wann welcher Trick einsetzbar ist, macht einen guten Trickstyler aus.

Die Face 2 Face Trix bieten dir eine Unmenge von effektiven Techniken und stylischen Moves. Die einzelnen Tricks sind in verschiedene Klassen eingeteilt. Innerhalb einer Klasse werden ähnliche Tricktechniken zusammengefasst. Die Face 2 Face

Intro

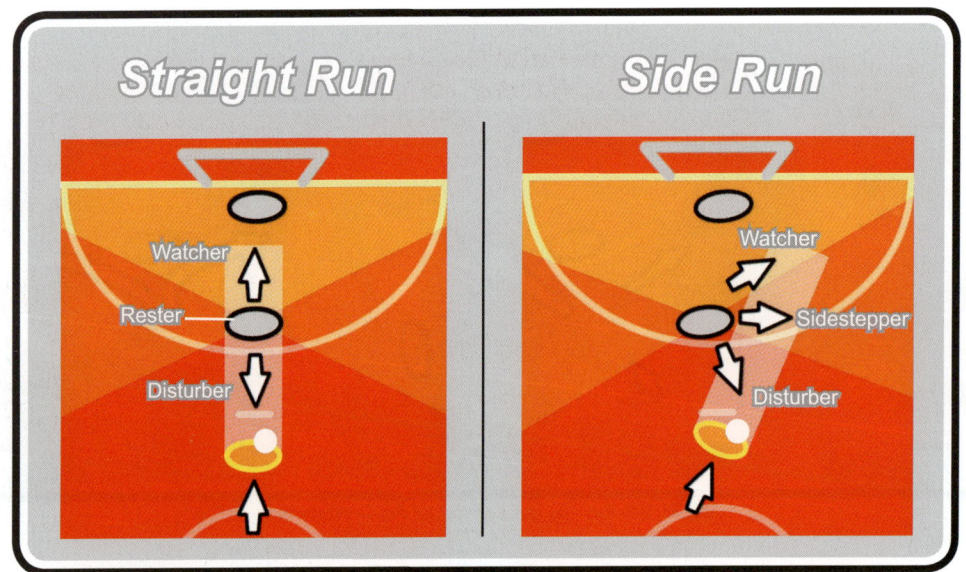

Abb. 33: Gegenspielertypen bei Straight Run und Side Run

Stellung umfasst sechs Klassen – die *Fake Trix*, die *Shift Trix*, die *Bypass Trix*, die *Stepover Trix*, die *Spin Trix* und die *ShotFake Trix*.

Alle Tricktechniken sind für einen Rechtsfüßler beschrieben, Linksfüßler denken bei Seiten- oder Richtungsangaben bitte einfach entsprechend um.

I. Fake Trix

Fakes sind einfache Körpertäuschungen, bei denen du eine Mitnahme oder einen Pass antäuschst und den Gegenspieler so zu einer Abwehrreaktion verleitest. Dadurch bekommst du einen Zeitvorsprung und kannst den Gegenspieler leicht überlaufen. Bei Fakes wird, wie der Name schon sagt, *Faking* als Trickmittel gewählt. Gut einsetzbar sind Fake Trix, wenn du den Gegenspieler schon einmal einfach überlaufen hast (Trickmittel *Speeding*). Er passt dann besonders gut auf, dass dies nicht noch mal passiert und reagiert sehr leicht auf Körpertäuschungen.

Outside Fake 2 Inside Shift

Beim Outside Fake 2 Inside Shift führst du den Ball leicht nach rechts und täuschst eine Mitnahme mit der rechten Außenseite nach rechts an.

Dann nimmst du den Ball mit der rechten Innenseite nach links mit.

Der Outside Fake 2 Inside Shift ist eine einfache Täuschungstechnik. Mit dem Outside Fake zeigst du eine weite und schnelle Täuschbewegung. Wichtig ist es dabei, das Bein ganz durchzustrecken, damit die Täuschung überzeugend aussieht.

Mit der Innenseite kannst du den Ball dann kontrolliert und raumgreifend zur Seite mitnehmen. Der Outside Fake 2 Inside Shift ist ein guter Trick, um den Gegenspieler zu täuschen und dann mit links aufs Tor zu schießen.

Face 2 Face

Outside Fake 2 Switch Outside Shift

Beim Outside Fake 2 Switch Outside Shift täuschst du eine Mitnahme mit der rechten Außenseite nach rechts an und nimmst den Ball dann

mit der linken Außenseite (Switch) nach links mit.

Der Outside Fake 2 Switch Outside Shift kann sehr schnell gezeigt werden, da du nur zwei Schritten benötigst, um ihn zu spielen. Beim Spielen der Technik wechselst du das Spielbein – dies bezeichnet man als *Switch*. Die Außenseitmitnahme eignet sich besonders gut für schnelle Mitnahmen nach vorne. Der Outside Fake 2 Switch Outside Shift ist ein einfacher und effektiver Trick zum schnellen Überlaufen des Gegenspielers und kann auch bei *Top Speed* gezeigt werden.

Fake Trix

Inside Fake 2 Outside Shift

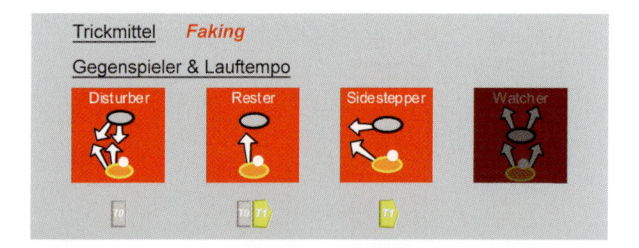

Beim Inside Fake 2 Outside Shift führst du den Ball zunächst leicht nach links. Du täuschst mit der rechten Innenseite eine Mitnahme nach links an,

nimmst den Ball mit der rechten Außenseite nach rechts mit und überläufst den Gegenspieler.

Mit dem Inside Fake täuschst du einen Richtungswechsel zur Seite an. Bei der Ausführung solltest du darauf achten das Kniegelenk stark zu beugen, damit der Fake realistisch aussieht. Der Inside Fake ist etwas schwieriger zu spielen als der Outside Fake und benötigt auch mehr Zeit. Er ist deshalb besonders gut bei langsamem Lauftempo einsetzbar.

Face 2 Face

Inside Fake 2 Switch
Inside Shift

Beim Inside Fake 2 Switch Inside Shift täuschst du einen Richtungswechsel mit der rechten Innenseite nach links an und spielst den Ball dann mit der linken Innenseite rechts am Gegenspieler vorbei.

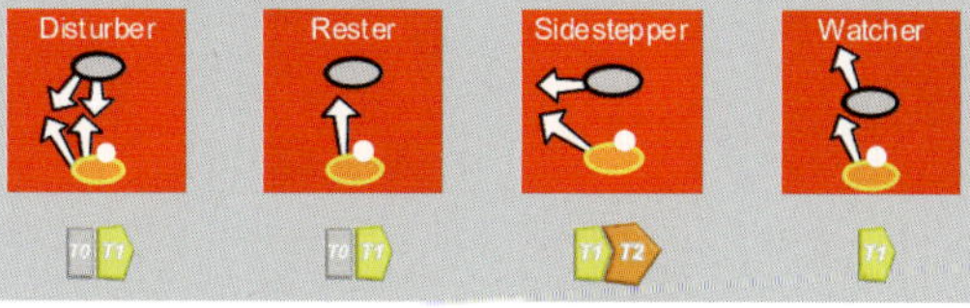

Der Inside Fake 2 Switch Inside Shift kann sehr schnell gezeigt werden, da du nur zwei Schritte benötigst, um ihn zu spielen. Durch die Drehbewegung beim Shift kannst du schnell am Gegenspieler vorbeibeschleunigen und den Ball weit zur Seite mitnehmen.

Fake Trix

Double Outside Fake

Beim Double Outside Fake dribbelst du gerade oder leicht nach rechts auf den Gegenspieler zu. Du täuschst eine Mitnahme mit der rechten Außenseite nach rechts an,

dann eine Mitnahme mit der linken Außenseite nach links und überläufst den Gegenspieler auf der rechten Seite.

Der Double Outside Fake ist ein sehr schöner Trick, den du äußerst schnell spielen kannst. Er eignet sich gut zum schnellen Überlaufen des Gegenspielers und ist auch bei *Top Speed* spielbar. Wie alle Double Fakes ist auch der Double Outside Fake gut einsetzbar, wenn du deinen Gegenspieler schon einmal mit einem einfachen Fake ausgespielt hast (*Folgetrick*).

Outside-Inside Fake

Trickmittel *Faking*
Gegenspieler & Lauftempo
Disturber   Rester   Sidestepper   Watcher

Beim Outside-Inside Fake täuschst du eine schnelle Mitnahme mit der rechten Außenseite nach rechts an, dann eine Mitnahme mit der Innenseite nach links und nimmst den Ball zur rechten Seite mit.

Beim Outside-Inside Fake musst du den ersten Fake zur *SpeedSide* zeigen, weil du sonst den Inside Fake nicht mehr spielen kannst. Mit dem Inside Fake täuschst du dann eine weite Mitnahme zur *CutSide* an. Der Outside-Inside Fake ist besonders effektiv, wenn du ihn als Folgetrick zum Outside Fake 2 Inside Shift einsetzt.

Fake Trix   91

II. SHIFT TRIX

Die zweite Klasse der Face 2 Face Trix sind die *Shift Trix*. Bei einem *Shift* legt man sich den Ball von der einen auf die andere Seite, also von rechts nach links oder umgekehrt. Die Shift Trix sind die größte Trickklasse der FUSSBALL TRIX. Sie beinhalten viele Basistechniken, deren Beherrschung die Vorraussetzung dafür ist, Tricks aus anderen Klassen spielen zu können. Die Shift Trix bestehen aus sechs Unterklassen – *SpeedShifts, CutShifts, ReverseShifts, SplitShifts, DoubleShifts* und *TripleShifts*.

1. SpeedShifts

Bei einem *SpeedShift* spielst du den Ball mit einem Shift schnell am Gegenspieler vorbei und überläufst ihn mit hoher Geschwindigkeit. Dabei bewegst du dich innerhalb des *Beschleunigungsbereichs* des *Bewegungsraums* (Abb. 34). Die Eröffnung der Tricktechniken erfolgt in einem *Straight Run*, damit der Gegenspieler nicht erkennen kann, auf welcher Seite du vorbei laufen willst. SpeedShifts sind einfach einzusetzen und bei jedem Lauftempo spielbar. Bei Tempo T_0 kommt es darauf an, möglichst explosiv Geschwindigkeit aufzubauen. Besser sind SpeedShifts jedoch bei hohem Lauftempo anwendbar, da du dabei die Laufgeschwindigkeit zum schnellen Überlaufen des Gegenspielers nutzen kannst. SpeedShifts sind vor allem gegen Gegenspieler vom Typ *Rester* anwendbar. Da dieser Gegenspielertyp noch kein Lauftempo aufgebaut hat, lässt er sich besonders gut überlaufen, wenn man die eigene Laufgeschwindigkeit nutzt. Aber auch gegen *Disturber* können sie eingesetzt werden. Dabei solltest du allerdings darauf achten, dass du den SpeedShift früh genug setzt, um genügend Platz für die Mitnahme zu haben.

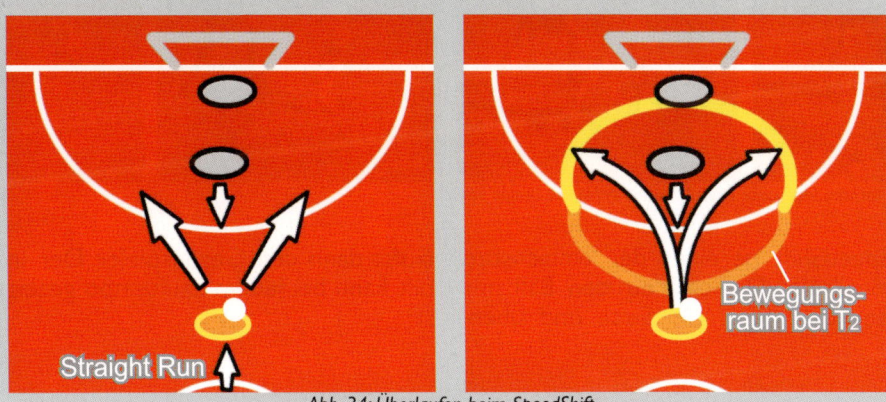

Abb. 34: Überlaufen beim SpeedShift

Shift Trix

Inside SpeedShift

Beim Inside SpeedShift läufst du in einem Straight Run auf den Gegenspieler zu. Kurz bevor du in seinen Aktionsbereich gelangst, legst du dir den Ball blitzschnell mit der rechten Innenseite nach links und gehst mit Tempo vorbei.

Der Inside SpeedShift ist einer der einfachsten Tricks im Fußballspiel. Du legst dir den Ball mit der Innenseite kontrolliert zur Seite und überläufst dann den Gegenspieler. Der Inside SpeedShift kann bei jedem Lauftempo gezeigt werden.

Outside SpeedShift

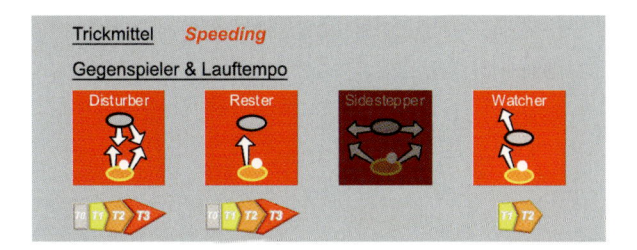

Beim Outside SpeedShift läufst du gerade auf den Gegenspieler zu, legst den Ball mit der rechten Außenseite blitzschnell rechts am Gegenspieler vorbei

und überläufst ihn mit Tempo.

Der Outside SpeedShift ist ein einfacher Standardtrick. Mit der Außenseite kannst du den Ball zwar etwas schlechter kontrollieren als mit der Innenseite, dafür bekommst du aber nach dem Shift den Ball auf deinen starken Fuß.

Shift Trix 95

InwardStroke SpeedShift

Beim InwardStroke SpeedShift läufst du gerade auf den Gegenspieler zu. Kurz vor ihm ziehst du den Ball mit der rechten Sohle zur linken Seite und

nimmst ihn sofort mit der linken Innenseite nach vorne mit.

Der InwardStroke SpeedShift ist ein feiner Trick. Mit der Sohle kannst du den Ball sehr genau kontrollieren und zur Seite ziehen. Die Technik lässt sich äußerst flüssig und schnell spielen, da Körperbewegung und Balltechnik gut miteinander gekoppelt werden.

OutwardStroke SpeedShift

Du läufst in einem Straight Run auf den Gegenspieler zu. Dann ziehst du den Ball blitzschnell mit der rechten Sohle zur rechten Seite, spielst ihn

mit der Innenseite nach vorne und gehst am Gegenspieler vorbei.

Mit dem OutwardStroke SpeedShift kannst du den Ball schnell und gefühlvoll nach außen ziehen und ihn dann direkt mit der Innenseite nach vorne mitnehmen. Der Ball lässt sich dicht am Körper führen, denn er klebt förmlich am Fuß.

Shift Trix

97

Switch Cross SpeedShift

Beim Switch Cross SpeedShift führst du den Ball in einem Straight Run auf den Gegenspieler zu. Dann spielst du ihn überraschend mit der linken Innenseite (Switch) hinter dem Körper nach rechts und überläufst den Gegenspieler.

Der Switch Cross SpeedShift ist ein stylischer SpeedShift. Mit dem Fußwechsel (*Switch*) zum Spielen des Balls, lässt sich der Gegenspieler meist überraschen, da er in der Regel auf das eigentliche Spielbein fixiert ist. Beim Spielen der *Cross*-Technik mit links sieht es zunächst so aus, als ob man den Ball mit der rechten Innenseite zur linken Seite mitnehmen möchte. Das rechte Bein wird dabei vor dem Ball aufgesetzt, wodurch der Ball verdeckt und gleichzeitig auf der *Saveside* behandelt wird. Die Technik lässt sich sehr flüssig spielen, auch in hohem Tempo und kann vor allem gegen *Rester* gezeigt werden.

2. CutShifts

Bei einem *CutShift* spielst du den Ball in einem *Side Run* auf den Gegenspieler zu und überläufst ihn mit einem schnellen Richtungswechsel auf der *CutSide* (Abb. 35). Das Trickmittel ist also Speeding. Beim Spielen der Trickstyles bewegst du dich innerhalb des *Bremsbereichs* im *Bewegungsraum* und musst daher schnell abbremsen und wieder beschleunigen können. Da die CutShifts alle in einem *Side Run* angespielt werden, ist es wahrscheinlich, dass der Gegenspieler sich zur Seite bewegt, da er denkt, dass du über die *SpeedSide* gehst. Er verwandelt sich in einen *Sidestepper*. Sobald er die Reaktion zeigt, nimmst du den Ball blitzschnell zur CutSide mit und gehst an ihm vorbei. Die CutShifts sind eine der wichtigsten Klassen der FUSSBALL TRIX. Sie beinhalten einfache Standardtechniken sowie ausgefeilte Trickstyles.

Abb. 35: Überlaufen beim CutShift

Shift Trix 99

Inside CutShift

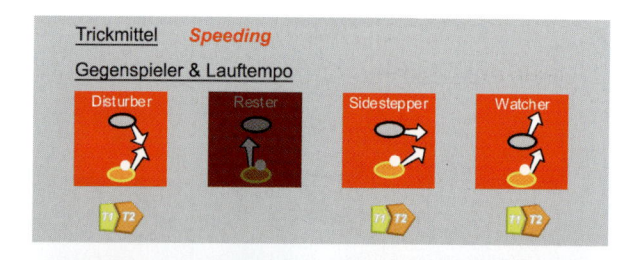

Trickmittel	*Speeding*		
Disturber	Rester	Sidestepper	Watcher

Beim Inside CutShift führst du den Ball in einem Side Run zur rechten Seite, dann spielst du ihn mit der rechten Innenseite blitzschnell nach links

und überläufst den Gegenspieler.

Der Inside CutShift ist der einfachste CutShift und eine Standardtechnik. Mit der Innenseite kannst du den Ball kontrolliert zur Seite spielen und deinen Gegenspieler mit einer Cutbewegung überlaufen. Er ist einer der effektivsten Tricks im Fußballspiel und jeder Spieler sollte ihn beherrschen.

Outside CutShift

Beim Outside CutShift dribbelst du zunächst nach links, dann spielst du den Ball mit der rechten Außenseite blitzschnell zur rechten Seite

und gehst am Gegenspieler vorbei.

Der Outside CutShift ist eine Standardtechnik. Er ist etwas schwieriger zu spielen als der Inside CutShift, da der Ball mit der Außenseite schwerer zu kontrollieren ist. Mit dieser Technik kannst du den Ball gut nach rechts mitnehmen. Mit dem Inside CutShift und dem Outside CutShift stehen dir einfache Tricktechniken zum Richtungswechsel nach beiden Seiten zur Verfügung. Ein Vorteil des Outside CutShifts ist, dass du den Ball nach dem Shift auf den starken Fuß bekommst und so gut aufs Tor schießen kannst.

Shift Trix

Cross Shift

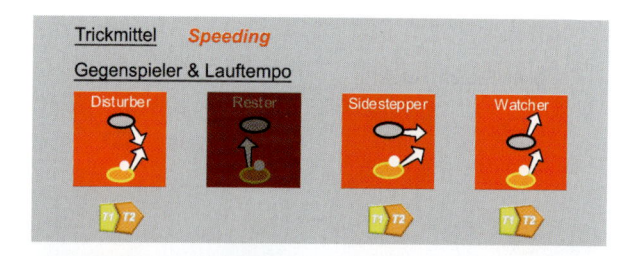

Beim Cross Shift führst du den Ball in einem Side Run zur rechten Seite, dann spielst du ihn mit der rechten Innenseite hinter dem Körper nach links

und überläufst den Gegenspieler.

Der Cross Shift ist eine starke und effektive Tricktechnik. Da der Ball hinter dem Körper und damit über die *Saveside* gespielt wird, kann der Gegenspieler nicht an den Ball kommen und ihn sehr schlecht sehen. Den Raum zum Tor, die *Scorezone*, hast du dabei permanent im Blick. Der Cross Shift hat also viele Vorteile und ist zweifellos einer der stärksten Tricks, die im Spiel gezeigt werden können.

180° Shift

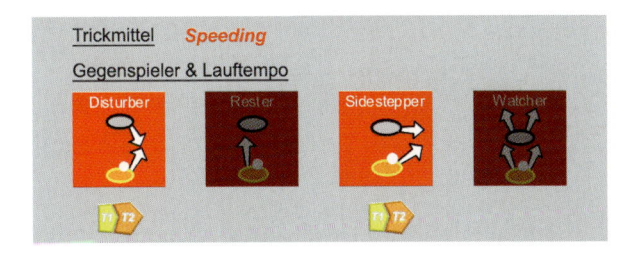

Beim 180° Shift führst du den Ball in einem Side Run nach rechts, dann stoppst du ihn mit der rechten Sohle und machst eine halbe Drehung rechtsherum.

Während der Drehung ziehst du den Ball zur linken Seite mit, drehst dich dem Ball hinterher und nimmst ihn mit der linken Innenseite nach vorne mit.

Der 180° Shift (One-Eighty) ist ein schöner Trickstyle. Mit der Sohle kannst du den Ball gefühlvoll zur Seite ziehen. Balltechnik und Körperbewegung werden optimal miteinander gekoppelt. Der Schwung der Drehbewegung überträgt sich direkt auf die Bewegung zum Ball und so kannst du explosiv zur *CutSide* beschleunigen. Der Ball wird über die *Saveside* zur Seite gezogen und der Gegenspieler hat keine Chance, an den Ball zu kommen. Allerdings verlierst du beim Shiften die *Scorezone View*, so dass du dich nach der Drehung schnell wieder orientieren musst. Der 180° Shift ist vielseitig einsetzbar. Du kannst ihn für Ballmitnahmen nach hinten, zur Seite oder auch zum Überlaufen des Gegenspielers verwenden.

Shift Trix

Heel Shift

Beim Heel Shift führst du den Ball in einem Side Run zur linken Seite, dann kickst du ihn mit der rechten Hacke blitzschnell zur rechten Seite,

sprintest dem Ball hinterher und überläufst den Gegenspieler auf der CutSide.

Das Spiel mit der Hacke ist nicht einfach. Da die Kontaktfläche sehr klein ist, musst du den Ball exakt treffen, um ihn in die gewünschte Richtung zu spielen. Dafür kann er aber relativ hart gekickt werden. Der Heel Kick kommt meist überraschend für den Gegenspieler. Da der Fuß vor dem Kick am Ball vorbeigeführt geführt wird, sieht es für ihn so aus, als würdest du den Ball nach links mitnehmen. Da man sich bei dieser Technik weit zur Seite dreht, kann man beim Zurückdrehen die Rotationskraft zum schnellen Beschleunigen nutzen. Der Heel Shift ist ein schöner Style und eignet sich gut für raumgreifende Richtungswechsel zur Seite.

Face 2 Face

CrossHeel Shift

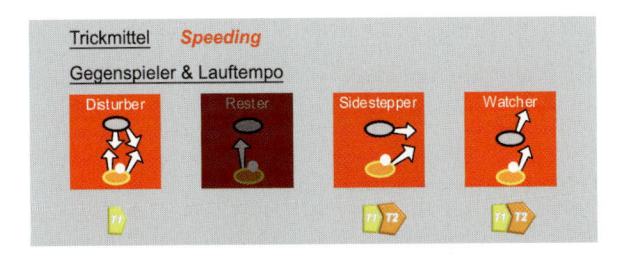

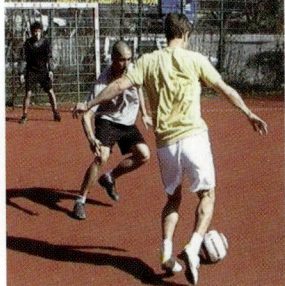

Beim CrossHeel Shift führst du den Ball nach rechts, dann kickst du ihn mit der rechten Hacke vor dem Körper nach links, drehst dich dem Ball hinterher und gehst am Gegenspieler vorbei.

Mit der *CrossHeel*-Technik kannst du den Ball stark zur Seite kicken. Wie beim Heel Shift wird der Gegenspieler bei der Bewegung zum Ball zusätzlich getäuscht, da die Technik im Ansatz wie eine Außenseitmitnahme nach rechts aussieht. Nach dem CrossHeel Kick kannst du dich schön dem Ball hinterher drehen und mit der Rotation schnell aus der Hüfte beschleunigen. Der CrossHeel Shift ist eine stylische Technik und lässt sich gut für extreme Richtungswechsel zur Seite einsetzen.

Shift Trix 105

SideHeel Shift

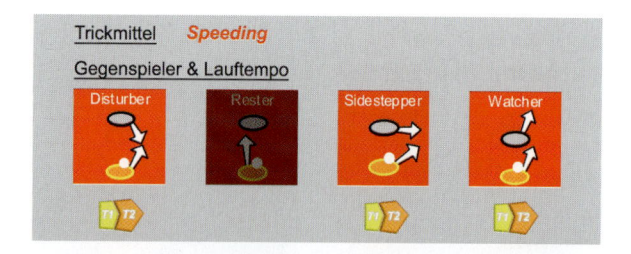

Beim SideHeel Shift führst den Ball nach rechts, dann kickst du ihn mit der rechten Hacke hinter dem linken Bein zur linken Seite, gehst dem Ball hinterher und überläufst den Gegenspieler auf der CutSide.

Der SideHeel Shift ist eine stylische und effektive CutShift-Technik. Mit der Hacke kannst du den Ball überraschend zur Seite legen und einen weiten und explosiven Richtungswechsel zeigen. Da der Ball hinter dem Körper gespielt wird, ist er vor dem Gegenspieler sicher und du hast trotzdem permanente *Scorezone View*.

Face 2 Face

CrossStroke Shift

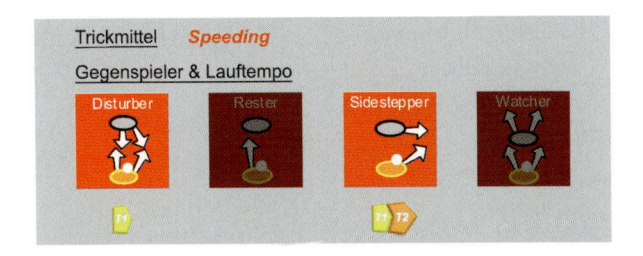

Beim CrossStroke Shift führst du den Ball in einem Side Run nach rechts, dann ziehst du ihn mit der rechten Sohle vor dem Standbein nach links

und nimmst ihn mit der linken Innenseite nach vorne mit.

Der CrossStroke Shift ist eine stylische Tricktechnik und eignet sich gut für einen kurzen, überraschenden Richtungswechsel zur Seite. Der Ball wird mit der Sohle gefühlvoll zur Seite gezogen. Mit dem CrossStroke Shift sind Richtungswechsel in extremen Winkeln möglich.

Shift Trix

SideStroke Shift

Beim SideStroke Shift führst du den Ball im Side Run nach rechts, dann ziehst du ihn mit der rechten Sohle hinter dem linken Bein zur linken Seite

und gehst am Gegenspieler vorbei.

Mit dem SideStroke Shift kannst du stark abbremsen und den Ball kontrolliert zur Seite ziehen. Der Ball wird über die *Saveside* zur Seite gespielt und du hast permanente *Scorezone View*. Der SideStroke Shift ist eine schöne Technik, die man für kontrollierte, kurze Mitnahmen zur Seite einsetzt.

CrossInward Shift

Beim CrossInward Shift wird der Ball leicht nach rechts auf den Gegenspieler zugeführt. Du ziehst den Ball mit der Innensohle hinter dem Körper nach links

und überläufst den Gegenspieler.

Der CrossInward Shift ist eine starke Technik. Mit der *CrossInwardStroke*-Technik lässt sich sehr schnell Shiften bei enger Ballkontrolle. Da du den Ball hinter dem Körper spielst, kann der Gegenspieler den Richtungswechsel nur schwer erkennen. Er kann zudem nicht an den Ball kommen, da der Ball über die *Saveside* gezogen wird.

Shift Trix

CrossOutward Shift

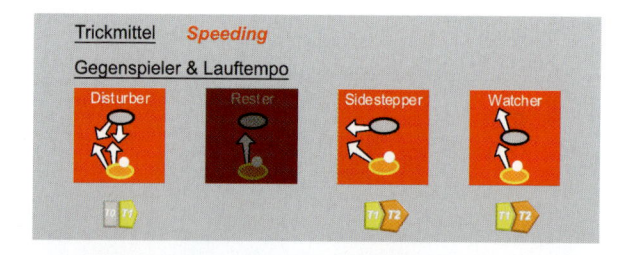

Beim CrossOutward Shift führst du den Ball nach links. Dann stoppst du den Ball hinter dem Standbein mit der Außenseite, ziehst ihn mit der Außensohle nach rechts und nimmst ihn mit der Innenseite zur rechten Seite mit.

Der CrossOutward Shift ist ein schöner Style. Mit dieser Technik kannst du überraschend abstoppen und extrem die Richtung zur rechten Seite wechseln. Da du den Ball bei der Eröffnung sehr weit zur Seite legst, rechnet der Gegenspieler meist nicht mit dem *Shift* nach rechts. Der Richtungswechsel ist für ihn auch schwer zu erkennen, da der Ball hinter dem Körper gestoppt und direkt zur Seite gezogen wird. Meist hast du schon einige Meter gemacht, bevor er dir hinterher kommt. Nach der Tricktechnik kommst du dann in eine gute Position, um mit rechts aufs Tor abzuziehen.

FrontTween Shift

Beim FrontTween Shift führst du den Ball leicht nach links, dann ziehst du ihn mit der rechten Sohle blitzschnell zwischen den eigenen Beinen hindurch

zur rechten Seite, drehst dich hinterher und überläufst den Gegenspieler.

Der FrontTween Shift ist eine stylische Tricktechnik. Balltechnik und Körperbewegung werden schön miteinander gekoppelt. Beim Shiften verdeckst du den Ball mit dem vorderen Bein und er wird so vor dem Gegenspieler abgeschirmt. Da du den Ball durch die eigenen Beine ziehst und dich direkt hinterher drehst, liegt er nach dem Shift optimal vor den Körper. Der FrontTween Shift eignet sich gut für schnelle, gefühlvolle Richtungswechsel zur Seite und lässt sich gut mit einem Schuss aufs Tor kombinieren.

Shift Trix

BackTween Shift

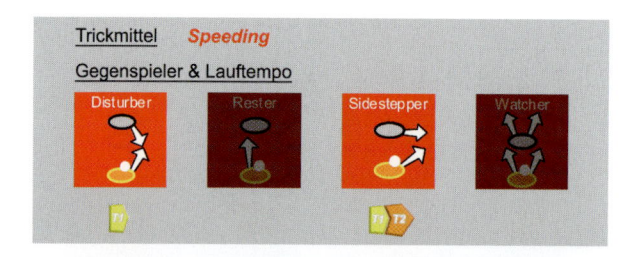

Beim BackTween Shift führst du den Ball zunächst nach rechts, dann stoppst du ihn mit der rechten Sohle und ziehst ihn blitzschnell zur linken Seite.

Dabei spielst du den Ball von hinten zwischen deinen Beinen hindurch.

Mit dem BackTween Shift ziehst du dir den Ball gefühlvoll zur Seite. Wie beim FrontTween stimmt die Bewegungsrichtung des Balls mit der des eigenen Körpers überein und der Ball kann optimal in den Lauf mitgenommen werden. Der BackTween Shift ist ein schöner Style und kann gut mit einem *Switch Shot* kombiniert werden.

CrossOutside Shift

Trickmittel	*Speeding*		
Gegenspieler & Lauftempo			
Disturber	Rester	Sidestepper	Watcher

Beim CrossOutside Shift führst du den Ball zunächst nach links. Du setzt das linke Bein rechts neben dem Ball auf, spielst ihn hinter dem Körper

mit der rechten Außenseite vor dem Körper nach rechts und ziehst am Gegenspieler vorbei.

Der CrossOutside Shift ist ein fetter und krasser Style. Bei der Eröffnung spielst du den Ball an deinem Körper vorbei zur Seite, so dass der Gegenspieler denkt, du würdest ihn nach links mitnehmen. Dann spielst du den Ball blitzschnell mit der *CrossOutside*-Technik nach rechts. Nachdem du den Ball gespielt hast, kannst du dich direkt mit dem rechten Fuß abdrücken und so flüssig hinterher beschleunigen. Der Cross OutsideShift ist ein überraschender und stylischer Move, er ist aber nicht einfach zu spielen und du musst schon etwas trainieren, um ihn zeigen zu können.

Heel 2 Cross Shift

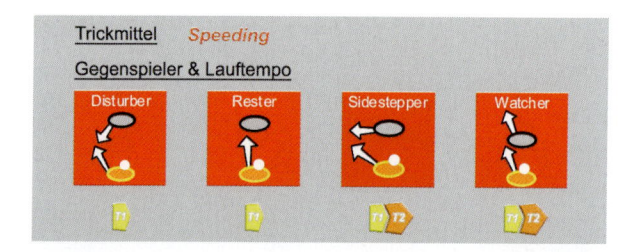

Beim Heel 2 Cross Shift führst den Ball zunächst zur linken Seite, dann kickst du ihn mit der rechten Hacke nach hinten und spielst ihn gleich darauf

mit der linken Innenseite (Switch) hinter dem Standbein zur rechten Seite.

Der Heel 2 Cross Shift ist ein stylischer Move. Du kombinierst einen Heel Kick mit einem Cross Kick. Mit dieser Tricktechnik kannst du stark abbremsen und schnell die Richtung wechseln. Er ist nicht einfach zu spielen, da du den Ball mit der Hacke sehr genau treffen und den Cross Kick sofort anschließen musst. Beherrschst du ihn, kannst du jedoch schnell und überraschend am Gegenspieler vorbeiziehen.

3. ReverseShifts

Bei einem *ReverseShift* ziehst du den Ball mit der Sohle blitzschnell zurück und nimmst ihn mit einer *Grundtechnik* zur Seite mit. Zum Zurückziehen des Balls wird die *ReverseStroke*-Technik verwendet, die dieser Klasse ihren Namen verleiht. Das Trickmittel ist *Speeding*, denn das Zurückziehen und Zurseitespielen sollte möglichst schnell gezeigt werden. ReverseShifts sind ideal einsetzbar gegen Gegenspieler vom Typ *Disturber*. Der Disturber kommt aggressiv auf dich zu und versucht, dich zu stören. Mit einem ReverseShift ziehst du den Ball zurück, lässt ihn ins Leere laufen und wechselst die Richtung. ReverseShifts sind gut bei langsamem Tempo oder aus dem Stand einsetzbar. Man kann sie aber auch dazu verwenden, um aus hohem Tempo abzubremsen und kontrolliert die Richtung zu wechseln.

Outward Inside ReverseShift

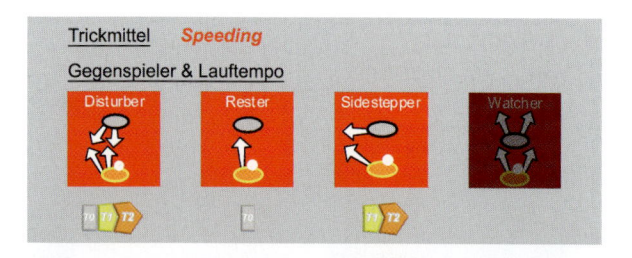

Beim Outward Inside ReverseShift wird der Ball zunächst zur linken Seite geführt. Sobald der Gegenspieler reagiert, ziehst du den Ball mit der rechten Sohle zurück und spielst den Ball mit der rechten Innenseite blitzschnell nach rechts.

Der Outward Inside ReverseShift ist eine schöne Technik. Mit dem ReverseShift ziehst du dir den Ball direkt auf die Innenseite und nimmst ihn kontrolliert nach vorne mit. Der Ball klebt dabei förmlich am Fuß.

Inward Inside ReverseShift

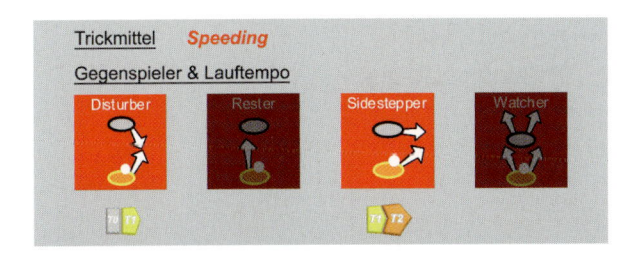

Beim Inward Inside ReverseShift führst du den Ball zunächst zur rechten Seite. Sobald der Gegenspieler dich angreift, ziehst du den Ball mit der rechten Sohle zurück

und spielst ihn blitzschnell mit der rechten Innenseite auf die linke Seite.

Der Inward Inside ReverseShift ist eine einfache Standardtechnik. Mit dem ReverseShift ziehst du den Ball zurück und bremst dabei ab. Dann spielst du ihn mit der Innenseite kontrolliert am Gegenspieler vorbei.

Shift Trix 117

Outward Outside ReverseShift

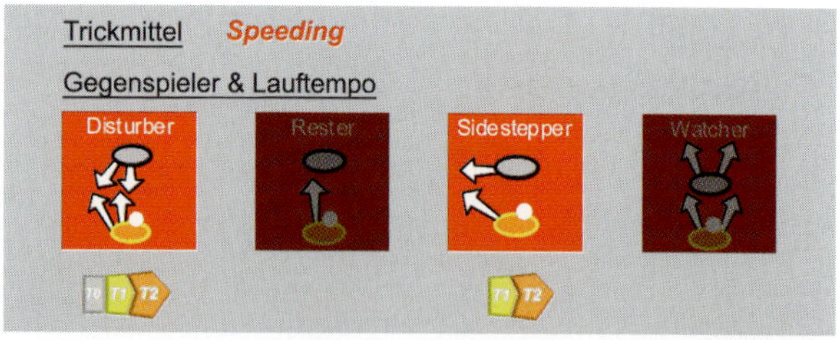

Beim Outward Outside ReverseShift führst du den Ball zunächst zur linken Seite, dann ziehst du ihn mit der rechten Sohle zurück und nimmst ihn mit der rechten Außenseite nach rechts mit.

Der Outward Outside ReverseShift ist eine einfache Technik. Mit der Außenseite kannst du den Ball schnell und einfach zur Seite oder nach vorne mitnehmen.

Outward Switch
Outside ReverseShift

Beim Outward Switch Outside ReverseShift führst du den Ball zur rechten Seite. Dann ziehst du ihn mit der rechten Sohle blitzschnell zurück und nimmst ihn

mit der linken Außenseite (Switch) zur linken Seite mit.

Der Outward Switch Outside ReverseShift ist ein starker Trick. Du ziehst den Ball schnell zurück und spielst ihn mit der *Switch*-Technik sofort zur Seite. Die Technik ist dadurch sehr schnell spielbar.

Shift Trix

Cross ReverseShift

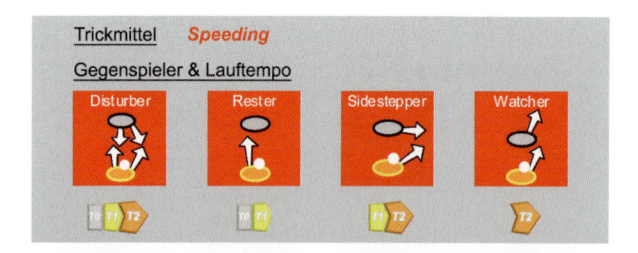

Beim Cross ReverseShift führst du den Ball zunächst zur rechten Seite. Du ziehst ihn mit der rechten Sohle zurück und spielst ihn dann blitzschnell mit der rechten Innenseite hinter dem Körper zur linken Seite.

Der Cross ReverseShift ist einer der stärksten ReverseShifts. Du ziehst den Ball hinter den Körper und shiftest über die *Saveside*. Dabei behältst du die ganze Zeit die *Scorezone View*. Diese Technik lässt sich ideal gegen *Disturber* anwenden. Aufpassen solltest du allerdings bei *Pitbulls*, denn sie können dir übel ins Standbein rauschen.

Switch Cross ReverseShift

Beim Switch Cross ReverseShift wird Ball zunächst zur linken Seite geführt. Dann ziehst du ihn mit einem ReverseStroke zurück und spielst ihn mit der linken Innenseite (Switch) hinter dem Standbein zur rechten Seite.

Der Switch Cross ReverseShift ist ein schöner Style, der allerdings nicht so einfach zu spielen ist. Durch die *Switch*-Technik kannst du den Trick äußerst schnell zeigen. Dabei wird der Ball über die *Saveside* gespielt. Der Switch Cross ReverseShift eignet sich gut, um schnell abzubremsen und sofort zur Seite die Richtung zu wechseln.

Shift Trix

SideStroke ReverseShift

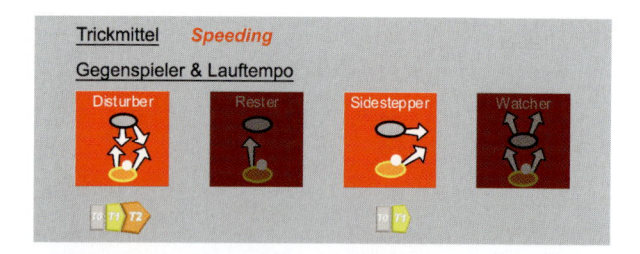

Beim SideStroke ReverseShift führst du den Ball zunächst nach rechts, dann zeigst du den ReverseStroke und ziehst den Ball mit der rechten Sohle hinter dem Standbein zur linken Seite.

Der SideStroke ReverseShift ist ein schwieriger aber stylischer Trick. Du kannst ihn sehr flüssig spielen, da der Ball die ganze Zeit mit der Sohle kontrolliert wird. Die Mitnahme zur Seite erfolgt über die *Saveside*, allerdings kann der Ball nicht besonders weit mitgenommen werden. Der SideStroke ReverseShift ist daher besonders für kurze, schnelle Mitnahmen zur Seite einsetzbar.

122 Face 2 Face

SideHeel ReverseShift

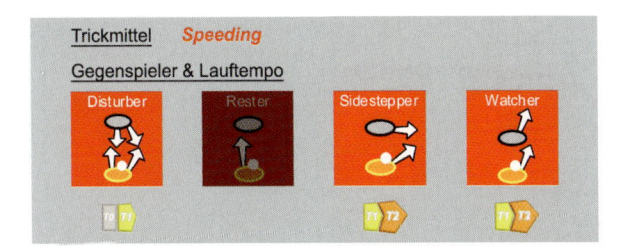

Beim SideHeel ReverseShift führst du den Ball zur rechten Seite, dann ziehst du ihn mit der rechten Sohle nach hinten und kickst den Ball blitzschnell

mit der Hacke hinter dem Körper zur linken Seite.

Mit dem SideHeel ReverseShift kannst du dir den Ball extrem weit zur Seite legen. Der Ball wird über die *Saveside* gespielt und ist somit sicher vor dem Gegenspieler. Ein stylischer Trick, den du ideal für schnelle, raumgreifende Mitnahmen zur Seite verwenden kannst.

Shift Trix

Switch SideStroke ReverseShift

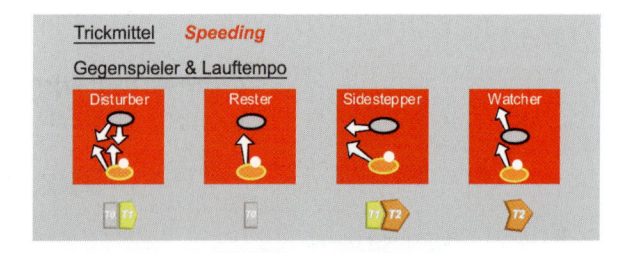

Beim Switch SideStroke ReverseShift führst du den Ball zunächst leicht nach links. Du zeigst den ReverseStroke und ziehst den Ball dann blitzschnell mit der linken Sohle hinter dem Standbein zur rechten Seite.

Der Switch SideStroke ReverseShift ist wohl der stylischste aller ReverseShifts. Durch die *Switch*-Technik kannst du den Trick sehr schnell spielen. Der Ball wird über die *Saveside* gespielt, bei permanenter *Scorezone View*. Der Switch SideStroke ReverseShift eignet sich gut für kontrollierte, kurze Mitnahmen zur Seite und lässt sich sehr schön mit einem Rechtsschuss aufs Tor kombinieren.

Face 2 Face

4. SplitShifts

Bei einem *SplitShift* führst du den Ball in einem *Side Run* zur Seite, spielst ihn dann blitzschnell zur *CutSide*, drehst dich weg vom Ball (*Split*) einmal um die eigene Achse am Gegenspieler vorbei und nimmst den Ball wieder an (Abb. 36). Die SplitShifts funktionieren im Prinzip wie die CutShifts. Das Besondere an den SplitShifts ist die sogenannte *Split-Drehung*, also das sich Wegdrehen vom Ball. Durch Drehbewegungen kann man zum einen ideal den Schwung abfangen, auch aus hohem Lauftempo, zum anderen kann man schnell wieder beschleunigen. Die SplitShifts ermöglichen dir daher schnelle und extreme Richtungswechsel zur CutSide. Sie sind nicht einfach zu spielen und fordern dir vor allem koordinativ Einiges ab. Bei der Split-Drehung verlierst du nicht nur den Blick auf den Ball, sondern auch auf die *Scorezone View*, d.h. du musst dich nach der Drehung schnell wieder orientieren. Außerdem muss die Bewegung richtig getimt werden, damit man die Drehkraft optimal zum Abbremsen und wieder Beschleunigen nutzen kann. Der Ball wird immer über die *Weakside* gespielt. Dies ist gefährlich, da der Gegenspieler leichter an den Ball gelangen kann. Daher solltest du genügend Abstand zu ihm halten. Das Trickmittel der SplitShifts ist *Speeding*, sie sind ideal gegen Gegenspieler vom Typ *Sidestepper* anwendbar. Es sind schwierige, aber sehr schöne Tricktechniken und sie sollten im Repertoire eines Stylers nicht fehlen.

Abb. 36: Überlaufen beim SplitShift

Stroke SplitShift

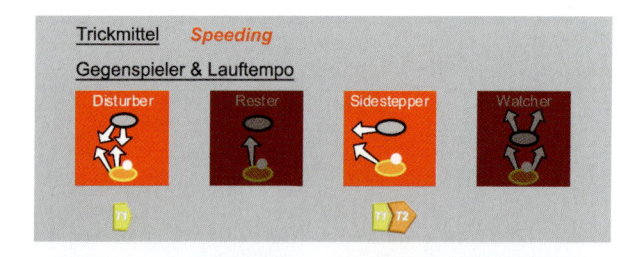

Beim Stroke SplitShift führst du den Ball in einem Side Run zur linken Seite, dann ziehst du ihn mit der rechten Sohle blitzschnell nach rechts,

drehst dich linksherum, also weg vom Ball, zur rechten Seite und gehst am Gegenspieler vorbei.

Mit dem Stroke SplitShift ziehst du dir den Ball gefühlvoll zur Seite und leitest schon beim Spielen des Ball die Drehbewegung linksherum ein. Durch sie kannst du sehr schnell zum Ball beschleunigen. Der Stroke SplitShift eignet sich gut für schnelle, kurze Mitnahmen zur Seite. Spielst du ihn bei hohem Tempo, kannst du mit dieser Technik schön abbremsen und schnell zur *CutSide* beschleunigen. Du kannst aber auch direkt aus der Drehung aufs Tor abziehen.

Inside SplitShift

Beim Inside SplitShift führst du den Ball leicht zur rechten Seite, dann spielst du ihn mit der rechten Innenseite nach links, drehst dich rechtsherum

einmal um die eigene Achse zur linken Seite und nimmst den Ball wieder an.

Der Inside SplitShift ist von der Kicktechnik her einfach zu spielen, da du dir den Ball mit der Innenseite sehr kontrolliert vorlegen kannst. Die Schwierigkeit liegt darin, die *Split*-Drehung richtig zu koordinieren. Sie wird schon beim Spielen des Balls eingeleitet. Der Inside SplitShift ist ein stylischer Move, ihn im Spiel anzuwenden kostet allerdings einiges an Überwindung.

Shift Trix

Outside SplitShift

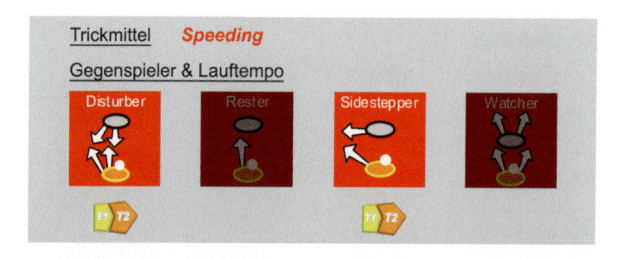

Beim Outside SplitShift führst du den Ball in einem Side Run zur linken Seite, dann spielst du ihn mit der rechten Außenseite nach rechts, drehst dich blitzschnell linksherum einmal um die eigene Achse und nimmst den Ball wieder an.

Der Outside SplitShift ist ein schwieriger Style. Du musst den Ball mit der Außenseite extrem zur Seite spielen und dies mit der *Split*-Technik koppeln. Dies ist nicht so einfach. Der Outside SplitShift ist dafür ein schöner Trick, mit dem du dich schnell am Gegenspieler vorbeidrehen kannst.

Face 2 Face

Heel SplitShift

Beim Heel SplitShift wird der Ball zunächst nach links geführt bis du fast seitlich zum Gegenspieler stehst. Dann spielst du ihn mit der rechten Hacke nach rechts,

drehst dich linksherum zur anderen Seite und gehst am Gegenspieler vorbei.

Der Heel SplitShift ist ein schwieriger, aber dafür mächtig stylischer Trick. Er kommt sehr überraschend für den Gegenspieler. Da du dich weit zur linken Seite gedreht hast, rechnet er meist nicht mit einem Richtungswechsel. Mit dem Heel Kick kannst du den Ball stark zur rechten Seite kicken und mit der *Split*-Drehung explosiv die Seite wechseln.

Shift Trix

CrossHeel SplitShift

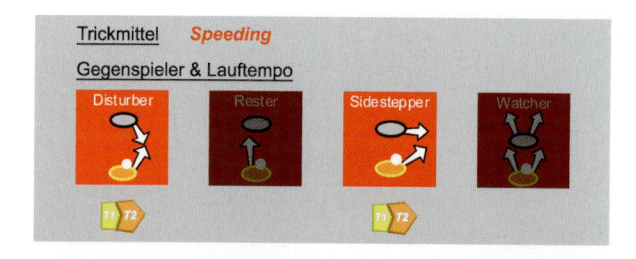

Beim CrossHeel SplitShift führst du den Ball in einem Side Run nach rechts, dann spielst du ihn mit der rechten Hacke vor dem Körper nach links,

drehst dich blitzschnell rechtsherum zur linken Seite und nimmst den Ball wieder an.

Der CrossHeel SplitShift ermöglicht dir ein sehr schnelles Shiften. Das rechte Bein sollte nach dem Kick sofort die Drehbewegung des Körpers einleiten, um so explosiv dem Ball hinterher zu beschleunigen. Der CrossHeel SplitShift ist der Schönste der SplitShifts und stylemässig ein absolutes Highlight. Erlerne und zeige ihn und du kannst dir sicher sein, eine Menge Respekt auf dem Platz zu bekommen.

5. DoubleShifts

Die fünfte Unterklasse der Shift Trix bilden die *DoubleShifts*. Hier legst du dir den Ball gleich zweimal zur Seite. Mit dem ersten Shift täuschst du eine Mitnahme zu einer Seite vor und nimmst den Ball dann mit einem zweiten Shift zur entegengesetzten Seite mit. Das Trickmittel *Faking* ist hier sehr effektiv, da die Mitnahme des Balls nicht nur angetäuscht, sondern der Ball tatsächlich bewegt wird. Der Gegenspieler muss daher auf jeden Fall auf den ersten Shift reagieren, da er sonst riskiert, überlaufen zu werden. DoubleShifts sind vor allem bei langsamem Lauftempo gegen Gegenspieler vom Typ *Rester* und *Sidestepper* einsetzbar. Sie lassen sich gut als *Folgetrick* anwenden, wenn du den Gegenspieler schon einmal mit einem einfachen *CutShift* oder *SpeedShift* ausgespielt hast.

Sideward DoubleShift

Beim Sideward DoubleShift führst du den Ball gerade oder leicht rechts auf den Gegenspieler zu. Du spielst ihn mit der rechten Innenseite nach links.

Dann nimmst du den Ball mit der linken Innenseite (Switch) wieder zurück auf die rechte Seite und überläufst den Gegenspieler.

Der Sideward DoubleShift ist ein einfacher, aber starker Trick. Mit der ersten Mitnahme täuschst du einen Richtungswechsel zur *CutSide* an. Da das *Faking* nicht nur als Körpertäuschung gespielt wird, sondern zusätzlich der Ball bewegt wird, muss der Gegenspieler darauf reagieren. Sobald er eine Reaktion zeigt, nimmst du den Ball mit der linken Innenseite in die andere Richtung mit und gehst am Gegenspieler vorbei.

Inside-Outside Shift

Beim Inside-Outside Shift führst du den Ball gerade oder leicht nach links auf den Gegenspieler zu. Du legst ihn dir mit der rechten Innenseite nach links,

spielst ihn blitzschnell mit der Außenseite wieder nach rechts und gehst am Gegenspieler vorbei.

Der Inside-Outside Shift ist technisch anspruchsvoll. Du musst vor allem sehr schnell und gefühlvoll mit dem Sprunggelenk umgehen können. Die Täuschbewegung sollte zur *SpeedSide* gehen. Mit dem Outside Shift kannst du dann gut beschleunigen und dich schnell vom Gegenspieler wegbewegen. Der Inside-Outside Shift ist ein starker Trick, mit dem du den Gegenspieler schön verladen kannst.

Shift Trix

Outside-Inside Shift

Beim Outside-Inside Shift führst du den Ball gerade oder leicht nach rechts auf den Gegenspieler zu Kurz vor ihm legst du dir den Ball leicht nach links, spielst ihn mit der rechten Außenseite nach rechts,

kickst ihn blitzschnell mit der Innenseite wieder nach links und überläufst den Gegenspieler.

Der Outside-Inside Shift ist einer der schönsten Trickstyles. Um ihn perfekt zu beherrschen, muss man ziemlich viel üben. Du darfst den Ball nicht zu stark nach außen kicken, da du ihn sonst nicht mehr mit der Innenseite nach innen bekommst. Nachdem du den Ball nach links gespielt hast, kannst du dich schön mit dem rechten Fuß abdrücken und am Gegenspieler vorbeibeschleunigen. Der Outside-Inside Shift ist eine sehr effektive *Faking*-Technik und einer der besten Tricks, wenn du es im Stand (*T0*) mit einem *Rester* zu tun bekommst.

Outside-CrossHeel Shift

Trickmittel *Faking*
Gegenspieler & Lauftempo
Disturber | Rester | Sidestepper | Watcher

Beim Outside-CrossHeel Shift führst du den Ball in einem Side Run leicht zur rechten Seite, dann spielst du ihn mit der rechten Außenseite nach rechts,

kickst ihn mit der Hacke vor dem Körper wieder nach links und gehst am Gegenspieler vorbei.

Der Outside-CrossHeel Shift ist eine schöne Variante des Outside-Inside Shifts. Die Kombination der *Outside*-Technik mit der *CrossHeel*-Technik erlaubt einen unglaublich schnellen doppelten Richtungswechsel. Mit der Hacke kannst du den Ball in einem extremen Winkel weit nach innen kicken und dann schön aus der Drehung hinterher beschleunigen. Der Outside-CrossHeel Shift ist ein stylischer Trick, der gut bei langsamem Lauftempo eingesetzt werden kann.

Shift Trix

Outside-CrossStroke Shift

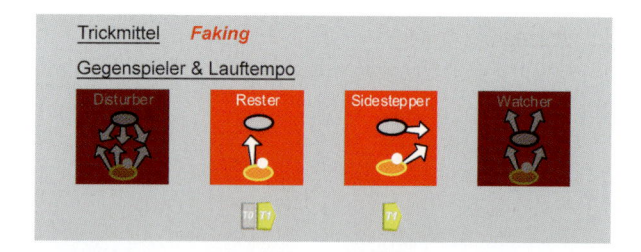

Beim Outside-CrossStroke Shift führst du den Ball zunächst zur rechten Seite, dann spielst du ihn mit der rechten Außenseite nach rechts, ziehst ihn mit der Sohle vor dem Standbein wieder nach links und überläufst den Gegenspieler.

Eine weitere stylische Variante des Outside-Inside Shifts ist der Outside-CrossStroke Shift. Direkt nach dem Outside Shift ziehst du den Ball mit der Sohle gefühlvoll nach links. Dabei spielst du gleichzeitig den Ball und beschleunigst mit der Drehung zur Seite.

Cross DoubleShift

Trickmittel *Faking*
Gegenspieler & Lauftempo
Disturber | Rester | Sidestepper | Watcher

Beim Cross DoubleShift werden zwei Cross Shifts miteinander kombiniert. Du führst den Ball leicht nach rechts und spielst ihn mit der rechten Innenseite hinter dem Standbein nach links.

Dann spielst du den Ball mit der linken Innenseite (Switch) hinter dem rechten Bein wieder nach rechts und gehst am Gegenspieler vorbei.

Der Cross DoubleShift ist eine sehr starke Technik. Der Ball wird die ganze Zeit auf der *Saveside* gespielt. Da sich der Ball hinter deinem Körper befindet, kann der Gegenspieler nicht an den Ball gelangen und ihn nur schwer sehen. Aber auch du selbst hast den Ball nicht optimal im Blick, den Cross DoubleShift musst du daher ‚blind' beherrschen.

Shift Trix

InwardStroke-Outside Shift

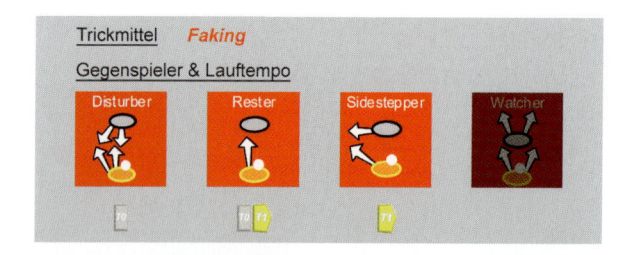

Beim InwardStroke-Outside Shift wird der Ball leicht rechts auf den Gegenspieler zu geführt, dann ziehst du den Ball mit der rechten Sohle nach links,

spielst ihn blitzschnell mit der rechten Außenseite wieder nach rechts und gehst am Gegenspieler vorbei.

Der InwardStroke-Outside Shift funktioniert ähnlich wie der Inside-Outside Shift. Er ist aber etwas einfacher zu spielen, da du den Ball mit der Sohle gefühlvoller handlen kannst. Die Technik braucht dafür auch etwas mehr Zeit. Mit dem Outside Shift kannst du dann schnell nach vorne beschleunigen und den Gegenspieler blitzschnell überlaufen.

OutwardStroke-Inside Shift

Beim OutwardStroke-Inside Shift führst du den Ball gerade oder leicht nach rechts auf den Gegenspieler zu, dann ziehst du ihn mit der rechten Sohle nach rechts

und spielst ihn blitzschnell mit der Innenseite wieder nach links.

Mit dem OutwardStroke täuschst du eine Mitnahme zur *SpeedSide* an, dann spielst du den Ball mit der Innenseite blitzschnell zur *CutSide*. Den OutwardStroke-Inside Shift kannst du gut als Folgetrick einsetzen, wenn du den Gegenspieler schon einmal mit einem *OutwardStroke SpeedShift* (vgl. S. 97) überlaufen hast. Bei hohem Tempo kann der OutwardStroke-Inside Shift auch gut zum Abbremsen verwendet werden.

Shift Trix

SideStroke DoubleShift

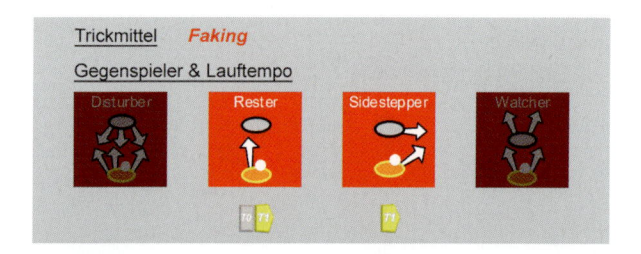

Beim SideStroke DoubleShift führst du den Ball in einem Side Run nach rechts. Du ziehst ihn mit der rechten Sohle hinter dem linken Bein nach links,

dann mit der linken Sohle hinter dem rechten Bein wieder nach rechts.

Beim SideStroke DoubleShift wird der Ball die ganze Zeit auf der *Saveside* geführt, bei permanenter *Scorezone View*. Sobald der Gegenspieler auf den ersten SideStroke reagiert, zeigst du den zweiten und lässt ihn ins Leere laufen. Da man den Ball mit dem ersten SideStroke sehr weit zur Seite zieht, reagiert der Gegenspieler äußerst heftig zur *Fakeside*. Der SideStroke DoubleShift ist ein schöner Style, den du gut bei langsamem Lauftempo einsetzen kannst.

Cross-CrossOutward Shift

Beim Cross-CrossOutward Shift führst du den Ball gerade auf den Gegenspieler zu. Mit der rechten Innenseite spielst du den Ball hinter dem Körper nach links.

Dann führst du blitzschnell den Fuß um den Ball herum, nimmst ihn mit der rechten Außenseite wieder nach rechts und gehst am Gegenspieler vorbei.

Der Cross-CrossOutward Shift ist eine stylsiche Technik. Mit der *Cross*-Technik spielst du den Ball nach links und täuschst einen Richtungswechsel zur Seite vor. Gleich darauf stoppst du den Ball mit der Außenseite, nimmst ihn sofort wieder nach rechts mit und überläufst den Gegenspieler.

Der Cross-CrossOutward Shift ist nicht leicht zu spielen, er ist dafür sehr effektiv, da der Ball die ganze Zeit für den Gegenspieler schlecht sichtbar gespielt wird und dieser durch das *Saveside Handling* keine Chance hat, an den Ball zu kommen.

Shift Trix

Inside-Stroke SplitShift

Beim Inside-Stroke SplitShift führst du den Ball zunächst leicht nach rechts. Du nimmst den Ball mit der rechten Innenseite nach links, gehst hinterher, stoppst ihn mit der rechten Sohle

und ziehst ihn blitzschnell nach rechts. Dann drehst du dich linksherum, also weg vom Ball, in die Gegenrichtung und überläufst den Gegenspieler.

Beim Inside-Stroke SplitShift zeigst du zuerst einen *Inside CutShift* (vgl. S. 100) und lockst den Gegenspieler damit auf die linke Seite. Mit dem Stroke SplitShift stoppst du den Ball kontrolliert, ziehst ihn gefühlvoll nach rechts und beschleunigst explosiv in die Gegenrichtung. Der Inside-Stroke SplitShift ist ein stylischer Trick, der sehr schnell gezeigt werden kann.

CrossHeel-Inside DoubleShift

Beim CrossHeel-Inside DoubleShift führst du den Ball in einem Side Run nach rechts. Mit der rechten Hacke kickst du ihn vor dem Körper nach links,

nimmst ihn dann sofort mit der linken Innenseite (Switch) wieder nach rechts und gehst am Gegenspieler vorbei.

Beim CrossHeel-Inside DoubleShift täuschst du dem Gegenspieler einen überraschenden Richtungswechsel nach links mit der Hacke an. Dabei solltest du auch den Kopf kurz nach links drehen, um die Täuschung noch realistischer aussehen zu lassen. Dann spielst du den Ball direkt *Switch* wieder nach rechts und überläufst den Gegenspieler.

Shift Trix

BackTween-Inside DoubleShift

Beim BackTween-Inside DoubleShift ziehst du den Ball mit der rechten Sohle von hinten zwischen deinen Beinen hindurch zur linken Seite und drehst dich leicht hinterher.

Dann nimmst du ihn mit der linken Innenseite (Switch) wieder nach rechts und überläufst den Gegenspieler.

Der BackTween-Inside DoubleShift ist eine schöne Tricktechnik, mit der du den Gegenspieler sehr effektiv täuschen kannst. Mit der *BackTween*-Technik ziehst du den Ball nach links, wobei der Gegenspieler den Ball schlecht sehen kann, da du ihn zwischen deinen Beinen hindurch ziehst. Beim Spielen der Technik solltest du den Kopf kurz mit zur *Fakeside* drehen, um den Gegenspieler noch stärker zu täuschen. Dann nimmst du den Ball blitzschnell mit der linken Innenseite wieder nach rechts und ziehst am Gegenspieler vorbei. Der BackTween-Inside DoubleShift lässt sich gut bei langsamem Lauftempo einsetzen und wird auch oft beim *Tripping* verwendet.

Cross-CrossOutside Shift

Beim Cross-CrossOutside Shift führst du den Ball leicht nach rechts. Du spielst ihn mit der rechten Innenseite hinter dem Standbein nach rechts, gehst direkt mit dem Fuß hinterher

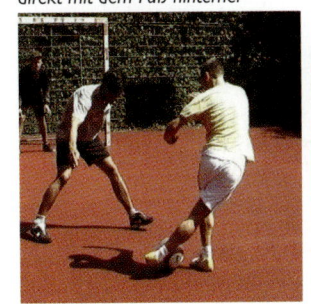

und kickst ihn mit der Außenseite vor dem Standbein wieder nach rechts. Du beschleunigst zum Ball und gehst am Gegenspieler vorbei.

Der Cross-CrossOutside Shift ist ein fetter Style. Mit der *Cross*-Technik täuschst du eine Mitnahme nach links an. Da der Ball dabei mit dem Körper verdeckt wird, reagiert der Gegenspieler sehr leicht auf die Täuschbewegung. Dann spielst du den Ball blitzschnell mit der *CrossOutside*-Technik wieder nach rechts. Der Bewegungsablauf ist nicht einfach und der Trick funktioniert nur, wenn du ihn flüssig spielen kannst. Diese Technik ist vor allem gegen *Rester* bei langsamem Lauftempo (*T1*) einsetzbar.

Shift Trix

InwardKnee-Inside DoubleShift

Beim InwardKnee-Inside DoubleShift lupfst du den Ball mit dem rechten Fuß nach oben und leicht nach links. Du spielst ihn mit der linken Knieinnenseite (Switch) nach rechts, dann mit der rechten Innenseite zurück nach links und gehst am Gegenspieler vorbei.

Der InwardKnee-Inside DoubleShift wird *Switch* mit einem einfachen *Front Lift* eingeleitet. Da der Ball vom Boden hoch genommen wird, kann er vom Gegenspieler schwerer berechnet werden. Er reagiert so sehr leicht auf den Richtungswechsel mit dem Knie. Du spielst den Ball blitzschnell in die Gegenrichtung und lässt ihn ins Leere laufen. Um diesen Style im Spiel zu zeigen, muss man schon ein wenig üben. Besonders schwierig ist es, den Ball so hochzulupfen, dass er flüssig mit dem Knie weitergeleitet werden kann. Hat man die Bewegung aber einmal drauf, macht es viel Spaß den Gegenspieler damit zur *Fakeside* zu schicken.

6. TripleShifts

Die letzte Unterklasse der Shift Trix sind die *TripleShifts*. Bei den TripleShifts wechselst du mit dem Ball gleich dreimal die Richtung. Zweimal shiftest du, um den Gegenspieler zu täuschen (*Faking*) und dann noch einmal, um an ihm vorbeizuziehen. Um die Trickstyles dieser Klasse spielen zu können, ist es ein Muss, den Ball mit beiden Füßen zu beherrschen. Durch das häufige *Switchen*, kommen die Techniken sehr verwirrend für den Gegenspieler und die Täuschung ist dadurch äußerst effektiv. Die TripleShifts sind stylische Moves und lassen sich gut als *Folgetrick* auf *DoubleShifts* einsetzen.

BackTween 2 Switch Inside-Outside Shift

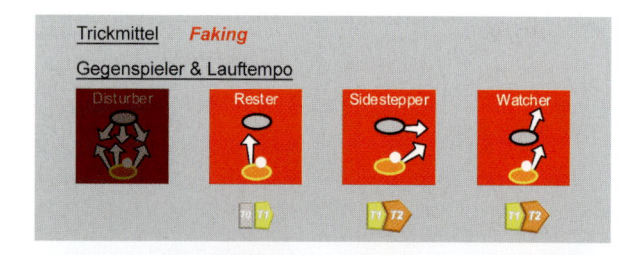

Beim BackTween 2 Switch Inside-Outside Shift führst du den Ball leicht nach rechts. Du ziehst ihn mit der rechten Sohle zwischen deinen Beinen hindurch

nach links, nimmst ihn mit der linken Innenseite (Switch) wieder nach rechts und dann sofort mit der Außenseite zurück zur linken Seite.

Der BackTween 2 Switch Inside-Outside Shift ist eine starke Täuschungstechnik. Um diesen Triple-Shift spielen zu können, musst du allerdings den *Inside-Outside Shift* (vgl. S. 133) auch mit dem linken Fuß beherrschen. Dann lässt sich die Tricktechnik ideal als Folgetrick auf den *BackTween-Inside DoubleShift* (vgl. S. 144) verwenden.

148 Face 2 Face

Cross 2 CrossOutside-Outside DoubleShift

Beim Cross 2 CrossOutside-Outside DoubleShift spielst du den Ball mit der rechten Innenseite hinter dem Körper nach links, dann mit der Außenseite

vor dem Körper nach rechts und nimmst ihn sofort mit der linken Außenseite (Switch) wieder nach links am Gegenspieler vorbei.

Der Cross 2 CrossOutside-Outside DoubleShift ist ein anspruchsvoller Trick, der äußerst stylish kommt. Er ist ein perfekter *Folgetrick* auf den *Cross-CrossOutside Shift* (vgl. S. 145). Da der Gegenspieler den Ball beim ersten Cross Shift erst sehr spät sieht, darfst du die Technik nicht zu schnell zeigen, da er sonst keine Zeit hat zu reagieren. Versuche den CrossOutside Shift sauber zu spielen und zeige dann blitzschnell den Switch Outside Shift, um den Gegenspieler ins Leere laufen zu lassen.

Shift Trix

III. BYPASS TRIX

Bei einem *Bypass* ziehst du schnell und problemlos am Gegenspieler vorbei, ohne an Tempo zu verlieren. Fast alle Bypass Trix haben *Splitting* als Trickmittel. Beim Splitting trennt man sich kurzzeitig vom Ball, um ihn am Gegenspieler vorbeizuspielen und nimmt ihn dann wieder an. Der Split wird dazu benutzt, den Gegenspieler zu einer Abwehrreaktion zu verleiten und ihn in eine ungünstige Körperposition zu bringen. Er ist so abgelenkt und du kannst ungestört an ihm vorbeiziehen. Besonders effektiv sind Bypass Trix, wenn du den Ball in schnellem Tempo führst. Du kannst dann die Laufgeschwindigkeit optimal nutzen. Bypasses lassen sich besonders gut gegen Gegenspieler vom Typ *Disturber* verwenden. Da der Disturber auf dich zugerannt kommt, musst du den Ball eigentlich nur an ihm vorbei bekommen und kannst ihn dann einfach an dir vorbeirauschen lassen. Hierfür bieten dir die Bypass Trix vielfältige Optionen. Die Bypass Trix sind eine ganz besondere Klasse mit schwierigen Styles, und du musst über viel Ballgefühl verfügen, um alle Techniken spielen zu können.

SideSplit

Beim SideSplit spielst du den Ball auf der einen Seite am Gegenspieler vorbei, überläufst ihn blitzschnell auf der anderen Seite und nimmst den Ball hinter dem Gegenspieler wieder an.

Der SideSplit ist ein einfacher Trick, der für jeden, der halbwegs mit dem Ball umgehen kann, leicht zu spielen ist. Die größte Schwierigkeit des SideSplits liegt darin, den Ball so am Gegenspieler vorbei zu spielen, dass er an der gewünschten Stelle wieder angenommen werden kann.

Bypass Trix

Inside Tunnel

Beim Inside Tunnel läufst du in einem Straight Run auf den Gegenspieler zu, dann spielst du den Ball zwischen seinen Beinen hindurch,

überläufst ihn blitzschnell auf der linken Seite und nimmst den Ball wieder an.

Der Tunnel ist ein effektiver Trick, mit dem du sehr schnell und einfach am Gegenspieler vorbeiziehst. Die Kunst daran ist, den Ball genau zwischen den Beinen des Gegenspielers hindurch zu bekommen. Der Gegenspieler ist meist sehr verblüfft, wenn der Ball direkt auf ihn zu kommt. Da er immer auf den Ball achtet, senkt er seinen Kopf und kommt dadurch in eine ungünstige Körperposition. So kannst du ungestört an ihm vorbeilaufen. Der Tunnel ist ein sehr schöner Trick, mit dem du den Gegenspieler ziemlich alt aussehen lässt.

Face 2 Face

Forward DoubleShift

Beim Forward DoubleShift führst du den Ball gerade auf den Gegenspieler zu. Du spielst ihn mit der rechten Innenseite links am Gegenspieler vorbei,

legst ihn sofort mit der linken Innenseite (Switch) wieder nach rechts und überläufst den Gegenspieler.

Der Forward DoubleShift ist der einzige Bypass Trick, bei dem *Speeding* als Trickmittel verwendet wird. Wie beim *Sideward DoubleShift* (vgl. S. 132) kombinierst du zwei *Inside Shifts* miteinander. Du nimmst den Ball aber nicht zur Seite, sondern nach vorne mit. Der Forward DoubleShift ist gut bei *Top Speed* spielbar, Körperbewegung und Balltechnik werden optimal miteinander gekoppelt und so kannst du schnell und flüssig am Gegenspieler vorbeiziehen. Mit dieser Technik lassen sich auch gut Fouls provozieren, da dich ein unvorsichtiger Gegenspieler leicht am rechten Bein trifft und zu Fall bringt. So kann man, wenn nötig, Straf- oder Freistöße herausholen.

Bypass Trix

Switch Cross SideSplit

Trickmittel   *Splitting*
Gegenspieler & Lauftempo

| Disturber | Rester | Sidestepper | Watcher |

Beim Switch Cross SideSplit dribbelst du gerade auf den Gegenspieler zu. Kurz vor ihm ziehst du den Ball mit einem InwardStroke nach links und kickst ihn gleich darauf mit der linken Innenseite (Switch) mit einem Cross Kick

rechts am Gegenspieler vorbei. Du überläufst den Gegenspieler auf der linken Seite und nimmst den Ball wieder an.

Der Switch Cross SideSplit ist eine schöne Variante des SideSplits, mit dem du den Gegenspieler sehr intelligent austricksen kannst. Auf das Nachinnenziehen des Balls mit dem *InwardStroke*, reagiert er mit einen Schritt nach links. So hast du schön Platz, um den Ball rechts an ihm vorbeizuspielen. Er zuckt wieder zurück und verschafft dir Platz, an der linken Seite vorbeizugehen. Der Trick ist nicht einfach zu spielen, denn du musst Laufbewegung und Balltechnik optimal miteinander koppeln. Der Switch Cross SideSplit ist eine fett stylische Technik und kann vor allem bei langsamem Lauftempo gegen den *Rester* eingesetzt werden.

ForwardStroke Tunnel

Trickmittel **Splitting**
Gegenspieler & Lauftempo
Disturber | Rester | Sidestepper | Watcher

Beim ForwardStroke Tunnel führst du den Ball mit der Sohle auf den Gegenspieler zu. Sobald du kurz vor ihm stehst, ziehst du den Ball mit der rechten Sohle blitzschnell durch seine Beine,

überläufst ihn auf der linken Seite und nimmst den Ball wieder an.

Der ForwardStroke Tunnel ist ein schöner Bypass Trick. Er lässt sich gut bei langsamem Lauftempo oder aus dem *Tripping* heraus einsetzen. Mit der Sohle kannst du den Ball blitzschnell durch die Beine des Gegenspielers ziehen, um dann aus der Bewegung heraus an ihm vorbeizubeschleunigen.

Bypass Trix

Lop Shove

Beim Lop Shove führst du den Ball gerade auf den Gegenspieler zu. Kurz vor ihm gehst du mit dem rechten Spann unter den Ball, schiebst ihn über den Gegenspieler hinweg,

gehst auf der linken Seite am Gegenspieler vorbei und nimmst den Ball als Drop-Annahme wieder an.

Beim Lop Shove verwendest du zum Spielen des Balls eine spezielle *Lifting*-Technik, bei der du den Ball mit dem Spann in die Luft schiebst (*Shove Lift*). Der Lop Shove ist ein Trick für den du sehr viel Feingefühl im Fuß benötigst. Damit der Ball schön über den Gegenspieler hinweg fliegt, ist es wichtig, dass man beim Schieben des Balls den Spann immer mittig hinter dem Ball hat. Der Gegenspieler reagiert, indem er den Kopf in den Nacken nimmt, um dem Ball hinterher zu schauen. So kannst du ungestört an ihm vorbeiziehen. Der Lop Shove ist eine schöne Tricktechnik, die du optimal gegen *Disturber* einsetzen kannst.

Side Flip

Beim Side Flip führst du den Ball gerade auf den Gegenspieler zu. Kurz vor ihm klemmst du den Ball mit beiden Innenseiten ein, schleuderst den Ball seitlich nach vorn

und überläufst den Gegenspieler.

Flips sind stylische *Lifting*-Techniken, bei denen der Ball durch eine Schleuderbewegung mit beiden Füßen in die Luft befördert wird. Beim Side Flip schleuderst du den Ball seitlich vom Körper nach oben. Der Ball sollte auf Hüfthöhe am Gegenspieler vorbeifliegen und zwar so, dass er ihn zwar nicht erreichen kann, aber trotzdem zu einer Abwehrreaktion verleitet wird. Der Side Flip ist ein schwerer Trick, schon eine kleine Unsauberkeit in der Ausführung führt dazu, dass die Technik nicht gelingt und der Ball wegspringt. Flips gehören zu den stylischsten Techniken im Fußballspiel und wer es schafft, sie im Spiel einzusetzen, kann wahrlich stolz auf sich sein.

Bypass Trix

Switch Cross Tunnel

Beim Switch Cross Tunnel führst du den Ball in einem Straight Run auf den Gegenspieler zu. Sobald der Gegenspieler zum Ball gehen will, kickst du ihn

blitzschnell mit der linken Innenseite (Switch) mit einem Cross Kick durch die Beine des Gegenspielers hindurch und gehst links an ihm vorbei.

Der Switch Cross Tunnel ist eine schöne Variante des Tunnels. Du führst den Ball direkt vor die Beine des Gegenspielers und provozierst eine Abwehrreaktion. Dabei tut sich zwischen seinen Beinen eine Lücke auf, durch die du den Tunnel spielen kannst. Die *Switch*-Technik kommt sehr überraschend für den Gegenspieler, da er nicht mit einem Wechsel des Spielbeins rechnet. Der Switch Cross Tunnel ist ein dicker Style, der sehr mies für den Gegenspieler kommt.

OutwardKnee-Inside Lop Kick

Beim OutwardKnee-Inside Lop Kick ziehst du den Ball mit der Sohle auf den Spann und lupfst ihn vor dir nach oben. Dann bewegst du den Ball mit der Knieaußenseite nach rechts, kickst ihn volley mit der Innenseite über den Gegenspieler hinweg, überläufst ihn auf der linken Seite und nimmst den Ball wieder an.

Der OutwardKnee-Inside Lop Kick ist ein krasser *Bypass*. Mit dem *Front Lift* musst du den Ball genau so hochlupfen, dass du ihn sauber mit der Knieaußenseite nach rechts kicken kannst. Dabei wird der Gegenspieler meist zu einer Bewegung nach rechts verleitet. Dann spielst du den Ball volley über ihn hinweg und gehst vorbei. Um den Style spielen zu können, musst du das Lupfen, die Knietechnik und den Lop Kick flüssig hintereinander beherrschen. Hast du die Bewegung einmal drin, macht es viel Spaß, den Trick gegen den Gegenspieler einzusetzen.

Bypass Trix

159

Overhead Flip

Beim Overhead Flip führst du den Ball gerade auf den Gegenspieler zu. Du setzt das rechte Bein vor den Ball und klemmst ihn mit der rechten Hacke und dem linken Spann ein. Dann schleuderst du ihn über dich und den Gegenspieler hinweg nach vorne,

überläufst ihn und nimmst den Ball am besten mit einer Drop-Annahme an.

Der Overhead Flip ist eine schwierige Technik und man braucht einige Zeit, sie zu erlernen. Damit der Ball eine optimale Flugbahn hat und weit über den Gegenspieler hinweg fliegt, solltest du darauf achten, den Ball sauber mit dem Spann und der Ferse einzuklemmen. Der Gegenspieler wird den Kopf in den Nacken nehmen, um dem Ball nachzuschauen oder versuchen, ihn wegzuköpfen. So kannst du locker an ihm vorbeilaufen. Die Flipbewegung geht fließend in die Laufbewegung über und du kannst direkt zum Ball beschleunigen. Der Overhead Flip ist der wohl spektakulärste Trick, der im Fußball gezeigt werden kann, allerdings wohl auch der Schwierigste. Hier zeigt sich, wer den Ball in Perfektion beherrscht.

IV. Stepover Trix

Beim *Stepover*, zu deutsch Übersteiger, führst du den Fuß einmal um den Ball herum und täuscht so eine Mitnahme zur Seite an. Der Gegenspieler reagiert mit einer Bewegung zur *Fakeside* und du nimmst den Ball blitzschnell in die Gegenrichtung mit. Das *Faking* der Stepovers ist um einiges effektiver als bei einfachen *Fakes*, da beim Vorbeiführen des Beins der Ball kurzzeitig verdeckt wird. Der Gegenspieler merkt so erst spät, dass du den Ball gar nicht mitnehmen möchtest und hat die Bewegung zur Fakeside schon eingeleitet. Mit einer schnellen Bewegung zur *CutSide* kannst du dann einfach an ihm vorbeiziehen. Stepover Trix sind besonders gut gegen Gegenspieler vom Typ *Rester* und *Sidestepper* anwendbar. Den Rester verleitest du mit dem Stepover zu einer ersten Reaktion. Beim Sidestepper sollte die Täuschung in Richtung *SpeedSide* gehen und der Gegenspieler dann auf der *CutSide* überlaufen werden. Die Stepover Trix haben vier Unterklassen – die *Outside Stepovers*, die *Inside Stepovers*, die *Double Stepovers* und die *Stepover Combos*.

1. Outside Stepovers

Beim *Outside Stepover* täuschst du die Mitnahme des Balls mit der Außenseite an. Der Outside Stepover ist in der Face 2 Face Stellung die stärkste Variante des Übersteigers. Die Bewegung geht eher nach vorne und kann leicht und flüssig gezeigt werden. Der Outside Stepover ist deshalb auch gut im schnellen Dribbling spielbar. Besonders gut gelingt er, wenn du den Ball mit dem rechten Fuß zunächst in einem *Side Run* leicht nach rechts führst. So kannst du die Täuschbewegung zur SpeedSide zeigen und der Gegenspieler fällt leichter darauf herein.

Outside Stepover 2 Inside Shift

Beim Outside Stepover 2 Inside Shift läufst du gerade oder leicht nach rechts auf den Gegenspieler zu. Du führst den rechten Fuß nach außen über den Ball hinweg und täuschst so eine Mitnahme nach rechts an.

Dann spielst du den Ball mit der rechten Innenseite nach links und überläufst den Gegenspieler.

Der Outside Stepover 2 Inside Shift ist ein einfacher Standardtrick. Mit dem Außenseitübersteiger täuschst du eine Mitnahme zur *SpeedSide* an und nimmst den Ball dann kontrolliert zur *CutSide* mit. Der Trick lässt sich gut für raumgreifende Mitnahmen zur Seite verwenden.

Stepover Trix   163

Outside Stepover 2 Switch Outside Shift

Beim Outside Stepover 2 Switch Outside Shift führst du den Ball gerade oder leicht nach rechts auf den Gegenspieler zu. Du zeigst einen Übersteiger mit der rechten Außenseite

und nimmst dann den Ball mit der linken Außenseite (Switch) zur linken Seite mit.

Der Outside Stepover 2 Switch Outside Shift kann sehr schnell gezeigt werden, da man für die Technik nur zwei Schritte benötigt – einen für den Stepover und einen für den Shift. Mit der *Switch Outside*-Technik kannst du schön nach vorne beschleunigen und den Gegenspieler schnell überlaufen. Der Outside Stepover 2 Switch Outside Shift ist einer der stärksten Täuschungstricks im Fußballspiel und du kannst ihn auch bei *Top Speed* zeigen.

Face 2 Face

Outside Stepover 2 Cross Shift

Beim Outside Stepover 2 Cross Shift führst du den Ball in einem Side Run nach rechts, dann spielst du mit dem rechten Bein einen Außenseitübersteiger,

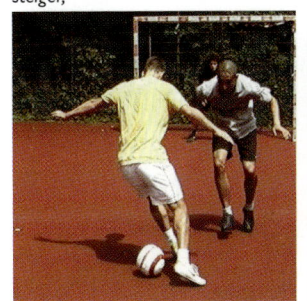

setzt das linke Bein vor dem Ball auf und kickst ihn mit der rechten Innenseite hinter dem Standbein nach links.

Der Outside Stepover 2 Cross Shift ist eine starke Variante des Outside Stepovers. Die Kombination des Outside Stepover mit dem Cross Shift ermöglicht ein schnelles Shiften, da das Spielen des Balls optimal mit der Laufbewegung gekoppelt wird.

Der Ball wird dabei sicher über die *Saveside* gespielt. Der Outside Stepover 2 Cross Shift ist eine schöne Technik und du kannst sie gut bei langsamem Lauftempo einsetzen.

Stepover Trix 165

Outside Stepover 2 180° Shift

Trickmittel *Faking*

Gegenspieler & Lauftempo

Disturber — Rester — Sidestepper — Watcher

Beim Outside Stepover 2 180° Shift führst du den Ball zunächst leicht nach rechts, dann zeigst du den Stepover, machst einen Schritt nach vorne mit dem linken Bein und drehst dich rechtsherum.

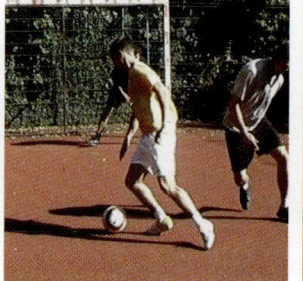

Während der Drehung ziehst du den Ball mit der rechten Sohle zur linken Seite, drehst dich hinterher und nimmst ihn mit der linken Innenseite mit.

Der Outside Stepover 2 180° Shift ist eine stylische Tricktechnik. Du täuschst eine Mitnahme zur *Fakeside* an und beschleunigst dann mit dem 180° Shift explosiv in die Gegenrichtung. Mit dem linken Bein kannst du nach dem Stepover den Ball abschirmen. Dann ziehst du ihn kontrolliert über die *Saveside* und der Gegenspieler hat keine Chance, dich vom Ball zu trennen.

Outside Stepover 2 Inside SplitShift

Beim Outside Stepover 2 Inside SplitShift führst du den Ball in einem Side Run nach rechts, dann zeigst du den Outside Stepover und spielst den Ball mit der rechten Innenseite nach links.

Du drehst blitzschnell rechtsherum (Split), überläufst den Gegenspieler und gehst zum Ball.

Der Outside Stepover 2 Inside SplitShift ist nicht einfach zu spielen. Mit der *Split*-Technik kannst du allerdings sehr schnell und raumgreifend zur Seite beschleunigen. Der Outside Stepover 2 Inside SplitShift kommt sehr stylisch und eignet sich gut für weite Mitnahmen zur Seite.

Stepover Trix

167

2. Inside Stepovers

Bei den *Inside Stepovers* täuschst du die Mitnahme mit der Innenseite an. Inside Stepovers sind etwas schwieriger zu spielen als Outside Stepovers, da die Bewegung eher zur Seite als nach vorne geht. Während mit dem Outside Stepover eher schnelle Mitnahmen angetäuscht werden, täuscht man mit dem Inside Stepover weite Richtungswechsel zur Seite an. Sie sind daher auch besser bei langsamem Lauftempo spielbar. Kannst du den Outside Stepover mit dem rechten Fuß besser bei einem *Side Run* nach rechts zeigen, gelingt der Inside Stepover besonders gut, wenn du den Ball zunächst nach links führst. So kannst du die Täuschung zur *SpeedSide* zeigen und dann den Gegenspieler auf der *CutSide* überlaufen.

Inside Stepover 2 Outside Shift

Beim Inside Stepover 2 Outside Shift dribbelst du gerade oder leicht nach links auf den Gegenspieler zu. Du führst den rechten Fuß nach innen über den Ball hinweg und täuschst so eine Mitnahme mit der rechten Innenseite nach links an.

Dann spielst du denn Ball mit der rechten Außenseite nach rechts und gehst am Gegenspieler vorbei.

Der Inside Stepover 2 Outside Shift lässt sich sehr flüssig spielen. Mit dem Inside Stepover täuschst du eine Mitnahme zur *SpeedSide* an, dann nimmst du ihn blitzschnell mit der Außenseite zur *CutSide* mit. Mit der Außenseite kannst du schön nach vorne beschleunigen und den Gegenspieler einfach überlaufen.

Stepover Trix

Inside Stepover 2
Switch Inside Shift

Beim Inside Stepover 2 Switch Inside Shift dribbelst du gerade oder leicht nach links auf den Gegenspieler zu. Du zeigst den Innenseitübersteiger und nimmst den Ball dann mit der linken Innenseite (Switch) zur rechten Seite mit.

Der Inside Stepover 2 Switch Inside Shift ist die schnellste Variante des Inside Stepovers. Man braucht wie für den *Outside Stepover 2 Switch Outside Shift* nur zwei Schritte. Er eignet sich vor allem für weite Mitnahmen zur Seite bei langsamem Lauftempo.

Face 2 Face

Inside Stepover 2
Switch Outside Turn

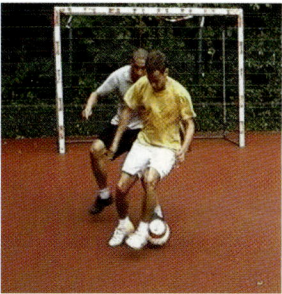

Beim Inside Stepover 2 Switch Outside Turn wird der Ball zunächst in einem Side Run nach links geführt. Du zeigst den Inside Stepover, drehst dich weiter linksherum

und nimmst den Ball mit der linken Außenseite (Switch) zur rechten Seite mit.

Der Inside Stepover 2 Switch Outside Turn ist eine schöne Styletechnik. Mit dem Inside Stepover täuschst du eine weite Mitnahme zur Seite an und drehst dich dann weiter nach links. Die Drehbewegung ermöglicht es dir, schnell zur anderen Seite zu beschleunigen. Die Technik ist nicht einfach zu spielen, da man den Ball bei der Drehung kurz aus den Augen verliert, dafür führst du den Ball aber auf der *Saveside*.

Stepover Trix

Inside Stepover 2
Switch 180° Shift

Trickmittel	**Faking**		
Gegenspieler & Lauftempo			
Disturber	Rester	Sidestepper	Watcher

Beim Inside Stepover 2 Switch 180° Shift führst du den Ball in einem Side Run nach links, dann spielst du den Inside Stepover, stellst das rechte Bein vor den Ball und drehst dich weiter linksherum.

Dabei ziehst du den Ball mit der linken Sohle (Switch) zur rechten Seite, drehst dich hinterher und nimmst ihn mit der rechten Innenseite mit.

Der Inside Stepover 2 Switch 180° Shift erlaubt dir ein schnelles und raumgreifendes Shiften; dabei wird der Ball über die *Saveside* gezogen. Durch die Drehbewegung kannst du schnell am Gegenspieler vorbeibeschleunigen. Der Inside Stepover 2 Switch 180° Shift ist ein stylischer Trick, den du gut für Mitnahmen nach schräg vorne und zur Seite nutzen kannst.

3. Double Stepovers

Bei den *Double Stepovers* täuschst du den Gegenspieler doppelt. Zuerst täuschst du eine Mitnahme zur einen Seite, dann zur anderen an und spielst den Ball schließlich auf der ersten Seite am Gegenspieler vorbei. Durch das mehrmalige Antäuschen können auch abgebrühte Gegenspieler ausgetrickst werden, die nicht gleich auf die erste Täuschung reagieren. Wichtig ist es, dass du die Techniken etwas früher eröffnest als bei den einfachen Stepovers, um nicht zu dicht auf den Gegenspieler aufzulaufen. Zum Spielen der Double Stepovers werden entweder ein Inside oder ein Outside Stepover zweimal hintereinander gezeigt oder die beiden Techniken miteinander kombiniert. Die Täuschungen können aber natürlich auch dreifach, vierfach etc. gezeigt werden (*Multiple Stepovers*).

Double Outside Stepover

Trickmittel *Faking*

Gegenspieler & Lauftempo

Disturber · Rester · Sidestepper · Watcher

Beim Double Outside Stepover täuschst du durch einen Übersteiger mit der rechten Außenseite eine Mitnahme zur rechten Seite an. Gleich darauf zeigst du

den zweiten Stepover mit der linken Außenseite (Switch) und nimmst den Ball dann zur rechten Seite mit.

Beim Double Outside Stepover werden zwei Außenseitübersteiger miteinander kombiniert. Er ist der stärkste Double Stepover und eine der effektivsten *Faking*-Techniken überhaupt. Er ist sehr schnell ausführbar und kann auch bei *Top Speed* gespielt werden. Mit dem Double Outside Stepover verlädst du den Gegenspieler herrlich, er weicht geradezu vor dir zurück und macht dir so den Weg frei.

Outside-Inside Stepover

Beim Outside-Inside Stepover täuschst du mit dem ersten Stepover eine Mitnahme mit der rechten Außenseite nach rechts an. Dann zeigst du den zweiten Stepover mit der rechten Innenseite,

nimmst den Ball nach rechts mit und gehst am Gegenspieler vobei.

Beim Outside-Inside Stepover wird die erste Täuschung am besten zur *CutSide* gezeigt, die zweite Täuschung geht zur *SpeedSide*. Dies hat den Effekt, dass der Gegenspieler kurz abbremst, dann aber wieder in die ursprüngliche Laufrichtung Tempo aufnimmt. So läuft er schön ins Leere und du kannst ihn einfach überlaufen.

Stepover Trix

175

Double Inside Stepover

Beim Double Inside Stepover führst du den Ball in einem Side Run leicht nach rechts. Du zeigst den ersten Übersteiger mit der rechten Innenseite und täuschst eine Mitnahme nach links an, dann zeigst du mit der linken Innenseite

den zweiten Stepover zur rechten Seite und nimmst den Ball nach links mit.

Der Double Inside Stepover ist wie der Double Outside Stepover sehr schnell spielbar. Der erste Stepover geht zur *CutSide*, dann wird eine Beschleunigung zur *SpeedSide* vorgetäuscht. Mit der Technik des Inside Stepovers zeigst du weite Täuschbewegungen zur Seite. Der Trick ist daher besser bei langsamem Lauftempo spielbar.

Inside-Outside Stepover

Beim Inside-Outside Stepover führst du den Ball leicht nach rechts, spielst einen Inside Stepover mit dem rechten Fuß und täuschst so eine Mitnahme nach links an.

Dann zeigst du einen Outside Stepover zur rechten Seite und gehst links am Gegenspieler vorbei.

Beim Inside-Outside Stepover geht der erste Stepover zur *CutSide*, mit dem zweiten Stepover mit der Außenseite täuschst du eine schnelle Mitnahme zur *SpeedSide* an.

Stepover Trix

4. Stepover Combos

Bei den *Stepover Combos* kombinierst du Stepovers mit anderen Tricktechniken, vor allem mit *Fakes*. Dies eröffnet dir weitere stylische Möglichkeiten, den Gegenspieler ,schwindelig' zu spielen. Wie bei den Double Stepovers täuschst du den Gegenspieler zweimal und nimmst den Ball zur ersten *Fakeside* mit.

Outside Stepover 2 Inside Fake

Beim Outside Stepover 2 Inside Fake zeigst du mit dem rechten Bein einen Außenseitübersteiger und täuschst eine Mitnahme nach rechts an.

Dann täuschst du mit einem Inside Fake eine Innenseitmitnahme nach links an und nimmst den Ball nach rechts mit.

Der Outside Stepover 2 Inside Fake ist eine einfache Stepover Kombination. Mit dem Übersteiger täuschst du eine schnelle Mitnahme zur *SpeedSide* an, mit dem Inside Fake einen Shift zur *CutSide*. Durch die Kombination zweier verschiedener *Faking*-Techniken fällt der Gegenspieler sehr leicht auf die Täuschungen herein. Der Outside Stepover 2 Inside Fake kann gut als *Folgetrick* eingesetzt werden, wenn du den Gegenspieler schon einmal mit einem *Outside Stepover 2 Inside Shift* (vgl. S. 163) ausgetrickst hast.

Stepover Trix

Outside Stepover 2
Switch Outside Fake

Trickmittel	*Faking*		
Gegenspieler & Lauftempo			
Disturber	Rester	Sidestepper	Watcher

Beim Outside Stepover 2 Switch Outside Fake täuschst du mit einem Außenseitübersteiger eine Mitnahme nach rechts an, dann zeigst du einen Outside Fake mit dem linken Bein (Switch)

und täuschst eine Außenseitmitnahme nach links an. Du nimmst den Ball mit der rechten Außenseite nach rechts mit und überläufst den Gegenspieler.

Der Outside Stepover 2 Switch Outside Fake funktioniert im Prinzip wie der *Outside Stepover 2 Inside Fake*. Die Technik ist sehr schnell spielbar und du kannst dich nach dem Switch Outside Fake schön nach außen abdrücken.

Inside Fake 2 Outside Stepover

Beim Inside Fake 2 Outside Stepover täuschst du durch einen Inside Fake eine Mitnahme mit der rechten Innenseite nach links an, dann zeigst du einen Outside Stepover,

täuschst so eine Mitnahme nach rechts an und nimmst den Ball mit der linken Außenseite zur linken Seite mit.

Mit dem Inside Fake täuschst du zunächst eine weite Mitnahme zur Seite an, mit dem Übersteiger dann eine schnelle Mitnahme nach vorne. Der Inside Fake 2 Outside Stepover ist vor allem bei langsamem Lauftempo oder aus dem Stand gut einsetzbar.

Stepover Trix

Inside Fake 2 Switch
Inside Stepover

Beim Inside Fake 2 Switch Inside Stepover täuschst du durch einen Fake mit der rechten Innenseite eine Mitnahme nach links an, dann zeigst du einen Übersteiger

mit der linken Innenseite (Switch) und nimmst den Ball mit der linken Außenseite zur linken Seite mit.

Der Inside Fake 2 Switch Inside Stepover ist eine schöne Stepover Combo. Für die erste Täuschung verwendest du einen einfachen Fake. Der Stepover im Anschluss ist sehr effektiv, da der Gegenspieler erst sehr spät merkt, dass der Ball gar nicht gespielt wird. Der Trick kann sehr flüssig gespielt und auch gut aus schnellerem Lauf gezeigt werden.

Outside Fake 2 Inside Stepover

Beim Outside Fake 2 Inside Stepover zeigst du einen Outside Fake und täuschst eine Mitnahme mit der rechten Außenseite nach rechts an.

Dann täuschst du durch einen Innenseitübersteiger eine Mitnahme nach links an und nimmst den Ball mit der Außenseite nach rechts mit.

Der Outside Fake 2 Inside Stepover ist eine stylische Kombinationstechnik. Mit dem Outside Fake täuschst du zunächst eine schnelle Mitnahme zur *SpeedSide* an, mit dem Inside Stepover zeigst du dann eine weite Täuschbewegung zur *CutSide*. Die Techniken gehen fließend ineinander über und du kannst dir den Ball schön am Gegenspieler vorbeilegen.

Stepover Trix

InwardStroke 2 Switch Inside Stepover

Trickmittel	**Faking**		
Gegenspieler & Lauftempo			
 Disturber	Rester	Sidestepper	Watcher

Beim InwardStroke 2 Switch Inside Stepover führst du den Ball in einem Side Run nach rechts. Du ziehst ihn mit der rechten Sohle nach links, zeigst gleich darauf mit dem linken Bein (Switch) einen Innenseitübersteiger

und täuschst eine schnelle Mitnahme nach rechts an. Du bewegst dich wieder nach links und gehst am Gegenspieler vorbei.

Der Inward Stroke 2 Switch Inside Stepover ist eine fette Stepover Combo. Da du den Switch Inside Stepover direkt an den InwardStroke anschließt, denkt der Gegenspieler sofort, er hätte deinen Trick durchschaut und bewegt sich nach rechts. Du drehst dich wieder nach links. Da der Ball mit dem InwardStroke schon vor dem Stepover in die gewünschte Laufrichtung gezogen wird, bist du blitzschnell am Gegenspieler vorbei.

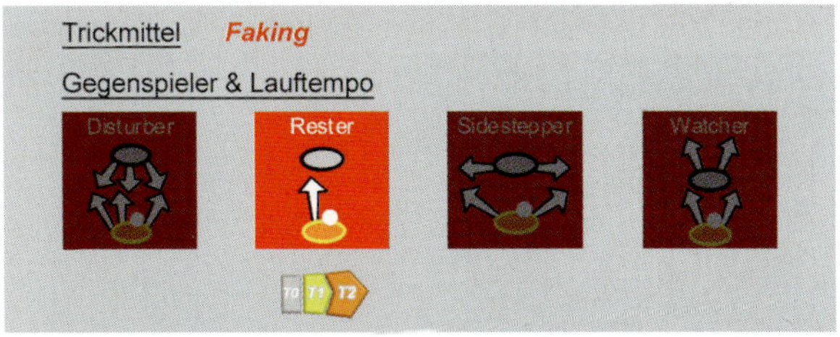

Outside Stepover 2 Switch Outside-Inside Shift

Beim Outside Stepover 2 Switch Outside-Inside Shift führst du den Ball leicht nach rechts und zeigst den Außenseitübersteiger. Dann spielst du den Ball mit der linken Außenseite (Switch) nach links

und sofort mit der Innenseite wieder nach rechts und gehst am Gegenspieler vorbei

Der Outside Stepover 2 Switch Outside-Inside Shift ist eine megastylische Stepover Combo. Dabei täuschst du dem Gegenspieler zunächst einen Richtungswechsel nach rechts vor, beim zweiten *Faking* wird der Richtungswechsel nicht nur angetäuscht, sondern der Ball tatsächlich gespielt. Der Gegenspieler fällt daher noch leichter darauf herein. Der Trickstyle ist jedoch nicht einfach zu spielen, denn du musst den *Outside-Inside Shift* (vgl. S. 134), der ohnehin ein anspruchsvoller Trick ist, auch mit dem linken Fuß beherrschen. Hast du ihn im Repertoire, kannst du diese Stepover Combo gut als *Folgetrick* auf den *Outside Stepover 2 Switch Outside Shift* (vgl. S. 164) einsetzen.

Stepover Trix

V. Spin Trix

Bei einem *Spin* drehst du dich während des Tricks einmal um die eigene Achse und spielst dabei den Ball am Gegenspieler vorbei. Spins sind koordinativ sehr anspruchsvoll. Der Ball muss während der Drehung optimal mitgeführt und zudem das Gleichgewicht gehalten werden. Ein Nachteil der Spin Trix ist, dass man bei der Drehung immer kurz die *Scorezone View* verliert. Daher muss man sich nach der Tricktechnik schnell wieder orientieren. Drehbewegungen haben den großen Vorteil, dass man die aufgebrachte Rotationskraft sehr gut zum leichten Abbremsen wie auch zum schnellen Beschleunigen nutzen kann. Beim Abbremsen mit einem Spin wird der Schwung der geradlinigen Laufbewegung in Rotationskraft umgewandelt. So muss man den Schwung nicht auf einmal abfangen. Beim Beschleunigen überträgt man die Rotationskraft wieder auf die geradlinige Bewegung in die neue Laufrichtung. So können sehr extreme, schnelle und überraschende Richtungswechsel gezeigt werden. Die Spin Trix sind stylische Tricktechniken mit schönen Bewegungen und überhaupt eine der schönsten Klassen der *Fußball Trix*. Sie haben zwei Unterklassen – die *Turn Spins* und die *360° Spins*.

1. Turn Spins

Bei einem *Turn* drehst du dich mit dem Ball um 180 Grad und beschleunigst dann in die Gegenrichtung. Die verschiedenen Techniken des *Turnings* werden dir später noch in der *Side 2 Side Stellung* begegnen. Für die Face 2 Face Stellung werden lediglich Standardtechniken mit der Innen- und Außenseite benötigt. Da man sich in der Face 2 Face Stellung bei einem Turn von der *Scorezone* wegdreht, muss man sich nochmals drehen, um wieder frontal zum Tor zu stehen. Daher spielt man die Tricktechniken als Double Turns. Das Trickmittel ist *Faking*: durch das Wegdrehen beim ersten Turn täuschst du dem Gegenspieler vor, du würdest abdrehen und dich vom Tor weg bewegen. Er fängt an, hinter dir herzulaufen und dich zu bedrängen. Mit dem zweiten Turn drehst du dich überraschend wieder nach vorne und beschleunigst problemlos an ihm vorbei.

Double Inside Turn

Trickmittel	*Faking*

Gegenspieler & Lauftempo

Disturber	Rester	Sidestepper	Watcher

Beim Double Inside Turn führst du den Ball zunächst nach links. Du stoppst ihn mit der rechten Innenseite und drehst dich mit dem Rücken zum Gegenspieler.

Dann spielst du ihn blitzschnell mit der rechten Innenseite wieder nach vorne und drehst dich linksherum am Gegenspieler vorbei.

Der Double Inside Turn ist ein feiner Trick. Sobald du den ersten Turn spielst, denkt der Gegenspieler, du wolltest dein Dribbling abbrechen und kommt auf dich zu. Du drehst dich wieder nach vorne und überläufst ihn. Der Ball wird schön mit dem Körper abgeschirmt, da er die ganze Zeit auf der *Saveside* bleibt und die Innenseite erlaubt dir eine kontrollierte Ballbehandlung. Der Double Inside Turn ist ein sehr effektiver Trick mit einfacher Balltechnik, der gegen alle Gegenspielertypen einsetzbar ist.

Double Outside Turn

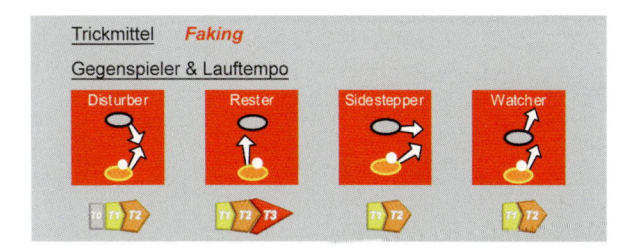

Beim Double Outside Turn führst du den Ball zunächst nach rechts. Du stoppst ihn mit der rechten Außenseite und drehst dich mit dem Rücken zum Gegenspieler.

Dann drehst du dich rechtsherum wieder nach vorne und spielst den Ball mit der rechten Außenseite am Gegenspieler vorbei.

Der Double Outside Turn ist ein starker Trickstyle. Er funktioniert wie der Double Inside Turn, nur zur anderen Seite. Zwar ist er etwas schwieriger zu spielen, dafür kannst du mit ihm noch schneller spinnen. Für eine sehr schnelle Drehung hilft es, leicht in die Knie zu gehen.

Spin Trix

2. 360° SPINS

Bei einem *360°* (Three-Sixty) drehst du dich einmal um die eigene Achse und ziehst dabei den Ball mit der Sohle mit. 360° Spins werden also mit *Stroking*-Techniken gespielt. Das Trickmittel ist *Speeding* und in der Tat sind die 360° Spins ideale Beschleunigungstricks, mit denen du extreme Richtungswechsel vornehmen kannst. Die Behandlung mit der Sohle ermöglicht dir gefühlvolle Ballkontrolle. Das Besondere an den 360° Spins ist aber, dass man die Körperbewegung und das Spielen des Balls perfekt miteinander koppeln kann. Dabei stimmt die Schwungrichtung des Körpers exakt mit der Bewegungsrichtung des Balls überein. So kann man die Kraft, die man beim Spielen des Balls aufbaut, gleichzeitig für die Körperbewegung nutzen. Die 360° Spins sind stylische Tricktechniken, die hervorragend bei hohem Lauftempo gezeigt werden können.

Forward 360°

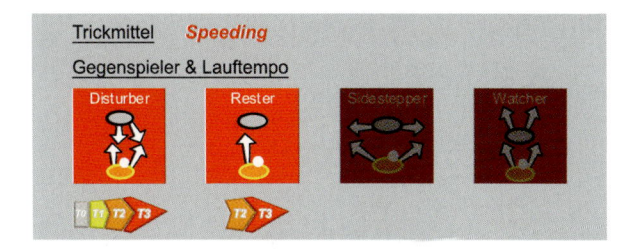

Beim Forward 360° spielst du den Ball links am Gegenspieler vorbei, stoppst ihn mit der rechten Sohle und drehst dich linksherum nach vorne.

Dabei ziehst du den Ball mit der linken Sohle mit und überläufst den Gegenspieler.

Der Forward 360° ist eine starke und stylische Tricktechnik. Das Besondere daran ist, dass du mit der Drehbewegung extreme Richtungswechsel zeigen kannst. Durch die Drehbewegung musst du den Schwung zur Seite nicht abfangen, sondern kannst ihn nach vorne umleiten. So sparst du Kraft und kannst schnell wieder beschleunigen.

Spin Trix

Sideward 360°

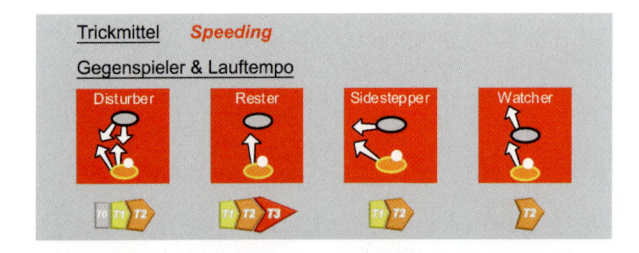

Beim Sideward 360° führst du den Ball zunächst leicht nach links. Du stoppst ihn mit der rechten Sohle, ziehst ihn zurück und drehst dich linksherum.

Während der Drehung ziehst du den Ball mit der linken Sohle mit und gehst rechts am Gegenspieler vorbei.

Der Sideward 360° ist ein fetter Trickstyle, der dir ungeheuer schnelle und extreme Richtungswechsel zur Seite ermöglicht. Zum Zurückziehen des Balls verwendest du die *ReverseStroke*-Technik. So kannst du auch bei hohem Lauftempo kontrolliert abbremsen. Gleich darauf spielst du einen *Switch 180° Shift*, mit dem du den Ball blitzschnell nach rechts ziehst. Nach dem Style kommst du dann in eine optimale Position, um mit rechts aufs Tor zu schießen.

Reverse 360°

Beim Reverse 360° führst du den Ball zunächst zur rechten Seite. Du stoppst ihn mit der rechten Sohle, ziehst ihn mit einem ReverseStroke zurück und machst eine halbe Drehung rechtsherum.

Dann ziehst du den Ball mit einem 180° Turn wieder nach vorne, drehst dich dem Ball hinterher und gehst am Gegenspieler vorbei.

Der Reverse 360° funktioniert wie der Sideward 360°, nur zur anderen Seite. Mit der ersten 180°-Technik ziehst du den Ball kontrolliert auf die *Saveside*, dann beschleunigst du mit einem zweiten 180° blitzschnell nach vorne. Der Ball wird dabei permanent abgeschirmt und ist so vor dem Gegenspieler sicher. Der Reverse 360° ist ein stylischer Spin Trick, den du auch gut bei hohem Lauftempo zeigen kannst.

Spin Trix

VI. ShotFake Trix

Bei einem *ShotFake* täuschst du einen Schuss aufs Tor oder eine Flanke an und legst dann den Ball am Gegenspieler vorbei. Der ShotFake ist, neben dem *Fake* und dem *Stepover*, die dritte klassische *Faking*-Technik. Mit ihm kannst du eine heftige Abwehrreaktion des Gegenspielers provozieren. Entweder wirft er sich in die Schussbahn, um den vermeintlichen Schuss zu blocken oder dreht sich weg, da er Angst hat, den Ball in den Bauch, ins Gesicht oder sonst wo hin zu bekommen. In jedem Fall bekommst du einen großen Zeitvorsprung, so dass du ihn leicht überlaufen kannst. Sehr wichtig ist, von welcher Seite der Gegenspieler kommt, da die Mitnahme nach dem ShotFake in diese Richtung erfolgen sollte (Abb. 37). Kommt der Gegenspieler von links, nimmst du den Ball nach links mit, kommt er von rechts, spielst du den Ball nach dem ShotFake nach rechts. ShotFakes sind gut gegen *Disturber* und *Sidestepper*, die mit Tempo angerannt kommen und den Torschuss in letzter Sekunde verhindern wollen, anwendbar. Auch gegen den

Abb. 37: ShotFake und Mitnahme bei von links und von rechts anrennendem Gegenspieler

Rester lassen sich ShotFakes einsetzen. Ihn kannst du gut zu einer Schutzreaktion bewegen, wenn du mit dem Schuss direkt auf seinen Körper zielst. ShotFakes sind sehr effektive Faking-Techniken. Die Täuschung ist einfach zu spielen und man hat den großen Vorteil, dass die Abwehrbewegung des Gegenspielers nicht direkt zum Ball und auf deinen Körper geht, sondern auf die Schussbahn gerichtet ist. Der Gegenspieler bleibt daher bei seiner Abwehrreaktion in einiger Entfernung von dir und du kannst dir den Ball sicher zur Seite legen. ShotFakes sind vor allem direkt vor dem Tor gut anwendbar. Der Gegenspieler zeigt hier sehr wahrscheinlich eine Reaktion. So kannst du dir schön Platz verschaffen, um dann tatsächlich aufs Tor abzuziehen.

ShotFake 2 Inside CutShift

Beim ShotFake 2 Inside CutShift führst du den Ball leicht nach rechts, täuschst einen Schuss mit dem rechten Bein an und spielst dann den Ball mit der rechten Innenseite links am Gegenspieler vorbei.

Der ShotFake 2 Inside CutShift ist die wohl einfachste Variante des ShotFakes und eine Standardtechnik. Du wendest ihn an, wenn der Gegenspieler von links angerannt kommt. Mit dem ShotFake zwingst du ihn zu einer Abwehrreaktion und nimmst den Ball dann kontrolliert zur *CutSide* mit.

ShotFake 2 Outside SpeedShift

Trickmittel *Faking*
Gegenspieler & Lauftempo

Disturber | Rester | Sidestepper | Watcher

Beim ShotFake 2 Outside SpeedShift täuschst du mit dem rechten Bein einen Torschuss an, legst dir dann den Ball mit der rechten Außenseite

blitzschnell rechts und gehst am Gegenspieler vorbei.

Der ShotFake 2 Outside SpeedShift ist eine starke Standardtechnik. Du zeigst ihn, wenn der Gegenspieler von rechts kommt. Mit dem ShotFake verleitest du ihn zu einer Abwehrreaktion und nimmst den Ball dann mit der Außenseite zur *SpeedSide* mit.

Der ShotFake 2 Outside SpeedShift kann auch bei schnellerem Lauftempo gespielt werden und eignet sich gut zum schnellen Überlaufen des Gegenspielers.

ShotFake Trix

Inside ShotFakeShift

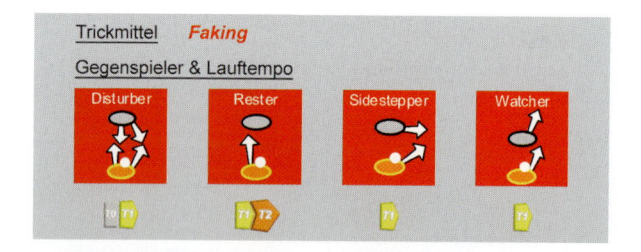

Beim Inside ShotFakeShift führst du den Ball leicht nach rechts. Du täuschst mit der Innenseite einen Schuss nach rechts an, legst ihn mit der Innenseite nach links

und gehst am Gegenspieler vorbei.

Der Inside ShotFakeShift ist eine sehr schöne Technik und eignet sich besonders gut, um den Torwart auszuspielen. Die Täuschung ist sehr überzeugend, da der Shift recht spät eingeleitet wird. Erst im letzten Moment drehst du den Fuß nach innen und zeigst die Cutbewegung. Der Torwart liegt dann meist schon am Boden und der Weg zum Tor ist frei.

ShotFake 2 CrossShift

Beim ShotFake 2 Cross Shift führst du den Ball leicht nach rechts. Du zeigst mit dem rechten Bein einen ShotFake, spielst den Ball mit der rechten Innenseite hinter dem Standbein nach links und gehst am Gegenspieler vorbei.

Der ShotFake 2 Cross Shift ist ein starker und effektiver ShotFake Trick, den du spielst, wenn der Gegenspieler von der linken Seite kommt. Du täuschst ihn und nimmst den Ball zur *CutSide* mit. Dabei wird der Ball sicher über die *Saveside* gespielt.

ShotFake Trix

ShotFake 2 180° Shift

Beim ShotFake 2 180° Shift führst du den Ball zunächst nach rechts. Du zeigst den ShotFake und stoppst den Ball mit der rechten Sohle. Dann drehst du dich rechtsherum,

ziehst dabei den Ball zur linken Seite mit, drehst dich dem Ball hinterher und nimmst ihn mit der linken Innenseite mit.

Der ShotFake 2 180° Shift ist ein starker Style, den du spielst, wenn der Gegenspieler von links kommt. Du täuschst ihn und ziehst den Ball mit dem 180° Shift sicher zur *CutSide*. Dabei kann die Drehbewegung optimal für die Beschleunigung zum Ball genutzt werden.

ShotFake 2 BackTween Shift

Beim ShotFake 2 BackTween Shift wird der Ball leicht nach rechts geführt. Du täuschst einen Schuss mit rechts an, stoppst den Ball mit der rechten Sohle,

ziehst ihn von hinten durch die eigenen Beine nach links und gehst am Gegenspieler vorbei.

Der ShotFake 2 BackTween Shift ist eine stylische ShotFake Variante. Du zeigst ihn, wenn der Gegenspieler von links kommt. Nach der Täuschung ziehst du den Ball blitzschnell von hinten zwischen deinen Beinen hindurch. So bekommst du ihn optimal in den Lauf und kannst zügig am Gegenspieler vorbeiziehen.

ShotFake Trix 201

ShotFake 2 Cross ReverseShift

Trickmittel *Faking*
Gegenspieler & Lauftempo
Disturber | Rester | Sidestepper | Watcher

Der Ball wird zunächst nach rechts geführt. Du zeigst den ShotFake und stoppst den Ball mit der rechten Sohle. Du ziehst ihn mit der Sohle zurück,

spielst ihn mit einem Cross Kick nach links und gehst am Gegenspieler vorbei.

Der ShotFake 2 Cross ReverseShift ist eine sehr schöne Technik. Der ShotFake wird dabei direkt auf den Ball gezogen und der ReverseStroke kann flüssig angeschlossen werden. Du ziehst den Ball hinter den Körper und spielst ihn über die *Saveside* zur Seite – der Gegenspieler hat keine Chance an den Ball zu kommen.

ShotFake 2 Sideward 360°

Beim ShotFake 2 Sideward 360° führst du den Ball gerade auf den Gegenspieler zu. Du täuschst einen Schuss an, ziehst den Ball mit der rechten Sohle zurück und drehst dich linksherum.

Dabei ziehst du den Ball mit der linken Sohle zur rechten Seite, drehst dich zum Ball und nimmst ihn mit der rechten Innenseite mit.

Den ShotFake 2 Sideward 360° spielst du, wenn der Gegenspieler von rechts kommt. Du täuschst ihn und ziehst den Ball mit der 360°-Technik blitzschnell an ihm vorbei. Der Ball wird dabei sauber kontrolliert und abgeschirmt. Der ShotFake 2 Sideward 360° ist eine stylische Trickkombination, mit der du herrlich am Gegenspieler vorbeispinst.

ShotFake Trix

203

ShotFake 2 Forward DoubleShift

Beim ShotFake 2 Forward DoubleShift wird der Ball leicht nach rechts geführt. Du täuschst einen Schuss an, spielst den Ball mit der rechten Innenseite links am Gegenspieler vorbei

und nimmst ihn mit der linken Innenseite nach vorne mit.

Die Kombination des ShotFakes mit dem Forward DoubleShift kommt sehr stark. Der Gegenspieler wird durch den ShotFake zu einer Abwehrreaktion gezwungen, dann mit dem Forward DoubleShift blitzschnell überlaufen.

ShotFake 2 Reverse 360°

Beim ShotFake 2 Reverse 360° führst du den Ball leicht nach rechts. Du zeigst den ShotFake, ziehst den Ball mit der rechten Sohle zurück und drehst dich rechtsherum mit dem Rücken zum Gegenspieler.

Dann ziehst du den Ball mit der rechten Sohle wieder nach vorne, drehst dich zum Ball und gehst auf der linken Seite am Gegenspieler vorbei.

Den ShotFake 2 Reverse 360° spielst du, wenn der Gegenspieler von links kommt. Du täuschst ihn und ziehst den Ball über die *Saveside* gefühlvoll zur linken Seite. Der ShotFake 2 Reverse 360° ist eine schöne Technik, mit der du den Gegenspieler schnell und stylisch täuschen und überlaufen kannst.

ShotFake Trix

SIDE 2 SIDE TRIX

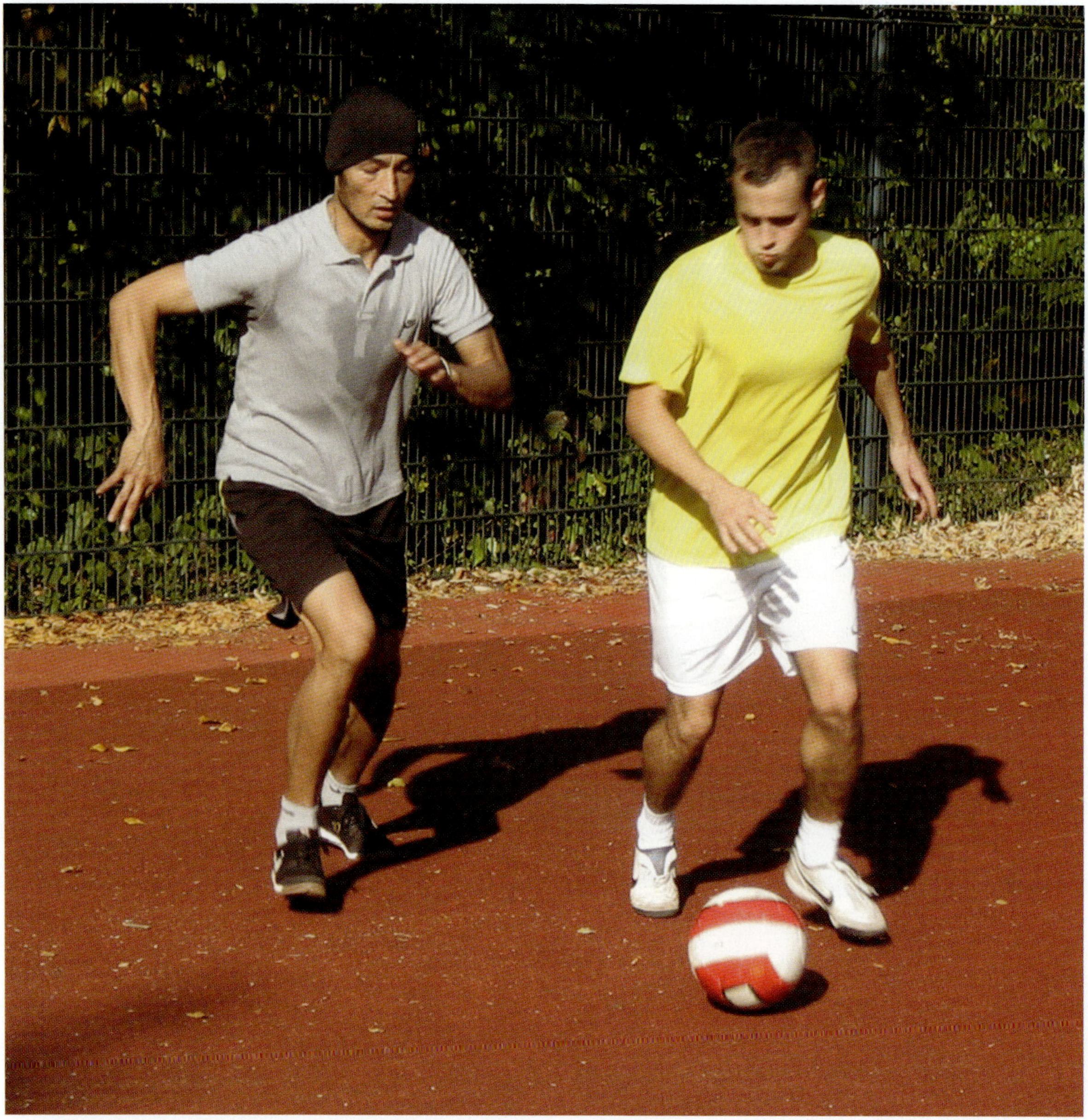

Die Side 2 Side Stellung

Die Side 2 Side Stellung ist die zweite Grundstellung zum Gegenspieler, bei der du Seite an Seite mit ihm stehst. Die Side 2 Side Stellung kann überall auf dem Platz vorkommen (Abb. 38). Vor allem tritt sie an den Seiten des Spielfelds auf, wenn du versuchst, auf dem Flügel nach vorne zu laufen und der Gegenspieler dabei den Weg zum Tor im Laufen abdeckt. Die Side 2 Side Stellung kann auch bewusst gesucht werden, wenn du dich aus der Face 2 Face Stellung heraus um 90 Grad zur Seite drehst und versuchst, den Gegenspieler in einem weiten Bogen zu umlaufen. Er reagiert darauf, indem er das Tempo aufnimmt und sich seitlich mitbewegt. Es kommt zur Side 2 Side Stellung.

Charakteristisch für die Side 2 Side Stellung ist die *Semi Scorezone View*, d.h., dass du den Torraum seitlich im Blick hast. Durch eine kurze Drehung des Kopfs kannst du die Scorezone gut einsehen. Bei Drehungen, sogenannten *Turns*, kann es allerdings passieren, dass du die Scorezone View verlierst. Dann musst du dich schnell wieder orientieren. Gut ist es, den Raum vor dem Tor vor der Drehung noch mal kurz abzuchecken, um sich die Positionen der Mitspieler zu merken.

Wie Abbildung 38 zeigt, ist der Verlauf der *Frontline* bei der Konfrontation in der Side 2 Side Stellung nicht einheitlich. Dies liegt daran, dass Tricktechniken hier auf zwei verschiedene Arten eröffnet werden (Abb. 39). Entweder führst du den Ball mit dem dem Gegenspieler zugewandten Bein (*Weak-*

Abb. 38: Die Side 2 Side Stellung an verschiedenen Positionen auf dem Platz

Intro

Abb. 39: Weakside und Saveside Handling in der Side 2 Side Stellung

side Handling) oder mit dem dem Gegenspieler abgewandten Bein (*Saveside Handling*).

Das Weakside Handling ist die schwächere Art der Ballführung, denn der Ball liegt auf der Frontline (Abb. 39 links). Du kannst ihn daher nicht mit dem Körper abschirmen und der Gegenspieler hat freie Sicht auf den Ball. Er kann dich so leicht stören und dir den Ball gezielt weggrätschen oder ihn zur Seite spitzeln.

Das Saveside Handling ist die sicherere Art, den Ball zu führen (Abb. 39 rechts). Der Ball befindet sich hierbei hinter der Frontline. So kannst du ihn bei einem Angriff des Gegenspielers leicht mit dem Körper abschirmen. Außerdem kann der Gegenspieler den Ball schlechter sehen und Tricktechniken können verdeckt angespielt werden.

Es spricht also einiges dafür, den Ball immer auf der Saveside zu führen. Da jedoch im Spiel auch Situationen vorkommen, in denen der Ball auf der Weakside geführt werden muss, solltest du Trickstyles für beide Seiten im Repertoire haben. Wird eine Tricktechnik über die Weakside eröffnet, ist sie mit dem Kürzel (WS) versehen, z.B. *CrossHeel Turn (WS)*, beim Anspiel über die Saveside entsprechend mit (SS).

Side 2 Side Trix werden aus dem Stand und aus der Bewegung gezeigt. Hast du Lauftempo aufgenommen, eröffnest du den Trick immer in einem *Side Run*. Dabei ergibt sich, wie in der Face 2 Face Stellung, die Möglichkeit, den Gegenspieler auf der *SpeedSide* oder der *CutSide* zu überlaufen (Abb. 40 oben und Mitte).

Möchtest du vor ihm nach innen ziehen, überläufst du ihn auf der *SpeedSide* (Abb. 40 oben). Dabei erhöhst du das Tempo und versuchst, vor dem Gegenspieler nach innen zu stechen. Die Bewegung erfolgt innerhalb des *Beschleunigungsbereichs* im *Bewegungsraum*. Den Gegenspieler auf der SpeedSide zu überlaufen, bietet sich an, wenn du einen kleinen Vorsprung vor ihm hast. Auch wenn du weißt, dass du schneller bist als er und besser beschleunigen kannst, ist die SpeedSide gut geeignet, um einfach an ihm vorbeizuziehen.

Side 2 Side

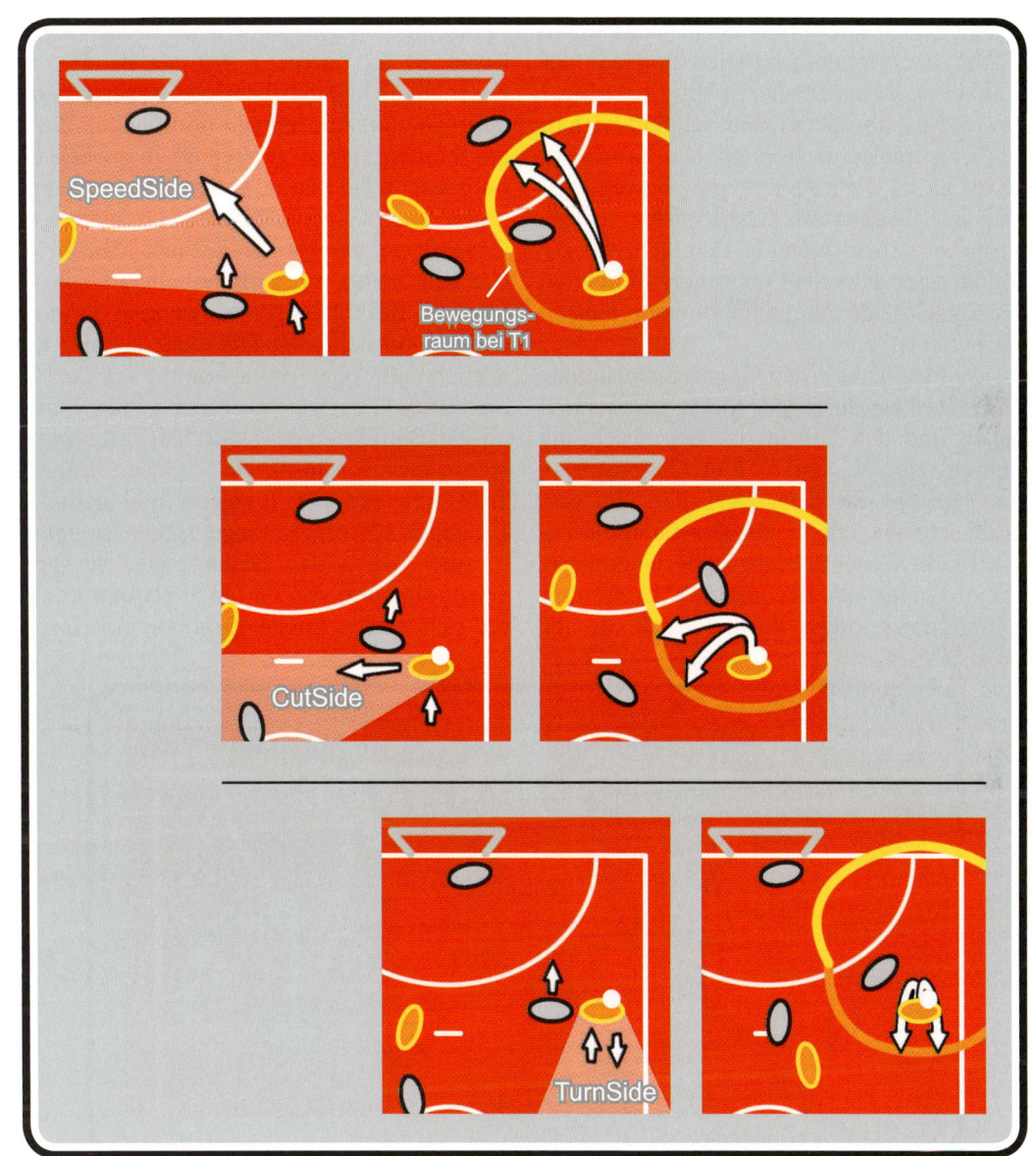

Abb. 40: Überlaufen über die SpeedSide, die CutSide und die TurnSide

Intro 211

Du kannst aber auch versuchen, hinter dem Gegenspieler nach innen zu ziehen und auf der *CutSide* an ihm vorbeizugehen (Abb. 40 Mitte). Dabei bremst du abrupt ab und schneidest hinter dem Gegenspieler nach innen. Die Bewegung erfolgt hierbei im *Bremsbereich* des Bewegungsraums. Auf der CutSide am Gegenspieler vorbeizuziehen, bietet sich an, wenn er sich dicht vor dir befindet. Mit einer schnellen und überraschenden Mitnahme zur CutSide kannst du ihn dann einfach ins Leere laufen lassen.

Die dritte Möglichkeit, den Gegenspieler in der Side 2 Side Stellung auszuspielen, ist, blitzschnell umzudrehen und den Ball in die Gegenrichtung mitzunehmen (Abb. 40 unten). Der Gegenspieler wird dabei auf der *TurnSide* überlaufen. Du versuchst also, schneller als er abzubremsen, umzudrehen und in die Gegenrichtung zu beschleunigen. Da du beim Umdrehen das gesamte Lauftempo abfangen musst, benötigst du viel Kraft. In der Physik oder der Biomechanik berechnet man die Kraft aus der Formel $F = m \times a$ (Kraft = Masse x Beschleunigung), d.h. beispielsweise, dass die Kraft die man zum Abbremsen und wieder Beschleunigen braucht, umso größer ist, je größer das Körpergewicht, die Masse, eines Spielers ist. Spielst du gegen einen Gegenspieler, der um einiges mehr an Gewicht auf den Rippen hat und habt ihr das gleiche Lauftempo, muss er mehr Kraft zum Umdrehen und Beschleunigen aufwenden als du und ist dadurch benachteiligt. Die Kraft, die man zum Umdrehen aufbringen muss, kommt aus den Muskeln. Hat dein Gegenspieler nicht genug Muskelkraft, um die Benachteiligung durch sein Körpergewicht auszugleichen, kannst du schneller drehen als er. Tricktechniken zur TurnSide sind daher oftmals gut gegen schwerere Gegenspieler geeignet.

Auch wenn der Gegenspieler versucht, dich einzuholen und von hinten angerannt kommt, bietet sich eine schnelle Drehung zur TurnSide an

ABB. 41: Turn bei schnell von hinten anrennendem Gegenspieler

(Abb. 41). Da sich der Gegenspieler schneller bewegt als der Ballführende, kann er viel schlechter umdrehen. Auch hier kann die Formel F = m x a angewendet werden. Haben beide Spieler das gleiche Körpergewicht (m) und die gleichen konditionellen Fahigkeiten, benotigen sie gleich viel Kraft (F), um nach der Drehung wieder zu beschleunigen (a). Da der Gegenspieler jedoch ein höheres Lauftempo aufgenommen hat, muss er mehr Kraft aufbringen, um vor der Drehung den Schwung abzufangen. Der Ballführende braucht daher insgesamt weniger Kraft für die Gesamtbewegung und kann damit schneller zur TurnSide drehen. Der Gegenspieler rauscht also einfach am Ballführenden vorbei.

Tricktechniken zur TurnSide werden im Gegensatz zum Überlaufen auf der SpeedSide oder der CutSide nicht dazu verwendet, am Gegenspieler vorbei nach innen zu ziehen. Durch die schnelle Drehung zur TurnSide verschafft man sich einen kleinen Vorsprung vor dem Gegenspieler, um dann ungestört nach innen passen oder flanken zu können.

In der Side 2 Side Stellung wirst du auf drei verschiedene *Gegenspielertypen* treffen – den *Rester*, den *Disturber* oder den *Sidestepper* (Abb. 42).

Mit dem Rester bekommst du es zu tun, wenn du dich im Stand befindest (T_0). Der Rester steht seitlich zu dir und wartet erst einmal ab, was du machen willst.

Der Disturber greift dich von der Seite im Stehen oder beim Dribbling an (T_0-T_3). Ein gutes Mittel, ihn vom Ball fernzuhalten, ist, den Ball einfach auf die Saveside zu nehmen.

Am häufigsten wird man es in der Side 2 Side Stellung jedoch mit dem Sidestepper zu tun be-

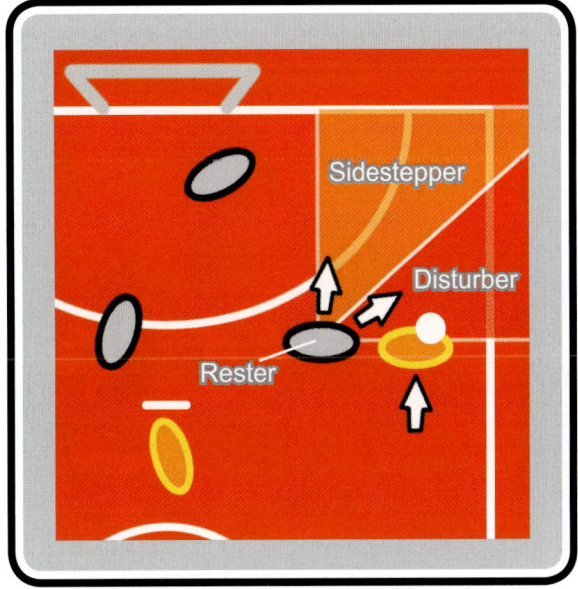

Abb. 42: Gegenspielertypen in der Side 2 Side Stellung

kommen. Auf ihn triffst du, wenn du Tempo aufnimmst (T_1-T_3). Der Sidestepper greift dich nicht an, sondern bewegt sich parallel zu dir und deckt im Laufen den Raum zum Tor ab. Bei *Top Speed* lieferst du dir mit ihm ein klassisches Laufduell.

Der *Watcher* kommt in der Side 2 Side Stellung nicht vor. Dies macht für den Gegenspieler keinen Sinn, da er sich als Watcher ja vom Ballführenden wegbewegen würde.

Die Side 2 Side Trix sind in sechs Klassen unterteilt – die *Fake Trix*, die *Spin Trix*, die *Bypass Trix*, die *Stepover Trix*, die *Stop&Go Trix* und die *ShotFake Trix*.

I. FAKE TRIX

Die erste Trickklasse der Side 2 Side Stellung bilden die *Fake Trix*. Dies sind einfache Körpertäuschungen, mit denen du eine Mitnahme zur *SpeedSide* oder zur *TurnSide* antäuschst und den Ball dann blitzschnell in die Gegenrichtung mitnimmst.

Outside Fake (WS)

Beim Outside Fake führst du den Ball auf der Weakside. Du täuschst ein Nachinnenziehen mit der rechten Außenseite an und nimmst den Ball dann

mit der linken Außenseite in die Gegenrichtung mit.

Mit dem Outside Fake täuschst du dem Gegenspieler ein Überlaufen über die *SpeedSide* vor. Um dies zu verhindern, beschleunigt er nach vorne und verschafft dir dadurch Platz zum Umdrehen. Der Trick kann durch die *Switch*-Technik sehr schnell gezeigt werden. Dabei wird der Ball sicher über die *Saveside* gespielt. Ein kleiner Nachteil des Tricks ist, dass du bei der Drehung die *ScorezoneView* verlierst und dich danach schnell wieder orientieren musst.

Fake Trix

Stop Fake (WS)

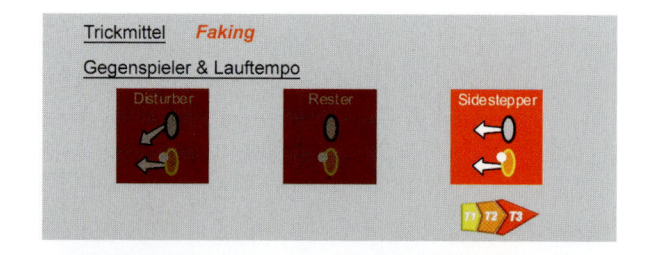

Beim StopFake wird der Ball auf der Weakside geführt. Du stoppst ihn überraschend mit der Sohle und ziehst ihn leicht zurück. Dann ziehst du ihn blitzschnell wieder nach vorne und überläufst den Gegenspieler.

Der StopFake ist eine Kombination aus zwei *Stroking*-Techniken. Zum Stoppen und Zurückziehen verwendest du einen *ReverseStroke* und täuschst dem Gegenspieler so eine Drehung zur *TurnSide* vor. Sobald er abbremst, ziehst du den Ball mit einem *ForwardStroke* wieder nach vorne und gehst an ihm vorbei. Am besten spielst du den Trick bei mittlerem Tempo. Da der Gegenspieler dann noch gut abbremsen kann und stärker auf die Täuschung reagiert.

180° Fake (SS)

Der 180° Fake wird über die Saveside angespielt. Du stoppst den Ball mit der rechten Sohle, ziehst ihn leicht zurück und drehst dich mit dem Körper nach rechts.

Dann ziehst du den Ball wieder nach vorne und beschleunigst am Gegenspieler vorbei.

Der 180° Fake ist eine schöner Style. Der Gegenspieler wird nicht nur mit der Körpertäuschung, sondern auch durch das Zurückziehen des Balls, getäuscht. Der Trick kann auch gut aus dem Stand gezeigt werden, da man beim Nachvorneziehen explosiv beschleunigen kann.

Fake Trix

Heel Turn Fake (WS)

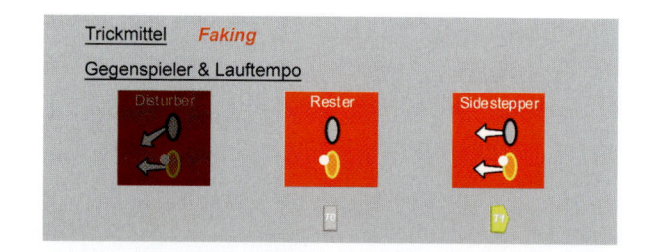

Trickmittel   *Faking*

Gegenspieler & Lauftempo

Beim Heel Turn Fake führst du den Ball auf der Weakside. Du ziehst die Hacke über den Ball nach hinten und täuschst so vor umzudrehen.

Dann spielst du den Ball blitzschnell mit dem Spann nach vorne und überläufst den Gegenspieler.

Beim Heel Turn Fake wird mit einem Heel Kick eine Drehung zur *TurnSide* angetäuscht. Da der Ball beim Spielen des Tricks nicht gestoppt wird, solltest du ihn eher bei langsamem Lauftempo einsetzen.

Stop Fake 2 Switch Cross Kick (WS)

Der StopFake 2 Switch Cross Kick wird über die Weakside eröffnet. Du stoppst den Ball mit der rechten Sohle und ziehst ihn in die Gegenrichtung.

Dann kickst du ihn blitzschnell mit der linken Innenseite hinter dem Standbein wieder nach vorne und überläufst den Gegenspieler.

Der StopFake 2 Switch Cross Kick ist ein stylischer Trick. Zum Zurückziehen des Balls verwendest du einen *ReverseStroke* und täuschst so eine Mitnahme zur *TurnSide* an. Dann spielst du den Ball mit einem Switch Cross Kick wieder nach vorne. Die beiden Techniken kann man sehr flüssig miteinander kombinieren, so dass der Trick auch bei bei Top Speed gezeigt werden kann.

Fake Trix

II. Spin Trix

Bei den *Spin Trix* dreht man sich beim Spielen der Tricktechniken um die eigene Achse. Die Spin Trix sind die größte Klasse der Side 2 Side Trix und haben drei Unterklassen – die *Turn Spins*, die *Split Spins* und die *360° Spins*.

1. TURN SPINS

Die einfachste Möglichkeit, den Gegenspieler in der Side 2 Side Stellung auszuspielen, besteht darin, plötzlich abzustoppen und den Ball blitzschnell zur *TurnSide* mitzunehmen. Dabei machst du eine halbe Drehung mit dem Ball, einen Turn. Das Trickmittel ist *Speeding*. Der Vorteil, den du bei einem Turn gegenüber deinem Gegenspieler geniest, ist, dass du genau weißt, wann du umdrehen willst. Der Gegenspieler kann immer nur zeitverzögert reagieren. Um diesen Vorteil auch nutzen zu können, sollte man den Turn überraschend und ohne zu zögern zeigen. Die Turn Spins bieten dir Standardtechniken sowie schöne Trickstyles. Viele dieser Techniken können sowohl über die *Saveside* als auch über die *Weakside* angespielt werden.

Inside Turn (SS)

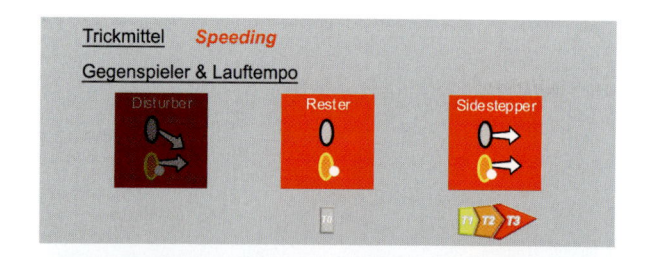

Der Inside Turn wird hier über die Saveside angespielt. Du machst eine halbe Drehung linksherum, spielst den Ball mit der rechten Innenseite

in die Gegenrichtung und gehst am Gegenspieler vorbei

Der Inside Turn ist eine Standardtechnik und der einfachste Turn Spin, weil du den Ball mit der Innenseite gut kontrollieren kannst. Spielst du die Technik über die *Saveside* an, hast du während der Drehung die *Scorezone* optimal im Blick und kannst dir schon während der Ausführung der Technik einen gut postierten Mitspieler zum Passspiel suchen. Weil du den Ball beim Turn auf die *Weakside* nimmst, musst du gut aufpassen, dass dir der Gegenspieler den Ball nicht wegspitzelt.

Inside Turn (WS)

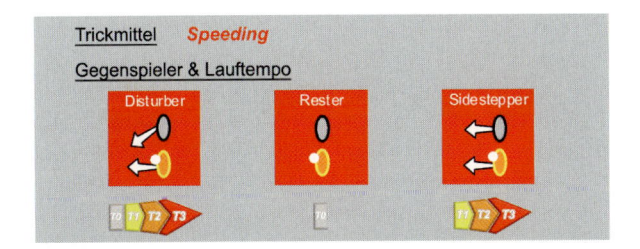

Der Inside Turn wird hier über die Weakside angespielt. Du machst eine halbe Drehung linksherum, spielst den Ball mit der rechten Innenseite in die Gegenrichtung und gehst am Gegenspieler vorbei.

Spielst du den Inside Turn über die *Weakside* an, kannst du den Ball beim Turn auf die *Saveside* nehmen. Anders als beim Anspiel über die Saveside, ist er deshalb gegen alle drei Gegenspielertypen anwendbar. Allerdings verlierst du dabei die *ScorezoneView*.

Spin Trix

223

Outside Turn (SS)

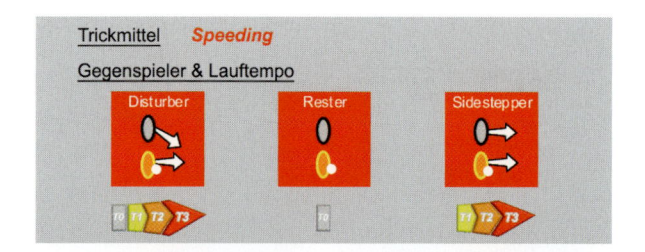

Trickmittel   *Speeding*

Gegenspieler & Lauftempo

Disturber · Rester · Sidestepper

Der Outside Turn wird hier über die Saveside angespielt. Du machst eine halbe Drehung rechtsherum, spielst den Ball mit der rechten Außenseite

entgegengesetzt der Laufrichtung und überläufst den Gegenspieler.

Der Outside Turn ist etwas schwieriger zu spielen als der Inside Turn, da du den Ball mit der Außenseite nicht ganz so gut kontrollieren kannst. Die Technik lässt sich aber um einiges schneller spielen und du kannst nach der Drehung explosiv in die Gegenrichtung beschleunigen. Spielst du den Trick über die *Saveside* an, verlierst du bei der Ausführung die *Scorezone View*, dafür ist der Ball aber vor dem Gegenspieler sicher, da er permanent auf der Saveside bleibt.

224   Side 2 Side

Outside Turn (WS)

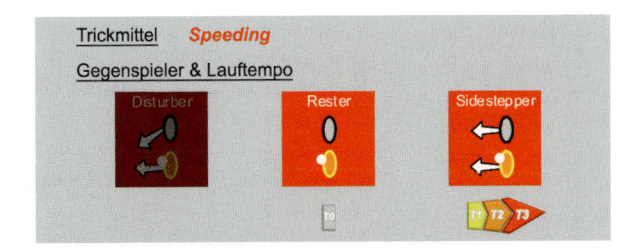

Der Outside Turn wird hier über die Weakside angespielt. Du machst eine halbe Drehung rechtsherum, spielst den Ball mit der rechten Außenseite

entgegengesetzt der Laufrichtung und überläufst den Gegenspieler.

Spielst du den Outside Turn über die *Weakside* an, hast du permanente Scorezone View, solltest aber genügend Abstand zum Gegenspieler halten, da der Ball die ganze Zeit auf der Weakside bleibt. Nach dem Turn kannst du dann schön mit rechts flanken oder schnell nach innen ziehen.

Spin Trix 225

Cross Turn (SS)

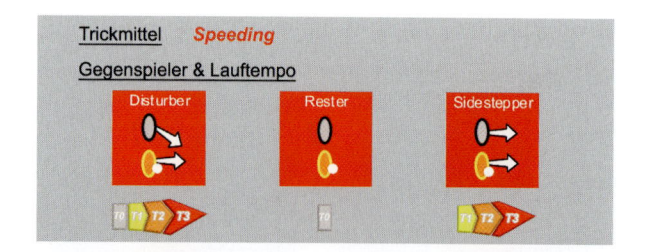

Der Cross Turn wird hier über die Saveside angespielt. Du machst eine viertel Drehung linksherum und spielst den Ball mit der rechten Innenseite

hinter dem Standbein in die Gegenrichtung.

Beim Cross Turn wird der Ball direkt unter dem Körperschwerpunkt hinweg gespielt und du kannst so ohne viel Kraftaufwand die Spielrichtung wechseln. Besonders effektiv ist der Cross Turn, wenn du ihn über die *Saveside* anspielst. Der Ball bleibt auch beim Richtungswechsel auf der Saveside und gleichzeitig hast du permanente *Scorezone View*. Der Ball ist gesichert und du kannst schon während der Drehung nach Lauf- oder Abspielmöglichkeiten suchen.

Cross Turn (WS)

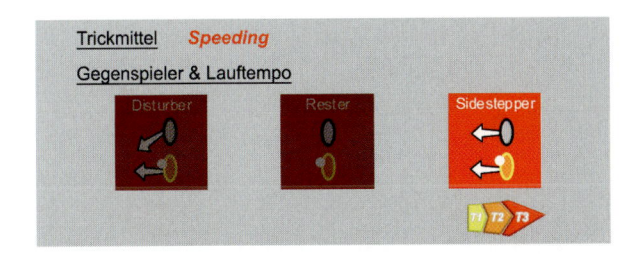

Der Cross Turn wird hier über die Weakside angespielt. Du machst eine viertel Drehung linksherum und spielst den Ball mit der rechten Innenseite hinter dem Standbein in die Gegenrichtung.

Wird der Cross Turn über die *Weakside* angespielt, ist er nicht ganz so stark. Zwar kann man auch hier mit wenig Kraftaufwand drehen, der Ball wird aber über die Weakside in die Gegenrichtung mitgenommen. Dabei verlierst du die ScorezoneView. Einen Vorteil hat der Cross Turn über die Weakside aber: Da du dich vom Gegenspieler wegdrehst, ist die Drehkraft nach dem Turn nach innen gerichtet; so kannst du sie zum schnellen Beschleunigen und Nachinnenziehen nutzen, ähnlich wie bei der *Split*-Drehung.

Spin Trix

227

180° Turn (SS)

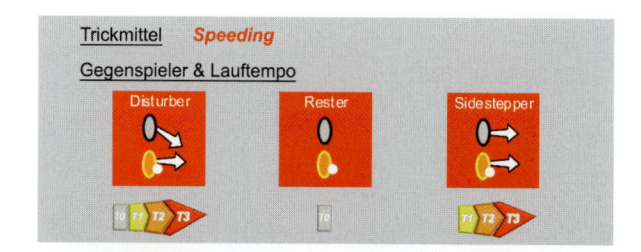

Trickmittel	*Speeding*	
Gegenspieler & Lauftempo		
Disturber	Rester	Sidestepper

Der 180° Turn wird hier auf der Saveside gezeigt. Du stoppst den Ball mit der rechten Sohle und drehst dich rechtsherum in die Gegenrichtung.

Während der Drehung ziehst du den Ball blitzschnell mit der Sohle mit.

Der 180° Turn ist ein schöner Style, bei dem du den Ball gefühlvoll mit der Sohle zur *TurnSide* ziehst. Dabei wird das Spielen des Balls optimal mit der Körperbewegung gekoppelt. So kannst du schnell abbremsen, drehen und wieder beschleunigen. Die Technik ist aus hohem Tempo spielbar, aber auch als Beschleunigungstrick aus dem Stand kannst du ihn verwenden. Spielt man den Trick über die *Saveside* an, ist der Ball beim Turn die ganze Zeit abgeschirmt, da er auf der Saveside bleibt. Man verliert bei der Drehung jedoch die *ScorezoneView*.

180° Turn (WS)

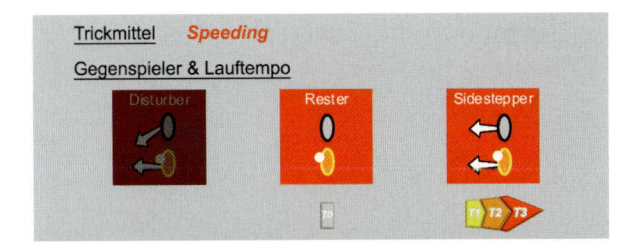

Trickmittel *Speeding*
Gegenspieler & Lauftempo

Der 180° Turn wird hier auf der Weakside gezeigt. Du stoppst den Ball mit der rechten Sohle und drehst dich rechtsherum in die Gegenrichtung.

Während der Drehung ziehst du den Ball blitzschnell mit der Sohle mit.

Leitet man den 180° Turn über die *Weakside* ein, wird der Ball auch über die Weakside in die Gegenrichtung gezogen; daher solltest du auf genügend Abstand zum Gegenspieler achten. Der Trick ist gut einsetzbar, wenn du einen gut postierten Mitspieler innerhalb der Scorezone ausgemacht hast. Mit dem 180° Turn ziehst du den Ball schnell zurück und kommst dann in eine optimale Körperposition, um direkt zu flanken.

Spin Trix

Heel Turn (SS)

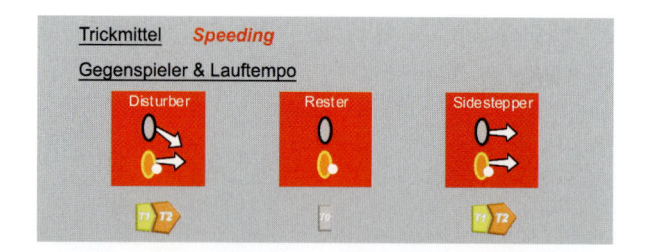

Der Heel Turn wird hier über die Saveside eingeleitet. Du kickst den Ball mit der rechten Hacke kräftig nach hinten, drehst dich blitzschnell rechtsherum dem Ball hinterher und überläufst den Gegenspieler.

Der Heel Turn ist keine einfache Technik, denn der Ball muss sehr genau getroffen werden. Dafür kannst du sehr überraschend umdrehen, da der Ball ansatzlos in die Gegenrichtung gekickt wird. Die Drehung des Körpers und das Spielen des Balls werden beim Heel Turn nicht miteinander gekoppelt, sondern hintereinander ausgeführt. Bei hohem Tempo hat dies den Vorteil, dass du dich nach dem Hackenkick voll auf die Drehung konzentrieren kannst. Aus dem Stand ist der Heel Turn ein exzellenter Beschleunigungstrick. Spielst du ihn über die *Saveside* an, kannst du den Ball sicher in die Gegenrichtung mitnehmen. Allerdings verlierst du dabei die Sicht aufs Tor.

Heel Turn (WS)

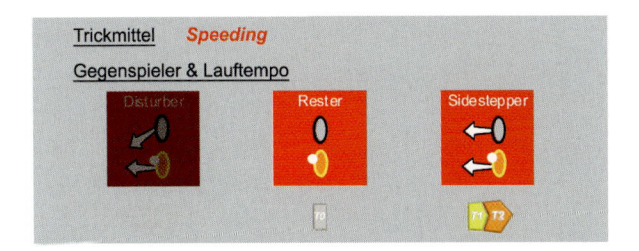

Der Heel Turn wird hier über die Weakside eingeleitet. Du kickst den Ball mit der rechten Hacke kräftig nach hinten, drehst dich blitzschnell rechtsherum dem Ball hinterher und überläufst den Gegenspieler.

Spielst du den Heel Turn über die *Weakside* an, hast du permanente *ScorezoneView*. Allerdings solltest du genug Abstand zum Gegenspieler halten, da der Ball die ganze Zeit auf der *Weakside* bleibt. Gegen einen *Disturber* ist diese Technik daher nicht geeignet.

Spin Trix

231

CrossHeel Turn (SS)

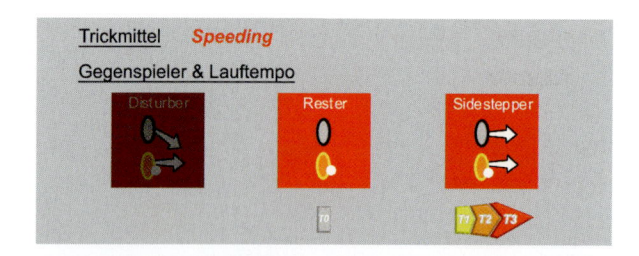

Den CrossHeel Turn wird hier auf der Saveside gezeigt. Du kickst den Ball mit der rechten Hacke links am Körper vorbei in die Gegenrichtung

und überläufst den Gegenspieler auf der TurnSide.

Der CrossHeel Turn ist ein stylischer Trick, der wie der Heel Turn sehr überraschend gezeigt werden kann. Die Bewegung zum Spielen des Balls sieht für den Gegenspieler zunächst so aus, als würdest du den Ball weiter nach vorne mitnehmen; dann spielst du ihn blitzschnell in die Gegenrichtung. Der Kick geht fließend in die Drehung über und man wird in der Hüfte geradezu herum gezogen. Spielst du den CrossHeel Turn über die *Saveside* an, wird der Ball über die *Weakside* in die Gegenrichtung gespielt und du solltest genügend Abstand zum Gegenspieler halten.

Side 2 Side

CrossHeel Turn (WS)

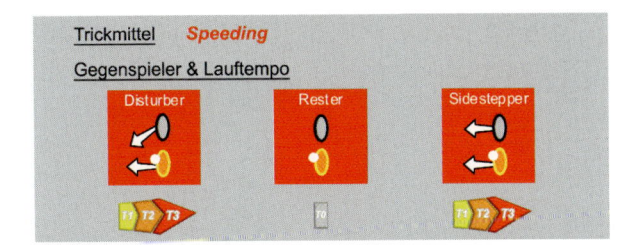

Den CrossHeel Turn wird hier auf der Weakside gezeigt. Du kickst den Ball mit der rechten Hacke links am Körper vorbei in die Gegenrichtung

und überläufst den Gegenspieler auf der TurnSide.

Spielst du den CrossHeelTurn über die Weakside an, verlierst du beim Turn die *Scorezone View*, allerdings kannst du den Ball für den Gegenspieler verdeckt und sicher über die Saveside spielen.

Spin Trix

SideHeel Turn (SS)

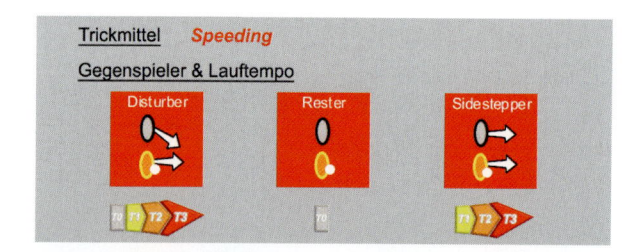

Den SideHeel Turn spielst du über die Saveside an. Du machst eine viertel Drehung linksherum und kickst den Ball blitzschnell mit der rechten Hacke hinter dem Körper in die Gegenrichtung. Dann drehst du dich weiter linksherum dem Ball hinterher.

Der SideHeel Turn ist eine effektive Technik. Mit der Hacke kannst du den Ball raumgreifend in die Gegenrichtung spielen. Da die Drehung schon vor dem Kicken des Balls eingeleitet wird, kannst du diese Tricktechnik sehr schnell zeigen. Du schirmst den Ball schön mit dem Körper ab und behältst die ganze Zeit die *ScorezoneView*.

234 Side 2 Side

CrossStroke Turn (SS)

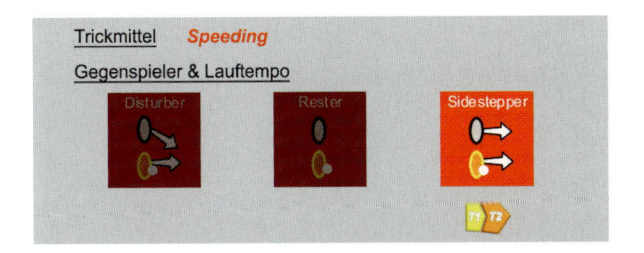

Den CrossStroke Turn eröffnest du über die Saveside. Du stoppst den Ball mit der rechten Sohle und ziehst ihn vor dem Standbein in die Gegenrichtung.

Dann drehst du dich linksherum dem Ball hinterher.

Mit dem CrossStroke Turn kannst du kontrolliert abbremsen und den Ball gefühlvoll in die Gegenrichtung ziehen. Die Drehung wird schon beim Ziehen des Balls eingeleitet, weshalb man die Technik sehr flüssig zeigen kann. Da der Ball über die *Weakside* gespielt wird, musst du aber auf genügend Abstand zum Gegenspieler achten.

Spin Trix

SideStroke Turn (SS)

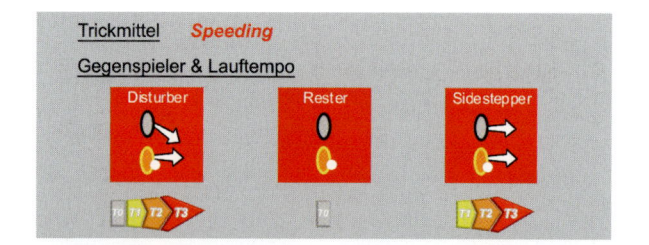

Den SideStroke Turn eröffnest du über die Saveside. Du machst eine viertel Drehung linksherum, stoppst den Ball mit der rechten Sohle und ziehst ihn hinter dem Standbein zur TurnSide. Dann drehst du dich weiter linksherum dem Ball hinterher und gehst am Gegenspieler vorbei.

Der SideStroke Turn ist eine stylische und effektive Technik. Mit ihr hat man gute Ballkontrolle und kann auch aus hohem Tempo schnell abbremsen und umdrehen. Der Ball bleibt die ganze Zeit auf der *Saveside*, bei permanenter *ScorezoneView*. Der Side Stroke Turn eignet sich vor allem für kurze, schnelle Richtungswechsel.

236   Side 2 Side

FrontTween Turn (SS)

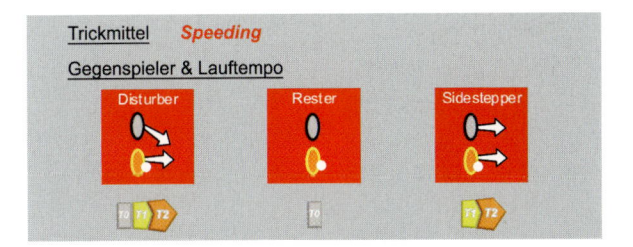

Der FrontTween Turn wird hier über die Saveside angespielt. Du stoppst den Ball mit der rechten Sohle, ziehst ihn von vorne zwischen deinen Beinen

hindurch in die Gegenrichtung und drehst dich rechtsherum dem Ball hinterher.

Beim FrontTween Turn wird der Ball direkt unter dem Körper hindurch gezogen und die Bewegungsrichtung des Balls stimmt mit der Laufrichtung überein. So kannst du schnell umdrehen und bekommst den Ball optimal vor den Körper. Da man ihn zwischen den Beinen durchzieht, wird er mit dem vorderen Bein vor dem Gegenspieler abgeschirmt.

Spin Trix

237

CrossOutward Turn (WS)

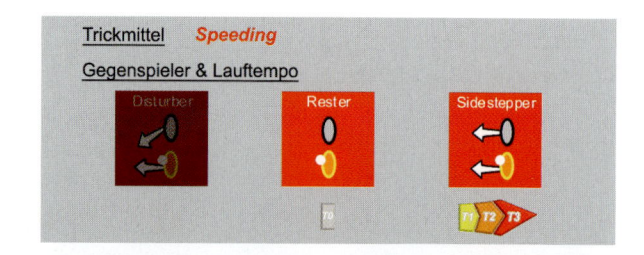

Beim CrossOutward Turn führst du den Ball auf der Weakside. Du fängst an, dich rechtsherum zu drehen, stoppst den Ball mit der rechten Außenseite hinter dem Körper,

ziehst ihn in die Gegenrichtung und beschleunigst zur TurnSide.

Der CrossOutward Turn ist ein stylischer Move. Er kommt sehr überraschend für den Gegenspieler, da du die Drehung schon einleitest, bevor der Ball überhaupt gespielt wird. Beim Stoppen des Balls mit der *CrossOutwardStroke*-Technik verdeckst du den Ball und nimmst ihn auf die *Saveside*, so dass der Gegenspieler keine Chance mehr hat, ihn dir abzunehmen. Der CrossOutward Turn erlaubt dir einen schnellen und sicheren Turn, er ist aber nicht einfach zu spielen und fordert dir einiges an Können ab.

Side 2 Side

2. SPLIT SPINS

Die *Split Spins* sind stylische Tricktechniken und funktionieren im Prinzip wie die Turn Spins. Du drehst blitzschnell und überraschend um und beschleunigst in die Gegenrichtung. Bei den Split Spins verwendest du zum Umdrehen die *Split*-Technik, d.h., du drehst dich beim Richtungswechsel zur *TurnSide* weg vom Ball (Abb. 43). Mit der Split-Drehung kannst du verdammt schnell abbremsen und zur TurnSide beschleunigen. Bei den Split Spins wird der Ball immer über die *Weakside* in die Gegenrichtung gespielt. Daher ist es wichtig, dass du stets genügend Abstand zum Gegenspieler hältst. Bei der Split-Drehung verlierst du die Scorezone View, wirf daher vorher noch einen kurzen Blick auf den Torraum und orientiere dich danach schnell wieder.

Abb. 43: Die Split-Drehung

Stroke SplitTurn (WS)

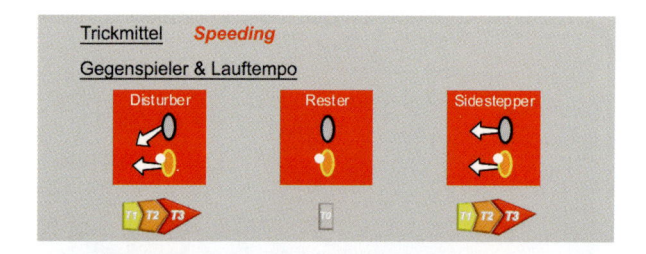

Beim Stroke SplitTurn führst du den Ball auf der Weakside. Du stoppst ihn mit der rechten Sohle und ziehst ihn blitzschnell in die Gegenrichtung.

Du drehst dich linksherum um, gehst zum Ball und überläufst den Gegenspieler.

Mit dem Stroke SplitTurn kannst du gut abbremsen, den Ball stoppen und ihn kontrolliert in die Gegenrichtung ziehen. Die Technik ist sehr schnell spielbar, da die Drehung zur *TurnSide* schon beim Ziehen des Balls eingeleitet wird. Der Trick eignet sich gut für schnelle, kurze Richtungswechsel.

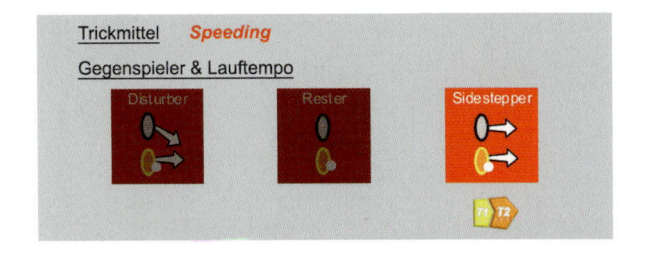

Inside SplitTurn (SS)

Trickmittel *Speeding*
Gegenspieler & Lauftempo
Disturber | Rester | Sidestepper

Beim Inside SplitTurn führst du den Ball auf der Saveside. Du spielst ihn mit der Innenseite entgegengesetzt der Laufrichtung und drehst dich dann blitzschnell rechtsherum in die Gegenrichtung.

Der Inside SplitTurn ist keine einfache Technik. Du musst den Fuß weit nach innen drehen, um den Ball mit der Innenseite in die Gegenrichtung spielen zu können. Schon beim Kicken des Balls wird die *Split-Drehung* eingeleitet, so dass du explosiv zum Ball beschleunigen kannst.

Spin Trix

Outside SplitTurn (WS)

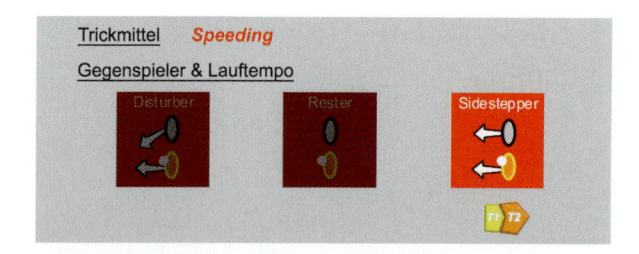

Der Outside SplitTurn wird über die Weakside eröffnet. Du spielst den Ball mit der rechten Außenseite in die Gegenrichtung, drehst dich linksherum um,

nimmst ihn mit der linken Außenseite (Switch) mit und gehst am Gegenspieler vorbei.

Der Outside SplitTurn ist eine schöne Technik. Der Ball kann zwar nicht all zu weit in die Gegenrichtung gekickt werden, du kannst ihn aber sauber und überraschend stoppen. Um den Ball spielen zu können, muss der Fuß extrem weit nach außen gedreht werden. Nach der *Split*-Drehung kannst du den Ball dann optimal *Switch* mitnehmen.

Side 2 Side

Heel SplitTurn (WS)

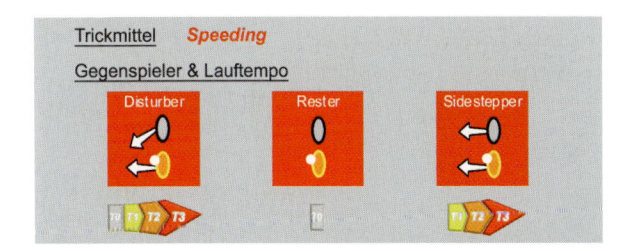

Beim Heel SplitTurn führst du den Ball auf der Weakside. Du kickst ihn mit der rechten Hacke entgegengesetzt der Laufrichtung, machst eine halbe Drehung linksherum und überläufst den Gegenspieler.

Der Heel SplitTurn ist ein starker Side 2 Side Trick, mit dem du gut abbremsen und den Ball weit in die Gegenrichtung spielen kannst. Bereits beim Kicken des Balls wird die *Split*-Drehung eingeleitet. Der Heel SplitTurn eignet sich ideal für schnelle, raumgreifende Richtungswechsel.

Spin Trix 243

CrossHeel SplitTurn (SS)

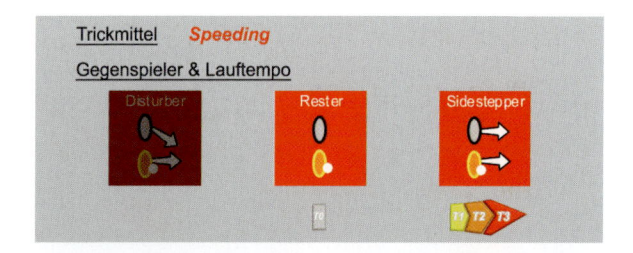

Beim CrossHeel SplitTurn wird der Ball auf der Saveside geführt. Du legst ihn dir auf die Weakside und kickst ihn mit der Hacke in die Gegenrichtung.

Dann drehst du dich rechtsherum um, beschleunigst zum Ball und gehst am Gegenspieler vorbei.

Der CrossHeel SplitTurn ist sehr schnell und flüssig spielbar. Mit der *CrossHeel-*Technik kickst du den Ball weit in die Gegenrichtung und fängst gleichzeitig den Schwung ab. Die dabei aufgebaute Spannung kannst du optimal für eine explosive *Split-*Drehung nutzen. Der CrossHeel SplitTurn ist ein stylischer Split Spin und lässt sich gut für raumgreifende Richtungswechsel einsetzen.

CrossOutward SplitTurn (WS)

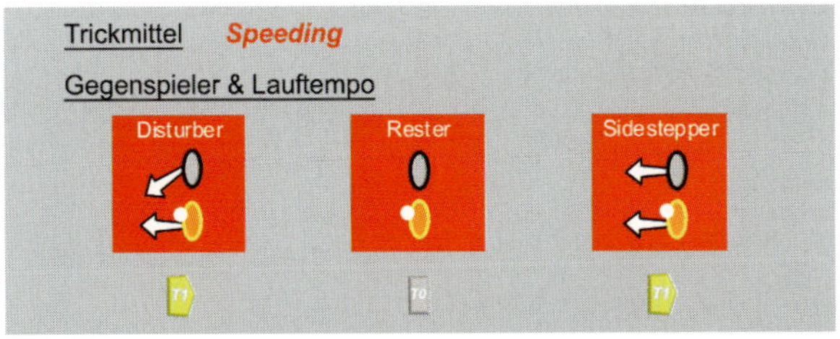

Beim CrossOutward SplitTurn führst du den Ball auf der Weakside. Du drehst dich leicht nach links, stoppst den Ball hinter dem Körper mit der rechten Außenseite und ziehst ihn mit der Außensohle in die Gegenrichtung. Du drehst dich linksherum hinterher und nimmst den Ball zur TurnSide mit.

Der CrossOutward SplitTurn ist ein anspruchsvoller SpinTrick, mit dem du sehr überraschend und schnell umdrehen kannst. Bei der Eröffnung solltest du den Ball eng am Fuß führen, damit er sich mit der *CrossOutwardStroke*-Technik stoppen lässt. Beim Ziehen zur *TurnSide* leitest du gleichzeitig die *Split*-Drehung ein und kannst so gut Körperbewegung und Balltechnik koppeln. Der CrossOutward SplitTurn ist ein fetter Style und kann gut bei langsamem Lauftempo eingesetzt werden.

Spin Trix

245

3. 360° Spins

Bei den *360° Spins* ziehst du den Ball mit *Stroking*-Techniken während einer 360 Grad-Drehung am Gegenspieler vorbei. Das Spiel mit der Sohle ermöglicht dir eine gefühlvolle Ballbehandlung. Das Spielen des Balls wird bei den 360° Spins optimal mit der Körperbewegung gekoppelt. So kannst du, unter Verwendung des Trickmittels *Speeding*, sehr schnell und überraschend die Laufrichtung wechseln und den Gegenspieler überlaufen. Die 360° Spins bieten schöne Techniken und sind stylemäßig sehenswert.

Sideward 360° (WS)

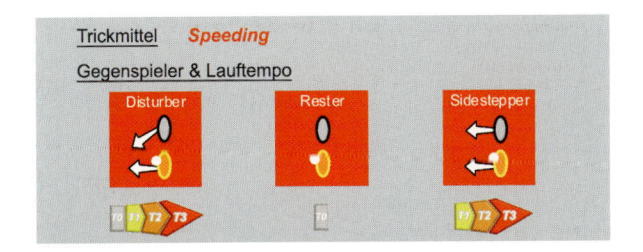

Trickmittel *Speeding*
Gegenspieler & Lauftempo

| Disturber | Rester | Sidestepper |

Den Sideward 360° eröffnest du über die Weakside. Du stoppst den Ball mit der rechten Sohle, ziehst ihn zurück und drehst dich linksherum.

Dabei ziehst du den Ball mit der linken Sohle (Switch) nach innen, drehst dich weiter linksherum dem Ball hinterher und gehst am Gegenspieler vorbei.

Mit dem Sideward 360° kannst du ideal abbremsen, den Ball zur Seite ziehen und wieder beschleunigen. Balltechnik und Körperbewegung werden schön miteinander gekoppelt. Da der Ball auf der *Saveside* geführt wird, kommt der Gegenspieler nur schwer an den Ball. Du überläufst ihn auf der *CutSide* und bist dann in einer idealen Körperposition, um aufs Tor abzuziehen. Der Sideward 360° ist ein fetter Trickstyle und einer der besten Side 2 Side Trix überhaupt.

Spin Trix

Reverse 360° (SS)

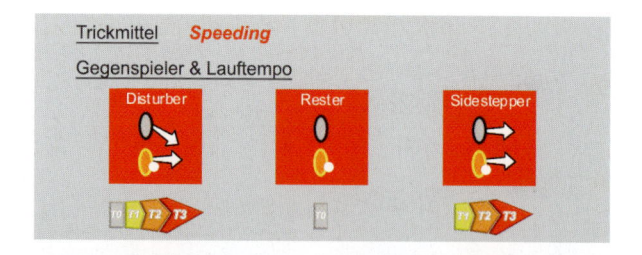

Beim Reverse 360° führst du den Ball auf der Saveside. Du stoppst ihn mit der rechten Sohle, ziehst ihn zurück und machst eine halbe Rechtsdrehung.

Dann ziehst du den Ball mit der rechten Sohle wieder nach vorne, drehst dich dem Ball hinterher und überläufst den Gegenspieler auf der CutSide.

Der Reverse 360° ist ein stylischer Move, bei dem der Ball herrlich abgeschirmt wird. Zum Zurückziehen des Balls verwendest du einen *ReverseStroke*, mit dem du auch aus hohem Tempo schnell abbremsen kannst. Zum Nachinnenziehen setzt du die *180°-Technik* ein, mit der du schnell wieder beschleunigst. Nach dem Trick kannst du optimal mit links aufs Tor schießen.

248 Side 2 Side

III. BYPASS TRIX

Die *Bypass Trix* werden eingesetzt, um schnell und einfach am Gegenspieler vorbei nach innen zu ziehen. Als Trickmittel wird *Speeding* oder *Splitting* verwendet. In der Side 2 Side Stellung kann der Gegenspieler auf zweierlei Arten überlaufen werden, entweder als *SpeedSide Bypass* oder als *CutSide Bypass* (Abb. 44). Wann es besser ist, auf der SpeedSide oder auf der CutSide an ihm vorbei-

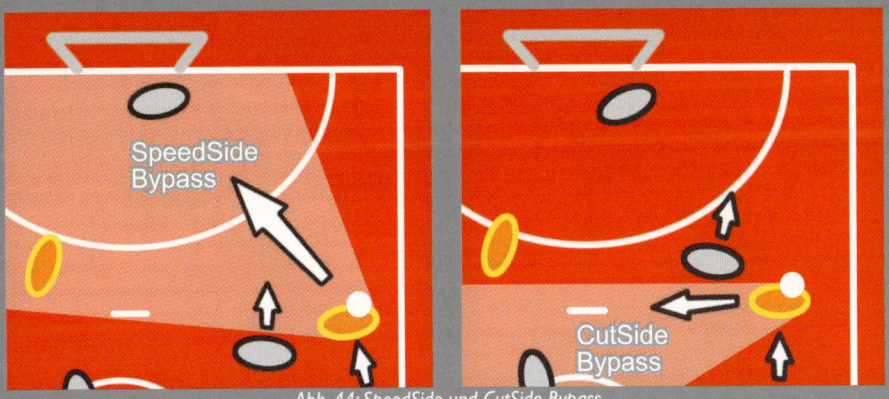

Abb. 44: SpeedSide und CutSide Bypass

Bypass Trix

zugehen, ist abhängig von der Position des Gegenspielers. Hast du einen Vorsprung vor dem Gegenspieler, kannst du ihn mit Tempo auf der SpeedSide überlaufen. Befindest du dich leicht hinter ihm oder kommt er von hinten angestürmt, kannst du einfach hinter ihm nach innen schneiden und auf der CutSide an ihm vorbeigehen. Die Bypass Trix bieten dir starke Side 2 Side Trix, mit deren Hilfe sich der Gegenspieler schnell und effektiv ausspielen lässt.

Inside CutShift (SS)

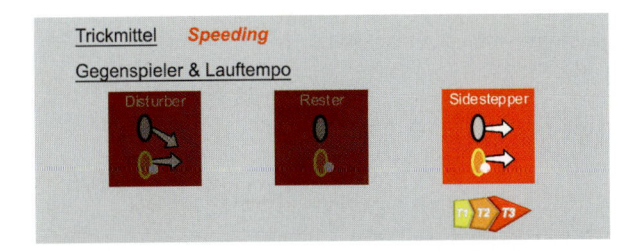

Der Inside CutShift wird über die Saveside angespielt. Du kickst den Ball mit der rechten Innenseite hinter dem Gegenspieler überraschend nach links

und ziehst dann über die CutSide nach innen.

Der Inside CutShift ist eine einfache Standardtechnik, mit der man den Gegenspieler leicht überspielen kann. Er ist wie alle CutShifts gut einsetzbar, wenn der Gegenspieler ein Stück vor dir läuft. Damit der Trick gelingt, ist es wichtig, dass du den Richtungswechsel überraschend zeigst. Dann kannst du den Gegenspieler leicht ins Leere laufen lassen.

Bypass Trix

251

Inside SpeedShift (SS)

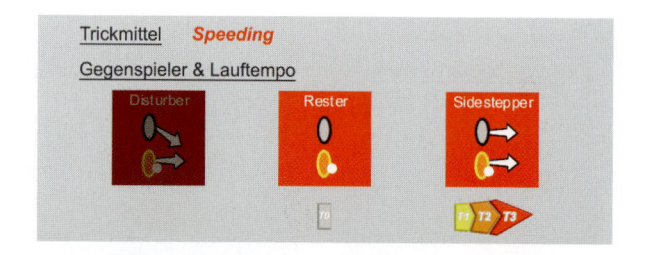

Beim Inside SpeedShift führst du den Ball auf der Saveside. Du spielst ihn mit der rechten Innenseite vor dem Gegenspieler nach links und ziehst über die SpeedSide an ihm vorbei.

Der Inside SpeedShifts ist ein starker und dabei einfach zu spielender Trick. Da du vor dem Gegenspieler nach innen ziehst, muss er höllisch aufpassen, dass er dich nicht umrennt und foult. Er ist gezwungen abzubremsen und lässt sich so leicht abschütteln. Der Inside SpeedShift ist wie alle SpeedShifts in der Side 2 Side Stellung gut anwendbar, wenn du einen kleinen Vorsprung vor dem Gegenspieler hast.

Side 2 Side

Inside SideSplit (SS)

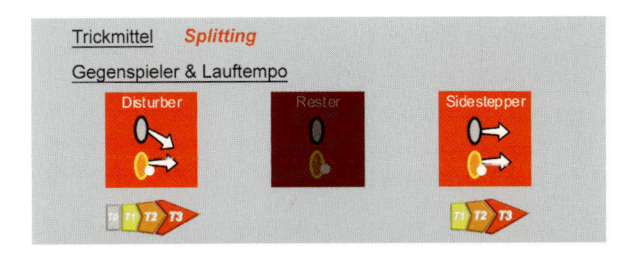

Der Inside SideSplit wird über die Saveside eröffnet. Du spielst den Ball mit der rechten Innenseite vor dem Gegenspieler nach links und ziehst

dann hinter ihm nach innen.

Der SideSplit ist Side 2 Side besonders gut einsetzbar, wenn du einen leichten Vorsprung vor dem Gegenspieler hast oder er von hinten angerannt kommt. Kurz bevor er dich eingeholt hat, spielst du den Ball nach innen, lässt ihn vorbei rauschen und überläufst ihn problemlos auf der *CutSide*. Der Inside SideSplit ist an sich leicht zu spielen; das Schwierigste daran ist, den Ball im richtigen Moment nach innen zu kicken.

Bypass Trix

Outside SpeedShift (WS)

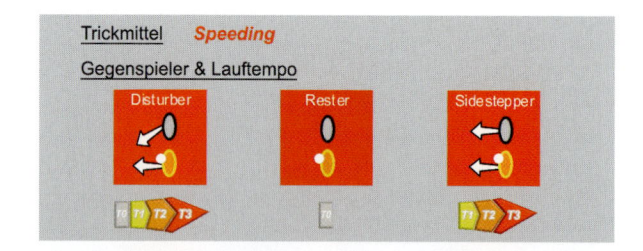

Trickmittel	**Speeding**
Gegenspieler & Lauftempo	
Disturber	Rester	Sidestepper

Beim Outside SpeedShift führst du den Ball auf der Weakside. Du spielst den Ball mit der rechten Außenseite vor dem Gegenspieler nach rechts

und ziehst über die SpeedSide nach innen.

Der Outside SpeedShift funktioniert im Prinzip wie der Inside SpeedShift, nur von der anderen Seite. Mit der Außenseittechnik kannst du sogar noch schneller nach innen ziehen und bekommst den Ball nach dem Shift auf den starken Fuß. Gegen unvorsichtige Gegenspieler lassen sich mit den SpeedShifts auch gut Freistöße herausholen.

Side 2 Side

Outside Tunnel (WS)

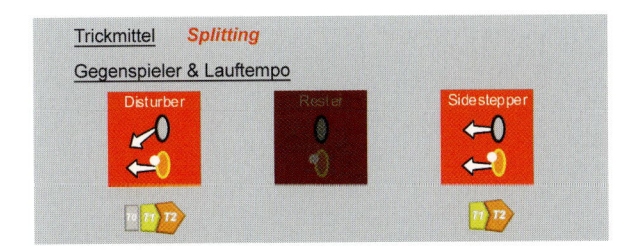

Den Outside Tunnel eröffnest du auf der Weakside. Du führst den Ball dicht neben den Gegenspieler und tunnelst ihn mit der rechten Außenseite.

Dann ziehst du über die CutSide am Gegenspieler vorbei.

Beim Outside Tunnel befindet sich der Ball auf der *Weakside* und damit direkt neben dem Gegenspieler. So kannst du den Ball mit der Außenseite schön durch seine Beine spitzeln. Der Ball muss genau in dem Moment gespielt werden, in dem der Gegenspieler mit dem inneren Bein einen Schritt nach vorne macht. Da du den Ball nach dem Tunnel auf den starken Fuß bekommst, kann die Technik ideal mit einem Schuss aufs Tor kombiniert werden.

Bypass Trix

Outside SideSplit (WS)

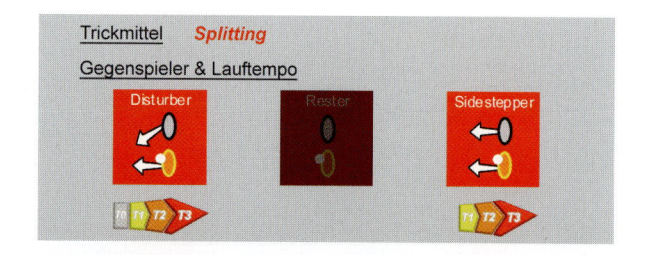

Trickmittel	*Splitting*
Gegenspieler & Lauftempo	

Disturber — Raster — Sidestepper

Den Outside SideSplit spielst du über die Weakside an. Du kickst den Ball mit der rechten Außenseite vor dem Gegenspieler nach rechts,

ziehst hinter ihm nach innen und nimmst den Ball wieder an.

Der Outside SideSplit kann gut eingesetzt werden, wenn du einen Vorsprung vor dem Gegenspieler hast oder wenn er mit Tempo von hinten angerannt kommt. Du lässt ihn ins Leere laufen und kannst problemlos über die *CutSide* nach innen ziehen.

Side 2 Side

Cross CutShift (SS)

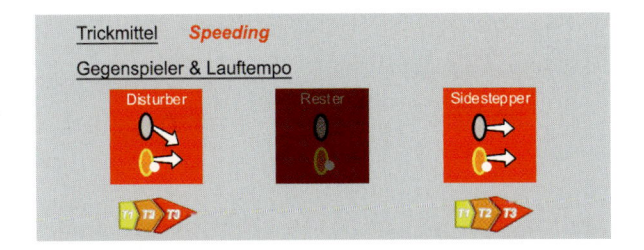

Beim Cross CutShift führst du den Ball auf der Saveside. Du spielst ihn mit der rechten Innenseite überraschend hinter dem linken Bein nach innen

und ziehst auf der CutSide am Gegenspieler vorbei.

Der Cross CutShift eignet sich ideal, um über die *Cut-Side* nach innen zu stechen. Schon beim Kicken des Balls wird die Seitwärtsbewegung eingeleitet und du kannst dich mit dem rechten Bein kraftvoll zur Seite abdrücken. Der Ball sollte so gespielt werden, dass er noch leicht nach vorne rollt, dann bekommst du ihn direkt in den Lauf und ziehst blitzschnell am Gegenspieler vorbei.

Bypass Trix

InwardStroke Tunnel (SS)

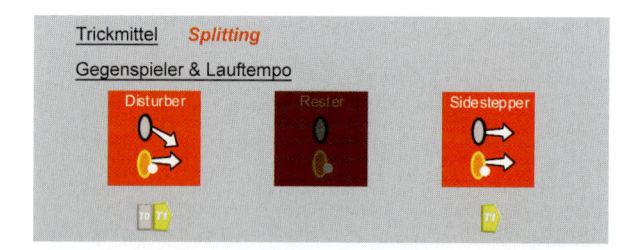

Den InwardStroke Tunnel eröffnest du auf der Saveside. Du führst den Ball dicht neben dem Gegenspieler, ziehst ihn blitzschnell mit der rechten Sohle durch seine Beine nach links und gehst auf der CutSide an ihm vorbei.

Mit dem InwardStroke kannst du den Ball gefühlvoll nach innen ziehen. Das Spielen des Balls wird dabei gut mit der Körperbewegung gekoppelt und man kann die Technik sehr schnell und flüssig zeigen. Der Inward Stroke Tunnel ist ein schöner Tunnel Bypass und gut bei langsamem Lauftempo einsetzbar.

Lop Shove Shift (WS)

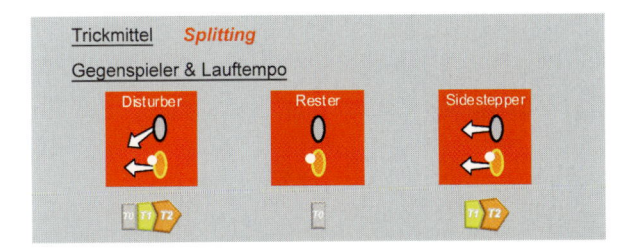

Den Lop Shove Shift spielst du über die Weakside an. Du schiebst den Ball mit dem rechten Spann zunächst nach oben, dann nach rechts

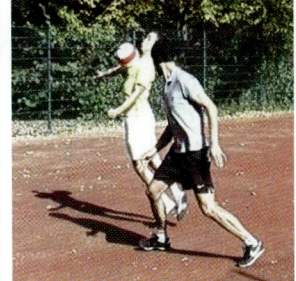

über den Gegenspieler hinweg und ziehst über die CutSide nach innen.

Der Lop Shove Shift ist eine sehr anspruchsvoller Trickstyle. Anders als beim *Lop Shove* (vgl. S. 156), bei dem du den Ball ‚nur' nach vorne schiebst, musst du ihn beim Lop Shove Shift dazu noch im richtigen Moment nach außen schieben. Der Gegenspieler wird von diesem Move meist sehr überrascht und schaut dem Ball hinterher, während du in seinem Rücken nach innen ziehst. Am besten nimmst du den Ball dann als *DropReceive* an. Du kannst ihn aber auch gut mit dem Oberschenkel, der Brust oder dem Kopf verarbeiten.

Bypass Trix

FrontTween CutShift (WS)

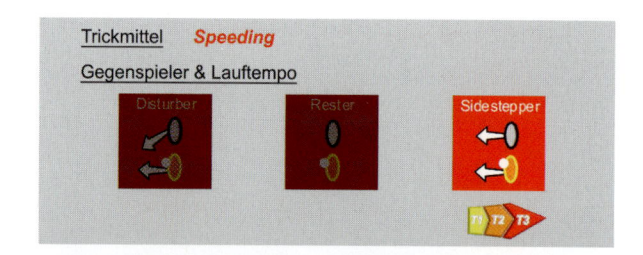

Beim FrontTween CutShift führst du den Ball auf der Weakside. Du stoppst ihn mit der Sohle, ziehst ihn zwischen deinen Beinen hindurch nach rechts

und ziehst über die CutSide am Gegenspieler vorbei.

Der FronTween CutShift ist ein stylischer Trick. Die *FrontTween*-Technik ist optimal dazu geeignet, den Ball, zur *CutSide* zu ziehen. Du kannst damit gut abbremsen und den Ball sehr dicht am Körper führen. Balltechnik und Körperbewegung werden schön miteinander gekoppelt und du bekommst den Ball optimal vor den Körper, um ihn mit der Außenseite nach innen mitzunehmen.

180° CutShift (SS)

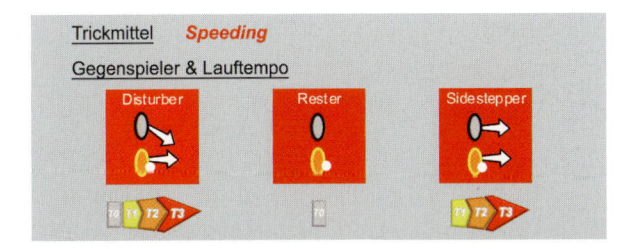

Trickmittel   *Speeding*
Gegenspieler & Lauftempo

| Disturber | Rester | Sidestepper |

Der 180° CutShift wird über die Saveside angespielt. Du drehst dich linksherum nach innen und ziehst dabei den Ball mit der rechten Sohle mit.

Du drehst dich weiter linksherum und überläufst den Gegenspieler auf der CutSide.

Der 180° CutShift ist eine stylische Tricktechnik. Mit der 180°-Drehung kann der Schwung nach vorne ideal abgefangen und zur Seite umgelenkt werden. Du kannst den Trick daher sehr schnell und auch bei hohem Lauftempo zeigen. Der Ball wird kontrolliert mitgezogen und durch das *Saveside Handling* schön vor dem Gegenspieler abgeschirmt.

Bypass Trix 261

Stroke SplitShift (WS)

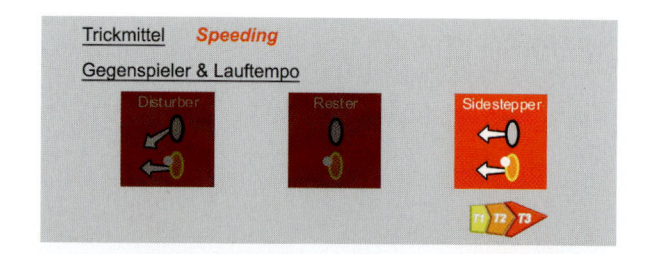

Den Stroke SplitShift eröffnest du auf der Weakside. Du stoppst den Ball mit der rechten Sohle, drehst dich nach links und ziehst ihn zur rechten Seite.

Du drehst dich weiter linksherum und ziehst über die CutSide am Gegenspieler vorbei.

Der Stroke SplitShift ist ein schöner Style, den du sehr schnell zeigen kannst. Du kannst aus hohem Lauftempo stark abbremsen und dich blitzschnell zur Seite drehen, da die *Split*-Drehung schon beim Spielen des Balls eingeleitet wird.

Side 2 Side

Stroke Split Tunnel (WS)

Der Stroke Split Tunnel wird über die Weakside angespielt. Du führst den Ball neben den Gegenspieler, stoppst ihn mit der rechten Sohle und ziehst ihn

blitzschnell durch seine Beine nach rechts. Du drehst dich linksherum nach innen und gehst zum Ball.

Der Stroke Split Tunnel ist ein stylischer Tunneltrick. Mit der Sohle kannst du den Ball gefühlvoll zur Seite ziehen und dann mit der Drehbewegung schnell nach innen beschleunigen. Die Tricktechnik ist gut bei langsamem Lauftempo einsetzbar.

Bypass Trix

SideHeel CutShift (SS)

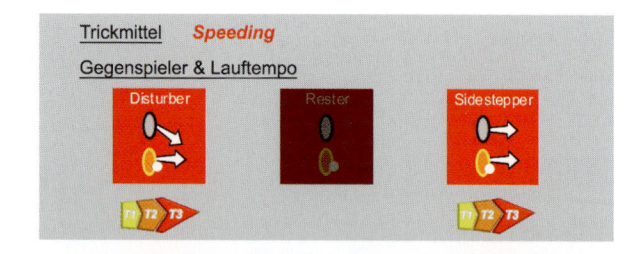

Den SideHeel CutShift eröffnest du auf der Saveside. Du drehst dein rechtes Bein seitlich nach außen und kickst den Ball mit der rechten Hacke hinter dem Körper nach links, du drehst dich dem Ball hinterher und ziehst am Gegenspieler vorbei.

Mit dem SideHeel CutShift kannst du den Ball sehr überraschend und weit nach innen kicken. Da der Ball auf der *Saveside* geführt wird, kann er sicher und für den Gegenspieler verdeckt zur *CutSide* gespielt werden. Der SideHeel CutShift ist einer der besten CutSide Bypasses und kommt bei *Top Speed* besonders stylisch.

Heel SplitShift (WS)

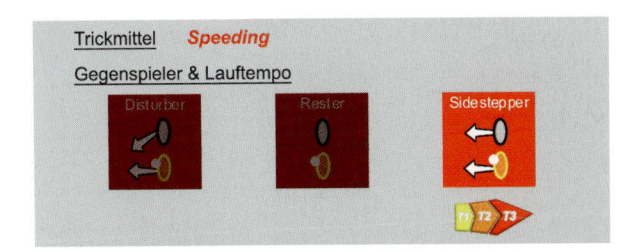

Der Heel SplitShift wird über die Weakside angespielt. Du drehst dich leicht nach links und kickst den Ball mit der rechten Hacke zur rechten Seite.

Dann drehst du dich weiter linksherum nach innen und gehst zum Ball.

Der Heel SplitShift ist eine megastylische Technik. Du kickst den Ball weit zur *CutSide* und drehst dich vom Gegenspieler weg. Mit der *Split*-Drehung kannst du blitzschnell nach innen beschleunigen. Der Heel SplitShift ist nicht einfach zu spielen und verlangt dir koordinativ einiges ab.

Bypass Trix

CrossHeel SplitShift (SS)

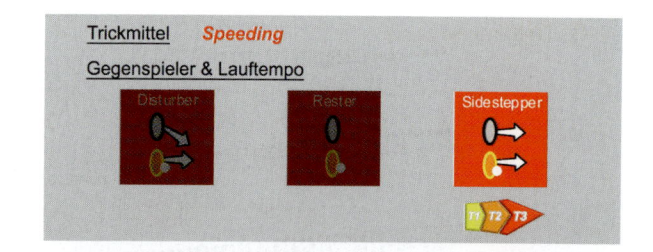

Trickmittel *Speeding*
Gegenspieler & Lauftempo

Beim CrossHeel SplitShift führst du den Ball auf der Saveside. Du kickst ihn mit der rechten Hacke blitzschnell vor dem linken Bein nach links,

drehst dich rechtsherum nach innen und gehst auf der CutSide am Gegenspieler vorbei.

Der CrossHeel SplitShift kommt fett stylisch. Mit dem *CrossHeel Kick* kannst du den Ball überraschend nach innen kicken und dich dann mit der *Split*-Technik rasch zur Seite drehen. Der Trick kann sehr explosiv gezeigt werden und es macht Spaß, ihn zu spielen.

IV. STEPOVER TRIX

Auch in der Side 2 Side Stellung lassen sich *Stepovers* als Tricktechniken einsetzen. Mit dem Stepover täuschst du dem Gegenspieler ein Nachinnenziehen über die *SpeedSide* vor. Da der Gegenspieler ein schnelles Überlaufen verhindern will, reagiert er sehr leicht auf diese *Faking*-Technik. Er macht sofort den Raum nach vorne dicht. Daraufhin nimmst du den Ball blitzschnell in die Gegenrichtung mit und überläufst ihn auf der *TurnSide*. Du bekommst so einen großen Zeitvorsprung und hast viel Platz, nach innen zu flanken oder aufs Tor zu schießen. Die Stepover Trix haben zwei Unterklassen – die *Outside Stepovers* und die *Inside Stepovers*.

1. Outside Stepovers

Beim *Outside Stepover* täuschst du die Mitnahme mit der Außenseite an. Die Täuschbewegung mit der Außenseite geht etwas leichter und flüssiger zu spielen als mit der Innenseite. Allerdings sind Outside Stepovers riskanter, da du sie immer über die *Weakside* anspielst.

Outside Stepover 2 Inside Turn (WS)

Den Outside Stepover 2 Inside Turn eröffnest du über die Weakside. Du führst das rechte Bein am Ball vorbei und täuschst eine Mitnahme nach rechts an.

Dann drehst du dich nach links und nimmst den Ball mit der rechten Innenseite in die Gegenrichtung mit.

Der Outside Stepover 2 Inside Turn ist die einfachste Variante des Outside Stepovers. Mit dem Stepover täuschst du ein schnelles Überlaufen über die *Speed-Side* an und nimmst den Ball dann mit der Innenseite kontrolliert zur *TurnSide* mit. Bei der Drehung wird der Ball über die *Saveside* gespielt und so schön mit dem Körper abgeschirmt.

Stepover Trix

Outside Stepover 2 Switch Outside Turn (WS)

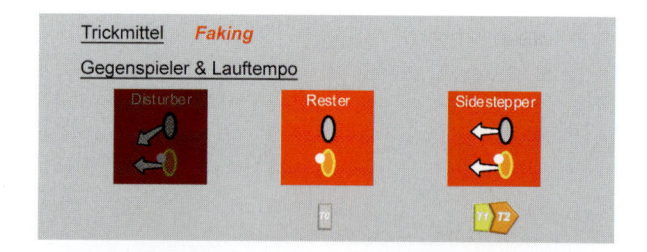

Trickmittel *Faking*
Gegenspieler & Lauftempo

Disturber   Rester   Sidestepper

Beim Outside Stepover 2 Switch Outside Turn wird der Ball Weakside gehandlet. Mit einem Außenseitübersteiger täuschst du eine Mitnahme nach rechts an.

Dann spielst du den Ball mit der linken Außenseite (Switch) blitzschnell in die Gegenrichtung und überläufst den Gegenspieler.

Der Outside Stepover 2 Switch Outside Turn ist etwas schwieriger zu spielen als der Outside Stepover 2 Inside Turn, da das Spielbein bei der Technik gewechselt werden muss. Durch den *Switch* kannst du den Trick jedoch sehr schnell zeigen.

Side 2 Side

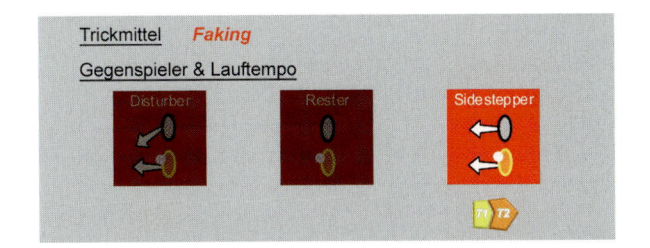

Outside Stepover 2 Switch Inside Turn (WS)

Beim Outside Stepover 2 Switch Inside Turn führst du den Ball auf der Weakside. Du täuschst mit einem Außenseitübersteiger eine Mitnahme nach rechts an.

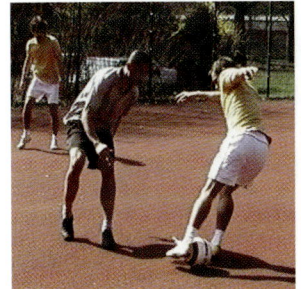

Dann drehst du dich sofort rechtsherum um und nimmst dem Ball mit der linken Innenseite (Switch) zur TurnSide mit.

Der Outside Stepover 2 Switch Inside Turn ist eine anspruchsvolle Technik. Es ist nicht leicht, die Drehung zur *TurnSide* direkt an den Stepover anzuschließen. Ein Vorteil dieser Tricktechnik ist, dass du bei der Drehung die *ScorezoneView* behältst und so den Raum vor dem Tor permanent im Blick hast.

Stepover Trix

Outside Stepover 2
180° Turn (WS)

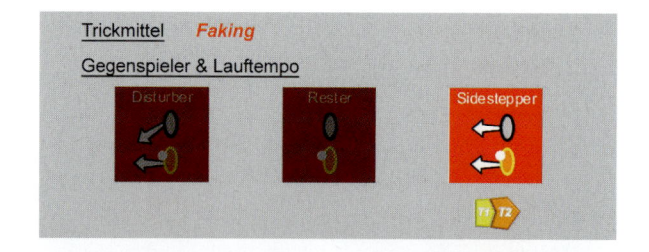

Den Outside Stepover 2 180° Turn spielst du über die Weakside an. Du zeigst einen Außenseitübersteiger und stoppst den Ball mit der rechten Sohle.

Du machst eine halbe Drehung rechtsherum und ziehst dabei den Ball mit der Sohle in die Gegenrichtung.

Beim Outside Stepover 2 180° Turn wird der Ball die ganze Zeit auf der *Weakside* geführt. Deshalb solltest du auf genügend Abstand zum Gegenspieler achten. Mit dem 180° Turn ziehst du den Ball schnell und gefühlvoll zur *TurnSide* und kannst direkt hinterher beschleunigen. Nach der Drehung bist du dann in einer optimalen Position, um eine Flanke zu schlagen.

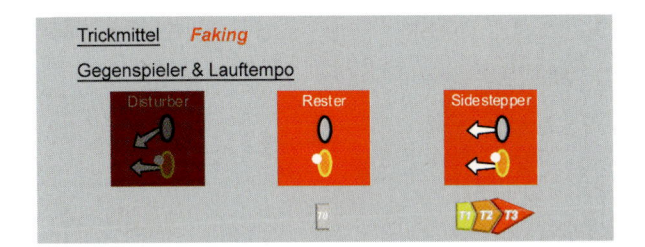

Outside Stepover 2
Stroke Split Turn (WS)

Beim Outside Stepover 2 Stroke SplitTurn führst du den Ball auf der Weakside. Du täuschst mit einem Übersteiger eine Mitnahme zur SpeedSide vor.

Dann ziehst du den Ball mit der rechten Sohle in die Gegenrichtung, drehst dich linksherum zur TurnSide und überläufst den Gegenspieler.

Der Outside Stepover 2 Stroke SplitTurn eignet sich gut, um schnell und kontrolliert umzudrehen. Mit der *Split*-Technik kannst du rasch zur *TurnSide* beschleunigen und dann direkt aus der Drehung flanken.

Stepover Trix

Outside Stepover 2
Switch 180° Turn (WS)

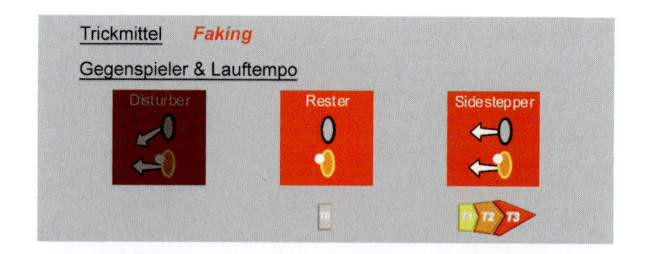

Trickmittel *Faking*
Gegenspieler & Lauftempo

Den Outside Stepover 2 Switch 180° Turn eröffnest du über die Weakside. Du zeigst einen Stepover mit der rechten Außenseite und täuschst ein schnelles Überlaufen auf der SpeedSide vor.

Dann stoppst du den Ball mit der linken Sohle (Switch), drehst dich linksherum um und ziehst den Ball blitzschnell in die Gegenrichtung mit.

Der Outside Stepover 2 Switch 180° Turn ist eine schöne Technik. Du täuschst den Gegenspieler und nimmst den Ball *Switch* in die Gegenrichtung mit. Mit dem 180° Turn kannst du den Ball schön kontrollieren und schnell zur *TurnSide* beschleunigen. Der Ball wird dabei auf der *Saveside* gehandlet.

Outside Stepover 2 Switch SideStroke Turn (WS)

Den Outside Stepover 2 Switch SideStroke Turn spielst du über die Weakside an. Du täuschst mit der rechten Außenseite eine schnelle Mitnahme vor.

Dann stoppst du den Ball mit der linken Sohle (Switch), ziehst ihn hinter dem Körper zur TurnSide und drehst dich rechtsherum hinterher.

Der Outside Stepover 2 Switch SideStroke Turn ist eine effektive und stylische Variante des Outside Stepovers. Der Ball wird gefühlvoll mit der Sohle kontrolliert und sicher über die *Saveside* in die Gegenrichtung gezogen. Während der Drehung behältst du die *ScorezoneView* und kannst schon bei der Drehung nach Anspielstationen Ausschau halten.

Stepover Trix

Outside Stepover 2 Switch Heel Turn (WS)

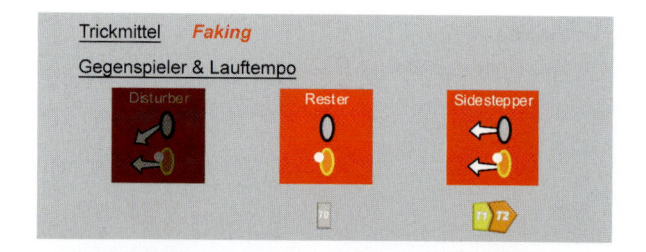

Trickmittel *Faking*
Gegenspieler & Lauftempo
Disturber Rester Sidestepper

Den Outside Stepover 2 Switch Heel Turn eröffnest du über die Weakside. Du täuschst mit einem Außenseitübersteiger eine Mitnahme zur SpeedSide an.

Dann spielst du den Ball mit der linken Hacke (Switch) in die Gegenrichtung, drehst dich linksherum zur TurnSide und gehst am Gegenspieler vorbei.

Der Outside Stepover 2 Switch Heel Turn ist ein schöner Style, der sehr flüssig gezeigt werden kann. Nach dem Übersteiger spielst du den Ball sofort *Switch* in die Gegenrichtung und drehst dich hinterher. Der Outside Stepover 2 Switch Heel Turn ist schnell spielbar und kommt äußerst überraschend für den Gegenspieler.

Outside Stepover 2
CrossOutward Turn (WS)

Der Outside Stepover 2 CrossOutward Turn wird über die Weakside angespielt. Du führst die rechte Außenseite über den Ball und drehst dich leicht nach rechts.

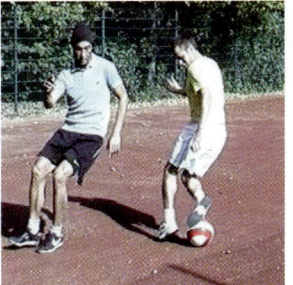

Dann stoppst du den Ball hinter dem Körper mit der Außenseite, ziehst ihn mit der Außensohle in die Gegenrichtung und drehst dich rechtsherum hinterher.

Der Outside Stepover 2 CrossOutward Turn ist eine schöne Kombination. Mit dem Übersteiger täuschst du zunächst ein Nachinnenziehen über die *SpeedSide* an. Mit der *CrossOutwardStroke*-Technik kannst du stark abbremsen, den Ball stoppen und ihn sofort zur *TurnSide* ziehen. Die Tricktechnik ist daher sehr schnell spielbar. Da der Ball über die *Saveside* gespielt wird, kann der Gegenspieler zudem nur schwer an den Ball kommen.

Stepover Trix

2. Inside Stepovers

Beim *Inside Stepover* täuschst du die Mitnahme zur *SpeedSide* mit der Innenseite an. Der Inside Stepover ist etwas schwieriger zu spielen als der Outside Stepover, da du dabei eine weite Bewegung mit dem Körper machen musst. Allerdings können die Inside Stepovers leicht verdeckt und sicher angespielt werden, da du sie immer über die *Saveside* eröffnest.

Inside Stepover 2 Outside Turn (SS)

Der Inside Stepover 2 Outside Turn wird über die Saveside angespielt. Du führst das rechte Bein über den Ball und täuschst so ein schnelles Nachinnenziehen über die SpeedSide an.

Dann nimmst du den Ball mit der rechten Außenseite in die Gegenrichtung mit und überläufst den Gegenspieler.

Der Inside Stepover 2 Outside Turn ist eine einfache und effektive Täuschungstechnik. Mit dem Inside Stepover bringst du den Gegenspieler dazu, nach vorne zu beschleunigen. Dann nimmst du den Ball über die *Saveside* zur *TurnSide* mit und kannst direkt nach der Drehung mit links nach innen flanken.

Stepover Trix

Inside Stepover 2 Switch Inside Turn (SS)

Trickmittel *Faking*

Gegenspieler & Lauftempo

Disturber | Rester | Sidestepper

Beim Inside Stepover 2 Switch Inside Turn führst du den Ball auf der Saveside. Mit einem Innenseitübersteiger täuschst du eine Mitnahme zur SpeedSide vor.

Dann drehst du dich sofort rechtsherum zur TurnSide, nimmst den Ball mit der linken Innenseite (Switch) mit und gehst am Gegenspieler vorbei.

Der Inside Stepover 2 Switch Inside Turn kann noch schneller gezeigt werden als die Kombination mit dem Outside Turn. Du kannst so sehr eng umdrehen.

Der Ball bleibt die ganze Zeit auf der *Saveside* und der Gegenspieler hat keine Chance, dich zu stören.

Inside Stepover 2 Cross Turn (SS)

Der Inside Stepover 2 Cross Turn wird auf der Saveside eröffnet. Du zeigst einen Innenseitübersteiger und machst eine viertel Drehung nach links.

Du spielst den Ball mit der rechten Innenseite hinter dem Standbein in die Gegenrichtung, drehst dich weiter nach links und beschleunigst zur TurnSide.

Der Inside Stepover 2 Cross Turn ist eine schöne und effektive Variante des Inside Stepovers. Der Ball kann sicher über die *Saveside* in die Gegenrichtung gespielt werden und du behältst die ganze Zeit die *ScorezoneView*.

Stepover Trix

Inside Stepover 2
180° Turn (SS)

Beim Inside Stepover 2 180° Turn führst du den Ball auf der Saveside. Du zeigst einen Inside Stepover und täuschst ein Überlaufen über die SpeedSide vor.

Du stoppst den Ball mit der rechten Sohle, machst eine halbe Drehung rechtsherum und ziehst dabei den Ball in die Gegenrichtung mit.

Der Inside Stepover 2 180° Turn ist ein schöner Style. Nach der Täuschung kannst du mit dem 180° Turn schnell und kontrolliert zur *TurnSide* beschleunigen. Der Ball wird dabei über die *Saveside* gezogen.

Inside Stepover 2
SideHeel Turn (SS)

Den Inside Stepover 2 SideHeel Turn eröffnest du auf der Saveside. Mit dem Inside Stepover täuschst du eine schnelle Mitnahme zur SpeedSide an.

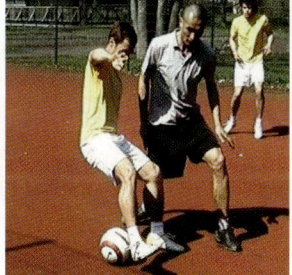

Dann kickst du den Ball mit der rechten Hacke hinter dem Körper in die Gegenrichtung und überläufst den Gegenspieler.

Mit dem Inside Stepover 2 SideHeel Turn lässt sich der Gegenspieler schön täuschen und der Ball dann mit der Hacke weit zur *TurnSide* zurücklegen. Du behältst ihn auf der *Saveside* und hast den Torraum die ganze Zeit im Blick.

Stepover Trix

283

V. STOP&GO TRIX

Die fünfte Klasse der Side 2 Side Trix bilden die *Stop&Go Trix*. Diese Trickklasse kommt nur in der Side 2 Side Stellung vor. Bei einem Stop&Go nimmst du den Ball zunächst zur *TurnSide* mit (*StopTurn*) und drehst dich dann mit einem zweiten Turn (*GoTurn*) wieder nach vorne zur sogenannten *GoSide* (Abb. 45). Als Trick-

Abb. 45: Die Bewegung bei den Stop&Go Trix

mittel wird *Faking* verwendet. Beim ersten Turn denkt der Gegenspieler, du möchtest ihn mit einer schnellen Drehung auf der TurnSide überlaufen. Das Faking ist hoch effektiv, da der Gegenspieler stets reagieren muss, weil du den Ball tatsächlich spielst. Er kann nur zeitverzögert reagieren und ist noch mit seiner Drehung zur TurnSide beschäftigt, wenn du schon wieder zur GoSide beschleunigst. Du lässt ins klassisch ins Leere laufen und der Weg nach vorn ist frei. Zum Spielen der Stop&Go Trix werden Turning-Techniken miteinander kombiniert. Die Stop&Go Trix sind eine der schönsten Klassen der Trix und haben sechs Unterklassen – die *Inside Stops*, die *Outside Stops*, die *Cross Stops*, die *180° Stops*, die *SideStroke Stops* und die *Stroke Split Stops*.

1. Inside Stops

Bei den *Inside Stops* wird der *StopTurn* mit der Innenseite gespielt. Dies ist die einfachste Drehungstechnik, da du so die beste Ballkontrolle hast. Für den *GoTurn* können verschiedene Techniken verwendet werden.

Inside-Outside Stop&Go (WS)

Beim Inside-Outside Stop&Go führst du den Ball auf der Weakside. Du drehst dich linksherum um und stoppst den Ball mit der rechten Innenseite.

Dann drehst du dich blitzschnell wieder nach vorne, nimmst den Ball mit der Außenseite zur GoSide mit und gehst am Gegenspieler vorbei.

Der Inside-Outside Stop&Go ist eine einfache Standardtechnik. Mit dem Inside Turn drehst du um und täuschst dem Gegenspieler einen Richtungswechsel vor. Dabei wird der Ball über die *Saveside* gespielt; so ist er vor dem Gegenspieler sicher und wird mit dem Körper verdeckt. Sobald der Gegenspieler abstoppt, drehst du wieder nach vorne. Mit der Außenseite kannst du schön beschleunigen und den Gegenspieler schnell überlaufen. Ein kleiner Nachteil dieser Tricktechnik ist allerdings, dass man sie *Blind* spielen muss.

Stop&Go Trix 287

Inside-Switch Inside Stop&Go (WS)

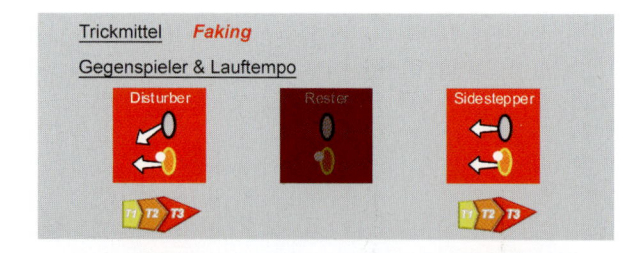

Den Inside-Switch Inside Stop&Go eröffnest du auf der Weakside. Du stoppst den Ball mit der rechten Innenseite und spielst ihn in die Gegenrichtung.

Dann nimmst du ihn mit der linken Innenseite (Switch) blitzschnell zur GoSide mit und überläufst den Gegenspieler.

Beim Inside-Switch Inside Stop&Go kannst du den Gegenspieler besonders effektiv täuschen, da du dich bei der ersten Drehung relativ weit zur *TurnSide* drehst. Mit dem zweiten Turn kannst du dann kontrolliert mit der Innenseite nach vorne beschleunigen. Der Ball wird dabei sicher auf der *Saveside* geführt, du hast jedoch keine *ScorezoneView*.

Side 2 Side

Inside-Inside Stop&Go (WS)

Beim Inside-Inside Stop&Go führst du den Ball auf der Weakside. Du spielst ihn mit der Innenseite in die Gegenrichtung und drehst dich zur TurnSide.

Du drehst dich weiter linksherum, spielst den Ball mit der rechten Innenseite wieder nach vorne und überläufst den Gegenspieler.

Der Inside-Inside Stop&Go ist ein schöner und einfach zu spielender Trick. Du drehst dich einmal um die eigene Achse und nutzt den Schwung der Drehung zum schnellen Abbremsen und wieder Beschleunigen. Beim zweiten Turn bekommst du die *Scorezone* *View* zurück und kannst so nach Anspielstationen Ausschau halten. Da der Ball über die *Weakside* gespielt wird, musst du auf genügend Abstand zum Gegenspieler achten.

Stop&Go Trix

Inside-SideStroke Stop&Go (WS)

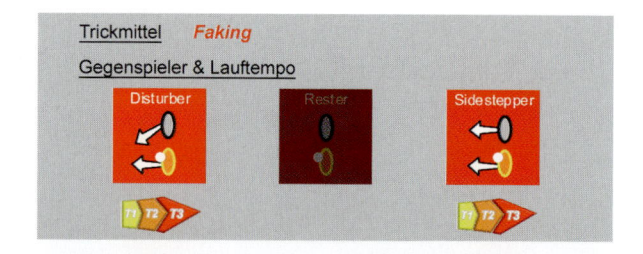

Den Inside-SideStroke Stop&Go leitest du über die Weakside ein. Du spielst den Ball mit der rechten Innenseite in die Gegenrichtung und drehst dich um.

Dann stoppst du den Ball mit der rechten Sohle, ziehst ihn hinter dem Körper wieder nach vorne und drehst dich linksherum wieder nach vorn.

Der Inside-SideStroke Stop&Go ist eine stylische Technik, bei der du dich einmal um die eigene Achse drehst. Mit der Innenseittechnik stoppst du kontrolliert ab, mit dem SideStroke kannst du schnell wieder beschleunigen. Der Ball wird dabei permanent auf der *Saveside* geführt und beim zweiten Turn bekommst du schon frühzeitig *ScorezoneView*.

Side 2 Side

Inside-Switch 180° Stop&Go (SS)

Den Inside-Switch 180° Stop&Go eröffnest du auf der Saveside. Du spielst den Ball mit der rechten Innenseite in die Gegenrichtung und drehst dich hinterher.

Dann stoppst du den Ball mit der linken Sohle (Switch), ziehst ihn blitzschnell wieder nach vorne und drehst dich linksherum zur GoSide.

Der Inside-Switch 180° Stop&Go ist ein schöner Style. Da der Inside Turn hier über die *Weakside* geht, solltest du ausreichend Abstand zum Gegenspieler halten. Der Inside Turn kann flüssig mit dem Switch 180° Turn kombiniert werden. Du beschleunigst blitzschnell zur *GoSide* und kannst den Ball dabei mit dem Körper abschirmen.

Stop&Go Trix

2. Outside Stops

Bei den *Outside Stops* zeigst du den ersten Turn mit der Außenseite. So kannst du den Ball zwar etwas schlechter kontrollieren, die Drehung lässt sich dafür aber um einiges leichter und schneller als beim Inside Stop ausführen. Für den *GoTurn* bieten sich wieder diverse Kombinationstechniken.

Outside-Inside Stop&Go (SS)

Den Outside-Inside Stop&Go spielst du über die Saveside an. Du stoppst den Ball mit der rechten Außenseite, spielst ihn leicht zurück und drehst dich um.

Dann kickst du ihn mit der Innenseite wieder nach vorne, beschleunigst zur GoSide und überläufst den Gegenspieler.

Der Outside-Inside Stop&Go ist eine einfache Standardtechnik. Mit der Außenseite stoppst du ab und beschleunigst dann mit der Innenseite wieder nach vorne. Der Ball ist gesichert, da er die ganze Zeit auf der *Saveside* bleibt.

Stop&Go Trix

Outside-Outside Stop&Go (WS)

Den Outside-Outside Stop&Go eröffnest du auf der Weakside. Du spielst den Ball mit der rechten Außenseite zur TurnSide und drehst dich rechtsherum.

Dann drehst du dich weiter rechtsherum und nimmst den Ball blitzschnell mit der rechten Außenseite nach vorne mit.

Der Outside-Outside Stop&Go ist ein schöner Trick, bei dem du dich einmal um die eigene Achse drehst. Mit dem ersten OutsideTurn drehst du dich weit zur *TurnSide*. Der zweite Turn muss dann überraschend kommen, um schnell am Gegenspieler vorbeizubeschleunigen.

Outside-Cross Stop&Go (WS)

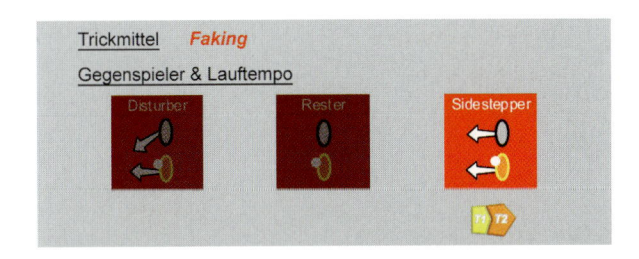

Beim Outside-Cross Stop&Go führst du den Ball auf der Weakside. Du stoppst ihn mit der rechten Außenseite und spielst ihn in die Gegenrichtung.

Dann kickst du ihn mit der rechten Innenseite hinter dem Körper wieder nach vorne und überläufst den Gegenspieler auf der GoSide.

Der Outside-Cross Stop&Go ist ein effektiver Trickstyle, bei dem du permanent *Scorezone View* hast. Mit der Außenseite stoppst du ab und täuschst eine Drehung an. Mit dem Cross Turn beschleunigst du über die *Saveside* wieder nach vorne und gehst am Gegenspieler vorbei.

Stop&Go Trix

Outside-180° Stop&Go (WS)

Trickmittel *Faking*
Gegenspieler & Lauftempo

Disturber Rester Sidestepper

Beim Outside-180° Stop&Go führst du den Ball auf der Weakside. Du spielst ihn mit der rechten Außenseite in die Gegenrichtung und drehst dich um.

Dann stoppst du ihn mit der rechten Sohle, drehst dich rechtsherum wieder nach vorne und ziehst dabei den Ball zur GoSide mit.

Der Outside-180° Stop&Go ist ein schöner Style. Mit der Rotationskraft, die bei der Drehung um die eigene Achse entsteht, kannst du schnell abbremsen, umdrehen und wieder beschleunigen. Beim 180° Turn ziehst du den Ball über die *Saveside*, verlierst dabei allerdings die *ScorezoneView*.

Outside-Switch SideStroke Stop&Go (SS)

Den Outside-Switch SideStroke Stop&Go eröffnest du auf der Saveside. Du spielst den Ball mit der rechten Außenseite in die Gegenrichtung und drehst um.

Dann nimmst du ihn mit der linken Sohle (Switch) an, ziehst ihn hinter dem Körper wieder nach vorne und drehst dich rechtsherum hinterher.

Der Outside-Switch SideStroke Stop&Go ist ein starker Style. Durch die *Switch*-Technik ist der Trick sehr schnell spielbar. Der Ball wird dabei permanent auf der *Saveside* geführt und du bekommst beim zweiten Turn die *ScorezoneView* zurück.

Stop&Go Trix

297

3. CROSS STOPS

Bei den *Cross Stops* spielst du den *StopTurn* mit der *Cross*-Technik. So kannst du den Ball schnell und kontrolliert zur *TurnSide* mitnehmen. Der *GoTurn* ist besonders gut mit *Switch*-Techniken kombinierbar. Daher solltest du die verschiedenen Styles mit beiden Füßen beherrschen.

Cross-Switch Inside Stop&Go (WS)

Den Cross-Switch Inside Stop&Go eröffnest du auf der Weakside. Du spielst den Ball mit der rechten Innenseite hinter dem Körper in die Gegenrichtung.

Dann kickst du ihn mit der linken Innenseite (Switch) wieder nach vorne und gehst am Gegenspieler vorbei.

Der Cross-Switch Inside Stop&Go ist nicht einfach zu spielen. Da der Ball beim Cross Turn über die *Weakside* gespielt wird, kann er nicht abgeschirmt werden. Außerdem verlierst du die *Scorezone View*.

Mit dem Inside Turn bringst du den Ball dann auf die *Saveside* und kannst sicher am Gegenspieler vorbeibeschleunigen.

Stop&Go Trix

Cross-Switch Cross Stop&Go (SS)

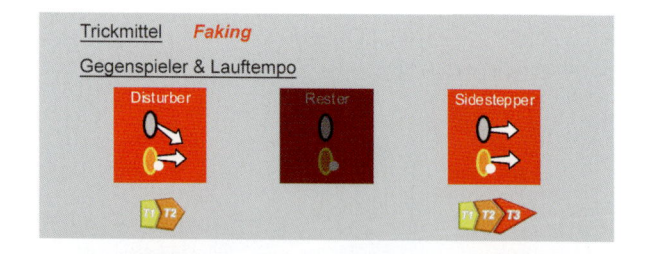

Der Cross-Switch Cross Stop&Go wird über die Saveside eingeleitet. Du spielst den Ball mit der rechten Innenseite hinter dem Körper zur TurnSide.

Sobald der Gegenspieler reagiert, spielst du ihn mit der linken Innenseite (Switch) hinter dem Körper wieder nach vorne und überläufst den Gegenspieler.

Der Cross-Switch Cross ist einer der stärksten Stop&Go Trix. Der Ball wird die ganze Zeit auf der *Saveside* geführt und man hat permanente *Scorezone View*. Diese Technik ist aber nicht einfach zu spielen.

Da sich der Ball hinter dem Körper befindet, hast du ihn nicht im Blick und musst den Trick im Prinzip blind beherrschen.

300 Side 2 Side

Cross-Switch Outside Stop&Go (WS)

Den Cross-Switch Outside Stop&Go eröffnest du auf der Weakside. Du spielst den Ball mit einem Cross Kick in die Gegenrichtung und drehst dich um.

Du drehst dich weiter linksherum und nimmst den Ball mit der linken Außenseite (Switch) aus der Drehung nach vorne mit.

Der Cross-Switch Outside Stop&Go ist eine schöne Technik. Da du dich dabei einmal um die eigene Achse drehst, kannst du schön abbremsen und wieder beschleunigen. Durch den Switch Outside Turn ist der Trick sehr schnell spielbar. Du solltest aber auf genügend Abstand zum Gegenspieler achten, da sich der Ball die ganze Zeit auf der *Weakside* befindet.

Stop&Go Trix

Cross-Switch 180°
Stop&Go (SS)

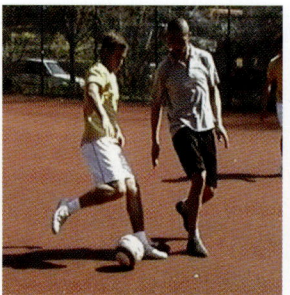

Trickmittel *Faking*

Gegenspieler & Lauftempo

Disturber Rester Sidestepper

Den Cross-Switch 180° Stop&Go spielst du über die Saveside an. Du kickst den Ball mit der Innenseite hinter dem Körper in die Gegenrichtung.

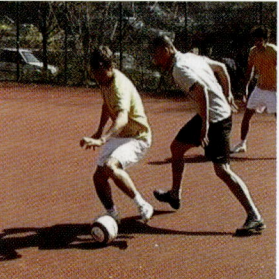

Dann nimmst du den Ball mit der linken Sohle (Switch) an, drehst dich weiter linksherum wieder nach vorn und ziehst dabei den Ball zur GoSide mit.

Der Cross-Switch 180° Stop&Go ist ein schöner Style, der sehr flüssig spielbar ist. Du drehst dich einmal um die eigene Achse und kannst mit dem 180° Turn explosiv nach vorne beschleunigen. Der Ball wird die ganze Zeit *Saveside* gespielt und ist so vor dem Gegenspieler sicher.

4. 180° STOPS

Bei den *180° Stops* ziehst du den Ball beim *StopTurn* mit der *180°*-Technik in die Gegenrichtung. Mit dem 180° kannst du sehr schnell abbremsen und dich zur *TurnSide* drehen. Der Ball wird dabei gefühlvoll mit der Sohle mitgezogen und der *GoTurn* kann kontrolliert eingeleitet werden.

180°-Inside Stop&Go (SS)

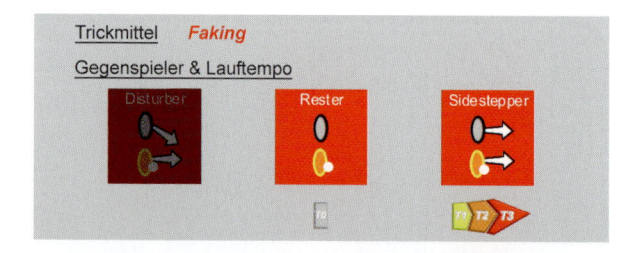

Der 180°-Inside Stop&Go wird über die Saveside eingeleitet. Du stoppst den Ball mit der rechten Sohle, machst eine halbe Drehung rechtsherum und ziehst dabei den Ball in die Gegenrichtung mit.

Dann spielst du ihn mit der rechten Innenseite blitzschnell wieder nach vorne und gehst auf der GoSide am Gegenspieler vorbei.

Der 180-Inside Stop&Go ist nicht schwer zu spielen. Beim 180° Turn solltest du darauf achten, auch den Kopf zur *TurnSide* zu drehen, dann ist das *Faking* überzeugender. Mit der Innenseite nimmst du den Ball kontrolliert nach vorne mit und kannst ihn dabei schön auf der *Saveside* handeln.

180°-Cross Stop&Go (WS)

Beim 180°-Cross Stop&Go führst du den Ball auf der Weakside. Du stoppst ihn mit der rechten Sohle, ziehst ihn zurück und drehst dich nach rechts.

Dann spielst du den Ball mit der rechten Innenseite hinter dem Körper wieder nach vorne und gehst am Gegenspieler vorbei.

Der 180°-Cross Stop&Go ist ein schöner Stop&Go Trick, bei dem der Ball förmlich am Fuß klebt. Mit dem 180°Turn ziehst du ihn schnell zurück und spielst ihn direkt mit einem *Cross Kick* zur *GoSide*. Beim ersten Turn befindet sich der Ball noch auf der *Weakside*, dann holst du ihn auf die *Saveside* und kannst so sicher am Gegenspieler vorbei beschleunigen.

Stop&Go Trix

180°-180° Stop&Go (WS)

Beim 180°-180° Stop&Go führst du den Ball auf der Weakside. Du stoppst ihn mit der rechten Sohle, ziehst ihn zurück und drehst dich rechtsherum.

Dann stoppst du ihn mit der rechten Sohle, ziehst ihn blitzschnell wieder nach vorne und drehst dich hinterher.

Der 180°-180° Stop&Go kommt sehr stylisch. Mit dem ersten 180° Turn bremst du schnell ab und drehst dich um. Dabei kannst du gut beobachten, wann der Gegenspieler reagiert. Mit dem zweiten 180° Turn ziehst du den Ball über die *Saveside* nach vorne und beschleunigst explosiv an ihm vorbei.

Side 2 Side

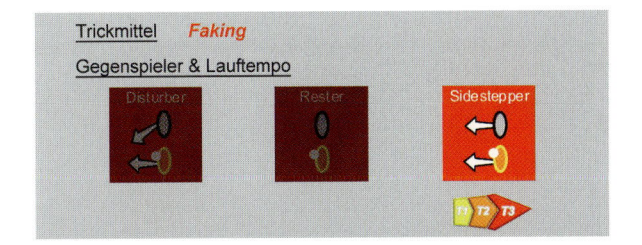

180°-SideStroke Stop&Go (WS)

Trickmittel *Faking*
Gegenspieler & Lauftempo

Disturber   Rester   Sidestepper

Beim 180°-SideStroke Stop&Go führst du den Ball auf der Weakside. Du ziehst ihn mit der rechten Sohle in die Gegenrichtung und drehst um.

Dann stoppst du den Ball mit der rechten Sohle, ziehst ihn blitzschnell hinter dem Körper wieder nach vorne und drehst dich linksherum zur GoSide.

Der 180°-SideStroke Stop&Go ist eine stylische und effektive Technik. Mit dem SideStrokeTurn kannst du zwar nicht ganz so schnell beschleunigen, du hast dafür aber die *Scorezone* im Blick und kannst den Ball sicher in die Gegenrichtung ziehen.

Stop&Go Trix

180°-Switch SideStroke Stop&Go (SS)

Der 180°-Switch SideStroke Stop&Go wird über die Saveside eingeleitet. Du spielst den 180° Turn und drehst dich rechtsherum in die Gegenrichtung.

Dann stoppst du den Ball mit der linken Sohle (Switch), ziehst ihn hinter dem Körper wieder nach vorne und drehst dich weiter rechtsherum nach vorn.

Der 180°-Switch SideStroke Stop&Go ist ein schöner Style, bei dem du dich einmal um die eigene Achse drehst. Durch die *Switch*-Technik kannst du ihn sehr schnell und überraschend zeigen. Der Ball befindet sich die ganze Zeit auf der *Saveside* und man bekommt mit dem SideStroke Turn den Torraum wieder ins Blickfeld.

5. SideStroke Stops

Bei den *SideStroke Stops* verwendest du für den *StopTurn* die *SideStroke*-Technik. Der SideStroke Turn ist die effektivste Technik für den StopTurn. Du ziehst den Ball über die *Saveside* und kannst ihn gefühlvoll kontrollieren. Dabei hast du *Scorezone View* und kannst gut beobachten, wann der Gegenspieler auf den StopTurn reagiert und wann du den *GoTurn* einleiten kannst.

SideStroke-Switch Outside Stop&Go (SS)

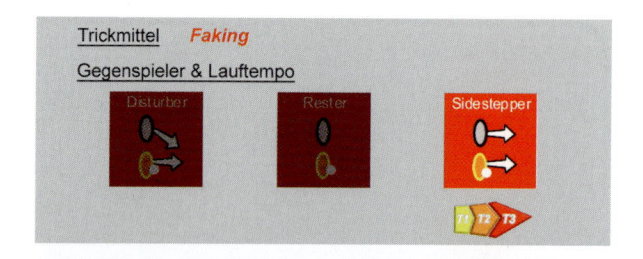

Den SideStroke-Switch Outside Stop&Go leitest du auf der Saveside ein. Du stoppst den Ball mit der rechten Sohle, ziehst ihn hinter dem Körper in die Gegenrichtung und drehst dich linksherum zur TurnSide.

Dann nimmst du den Ball mit der linken Außenseite (Switch) wieder nach vorne und drehst dich weiter linksherum am Gegenspieler vorbei.

Der SideStroke-Switch Outside Stop&Go ist ein schöner Trick. Mit dem SideStroke Turn ziehst du den Ball über die *Saveside* in die Gegenrichtung und wartest die Reaktion des Gegenspielers ab. Durch die *Switch*-Technik kommt der *GoTurn* sehr überraschend. Du musst dich extrem weit nach links drehen und kannst dann den Ball mit der Außenseite nach vorne spielen.

SideStroke-Switch 180° Stop&Go (SS)

Beim SideStroke-Switch 180° Stop&Go wird der Ball auf der Saveside geführt. Du ziehst ihn mit der rechten Sohle hinter dem Körper in die Gegenrichtung und drehst dich linksherum zur TurnSide.

Dann drehst du dich weiter linksherum blitzschnell wieder nach vorne und ziehst dabei den Ball mit der linken Sohle (Switch) zur GoSide mit.

Der SideStroke-Switch 180° Stop&Go ist eine stylische Technik. Während des Tricks macht man eine Drehung um die eigene Achse, mit dem SideStroke Turn stoppst du ab und beschleunigst dann mit dem Switch 180° Turn am Gegenspieler vorbei. Der Ball wird die ganze Zeit auf der *Saveside* geführt und ist vor dem Gegenspieler sicher.

Stop&Go Trix

311

SideStroke-Switch SideStroke Stop&Go (SS)

Der SideStroke-Switch SideStroke Stop&Go wird über die Saveside eingeleitet. Du ziehst den Ball mit einem SideStroke in die Gegenrichtung und drehst dich linksherum zur TurnSide.

Dann ziehst du den Ball mit der linken Sohle (Switch) wieder nach vorne und drehst dich rechtsherum zurück zur GoSide.

Der SideStroke-Switch SideStroke Stop&Go gehört zu den stärksten Stop&Go Trix. Mit der *Stroking*-Technik kannst du den Ball sehr gefühlvoll hin und her ziehen. Der Ball bleibt die ganze Zeit auf der *Saveside* und man hat permanente *ScorezoneView*.

6. Stroke Split Stops

Bei den *Stroke Split Stops* nimmst du den Ball mit der *Stroke Split*-Technik zur *TurnSide*. So kannst du kontrolliert umdrehen und mit der *Split*-Drehung schnell abbremsen und wieder beschleunigen. Der Ball wird allerdings auf der *Weakside* geführt und du verlierst bei der Drehung die Sicht auf den Ball und den Gegenspieler. Stroke Split Stops sind daher nicht einfach zu spielen.

Stroke Split-Inside Stop&Go (WS)

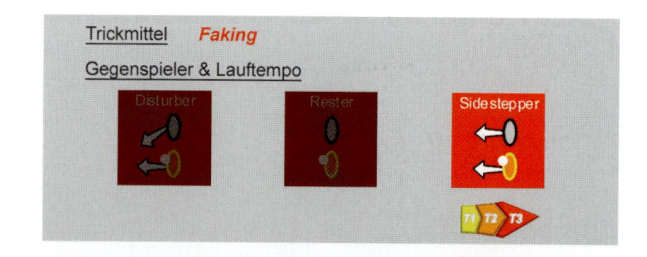

Der Stroke Split-Inside Stop&Go leitest du über die Weakside ein. Du stoppst den Ball mit der rechten Sohle, ziehst ihn in die Gegenrichtung und drehst dich linksherum, also weg vom Ball, zur TurnSide.

Dann spielst du den Ball direkt aus der Drehung mit der rechten Innenseite wieder nach vorne und überläufst den Gegenspieler.

Der Stroke Split-Inside Stop&Go kann flüssig gezeigt werden. Mit dem Stroke Split Turn bremst du kontrolliert ab und drehst dich in die Gegenrichtung. Du drehst dich schwungvoll weiter und nimmst den Ball mit der Innenseite wieder nach vorne mit. Der Ball bleibt die ganze Zeit auf der *Weakside*, der Gegenspieler sollte sich also nicht zu dicht neben dir befinden.

Stroke Split-Switch
Stroke Split Stop&Go (WS)

Beim Stroke Split-Switch Stroke Split Stop&Go führst du den Ball auf der Weakside. Du ziehst ihn mit der rechten Sohle hinter dem Standbein in die Gegenrichtung und drehst dich linksherum zur TurnSide.

Dann stoppst du den Ball mit der linken Sohle (Switch), ziehst ihn wieder nach vorne und drehst dich rechtsherum zur GoSide.

Der Stroke Split-Switch Stroke Split Stop&Go ist eine sehr freche Technik. Du spielst den Ball zweimal über die *Weakside*, ohne den Gegenspieler im Auge zu haben. Mit dem *Switch* Stroke Split Turn kannst du schön aus der Drehung nach vorne beschleunigen und ihn schnell überlaufen.

Stop&Go Trix

Stroke Split-CrossHeel Stop&Go (WS)

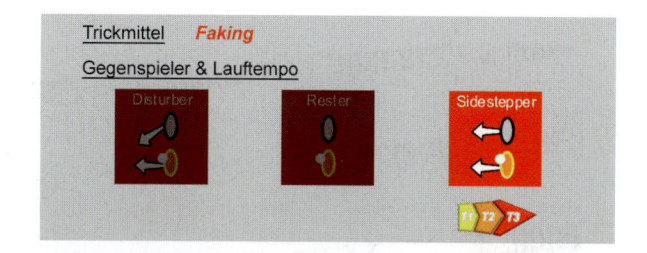

Beim Stroke Split-CrossHeel Stop&Go führst du den Ball auf der Weakside. Du ziehst den Ball mit der rechten Sohle hinter dem Körper in die Gegenrichtung und drehst dich linksherum um.

Dann kickst du den Ball mit der rechten Hacke vor dem Standbein wieder nach vorne und drehst weiter linksherum zur GoSide.

Der Stroke Split-CrossHeel Stop&Go ist sehr schnell spielbar. Du drehst dich einmal um die eigene Achse, nutzt die Drehkraft zum schnellen Abstoppen und wieder Beschleunigen. Der Stroke Split-CrossHeel Stop&Go ist ein megastylischer Trick und es macht viel Spaß, ihn zu spielen.

316   Side 2 Side

VI. ShotFake Trix

Die ShotFake Trix bilden die sechste und letzte Klasse der Trix in der Side 2 Side Stellung. In dieser Stellung verwendest du den *ShotFake*, um einen Schuss aufs Tor oder eine Flanke anzutäuschen. Befindest du dich in der Mitte des Spielfelds, täuschst du mit dem ShotFake einen Torschuss an, an der Seite des Spielfelds eine Flanke (Abb. 46). Der Gegenspieler soll so zu einer Abwehrreaktion

Abb. 46: Der Side 2 Side ShotFake, in der Mitte und auf der Seite des Spielfelds

ShotFake Trix

verleitet werden, um den Ball dann schnell an ihm vorbei spielen zu können. Flanken und Schüsse aus dem Seitwärtslaufen werden in der Regel mit der Innenseite oder dem Innenspann getreten. Die ShotFake Trix werden daher über die *Saveside* eingeleitet. Sie basieren auf dem Trickmittel *Faking*. Der Gegenspieler wird durch den angetäuschten Schuss dazu gebracht, mit einer Blockbewegung zur *SpeedSide* zu reagieren, um die Flanke oder den Schuss zu verhindern. Die Abwehrbewegung geht dabei nicht direkt auf den Ball, sondern zur Schussbahn. Der Gegenspieler bleibt so in einiger Entfernung. Du lässt ihn schön ins Leere laufen, gehst an ihm vorbei und kannst dann gezielt flanken, passen oder schießen.

ShotFake 2 Inside Turn (SS)

Beim ShotFake 2 Inside Turn führst du den Ball auf der Saveside. Du täuschst mit dem rechten Fuß eine Flanke an und verleitest den Gegenspieler dadurch zu einer Blockbewegung.

Dann spielst du den Ball mit der rechten Innenseite zur TurnSide und überläufst den Gegenspieler.

Der ShotFake 2 Inside Turn ist ein einfacher Standardtrick. Wichtig ist, dass du den ShotFake überzeugend zeigst. Mit der Innenseite kannst du den Ball dann kontrolliert in die Gegenrichtung spielen und am Gegenspieler vorbei gehen.

ShotFake Trix

ShotFake 2 Inside SpeedShift (SS)

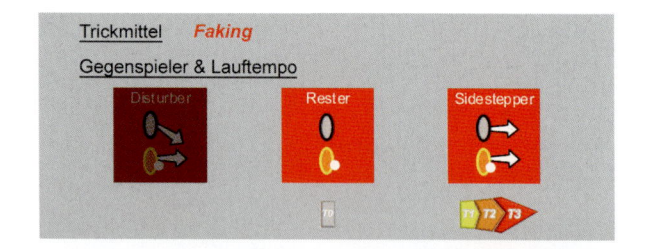

Beim ShotFake 2 Inside SpeedShift führst du den Ball auf der Saveside. Aus dem Laufen heraus, täuschst du eine Flanke mit dem rechten Fuß vor.

Dann legst du dir den Ball mit der rechten Innenseite auf der SpeedSide am Gegenspieler vorbei und ziehst mit Tempo nach innen.

Beim ShotFake 2 Inside SpeedShift wird der Gegenspieler auf der *SpeedSide* überlaufen. Mit dem ShotFake bringst du den Gegenspieler dazu, sein Lauftempo zu verringern. Er stoppt kurz ab und du kannst blitzschnell vor ihm nach innen ziehen.

Side 2 Side

ShotFake 2 Cross Turn (SS)

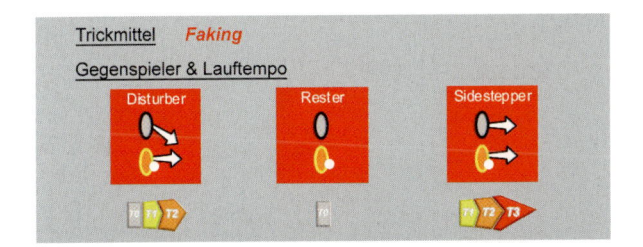

Beim ShotFake 2 Cross Turn führst du den Ball auf der Saveside. Du zeigst den ShotFake und verleitest den Gegenspieler damit zu einer Blockbewegung.

Dann spielst du den Ball hinter dem Standbein in die Gegenrichtung und gehst auf der TurnSide am Gegenspieler vorbei.

Mit dem ShotFake täuschst du eine Flanke nach innen an, dann spielst du den Ball mit der *Cross*-Technik auf der *Saveside* in die Gegenrichtung. Bei der Drehung behältst du die *ScorezoneView* und kannst gezielt nach einem gut postierten Mitspieler Ausschau halten.

ShotFake Trix

ShotFake 2 180° Turn (SS)

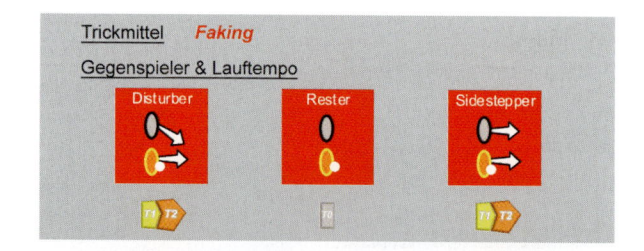

Der ShotFake 2 180° Turn wird über die Saveside eingeleitet. Du täuschst mit dem rechten Bein eine Flanke an und stoppst den Ball mit der Sohle.

Dann drehst du dich rechtsherum in die Gegenrichtung, ziehst dabei den Ball in die Gegenrichtung mit und gehst am Gegenspieler vorbei.

Der ShotFake 2 180° Turn ist eine starke Variante des ShotFakes. Mit dem 180° Turn kannst du stark abbremsen und schnell in die Gegenrichtung beschleunigen. Der Ball bleibt die ganze Zeit auf der *Saveside* und du kannst direkt aus der Drehung heraus mit links flanken.

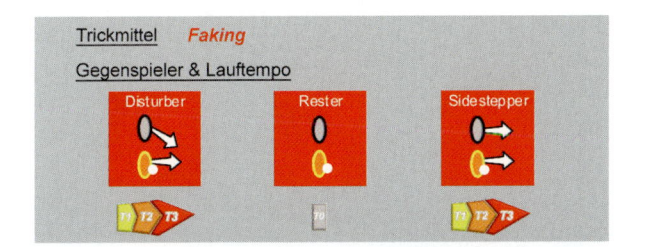

ShotFake 2
SideStroke Turn (SS)

Beim ShotFake 2 SideStroke Turn führst du den Ball auf der Saveside nach vorne. Du zeigst den ShotFake und stoppst den Ball mit der rechten Sohle.

Dann ziehst du ihn hinter dem Standbein in die Gegenrichtung und gehst auf der TurnSide am Gegenspieler vorbei.

Beim ShotFake 2 SideStroke Turn ziehst du den ShotFake bis auf den Ball, um ihn dann kontrolliert über die *Saveside* in die Gegenrichtung zu spielen.

Du nimmst ihn mit der linken Außenseite mit und beschleunigst zur *TurnSide*. Der Trick kann auch gut bei hohem Lauftempo gezeigt werden.

ShotFake Trix

BACK 2 FACE

TRiX

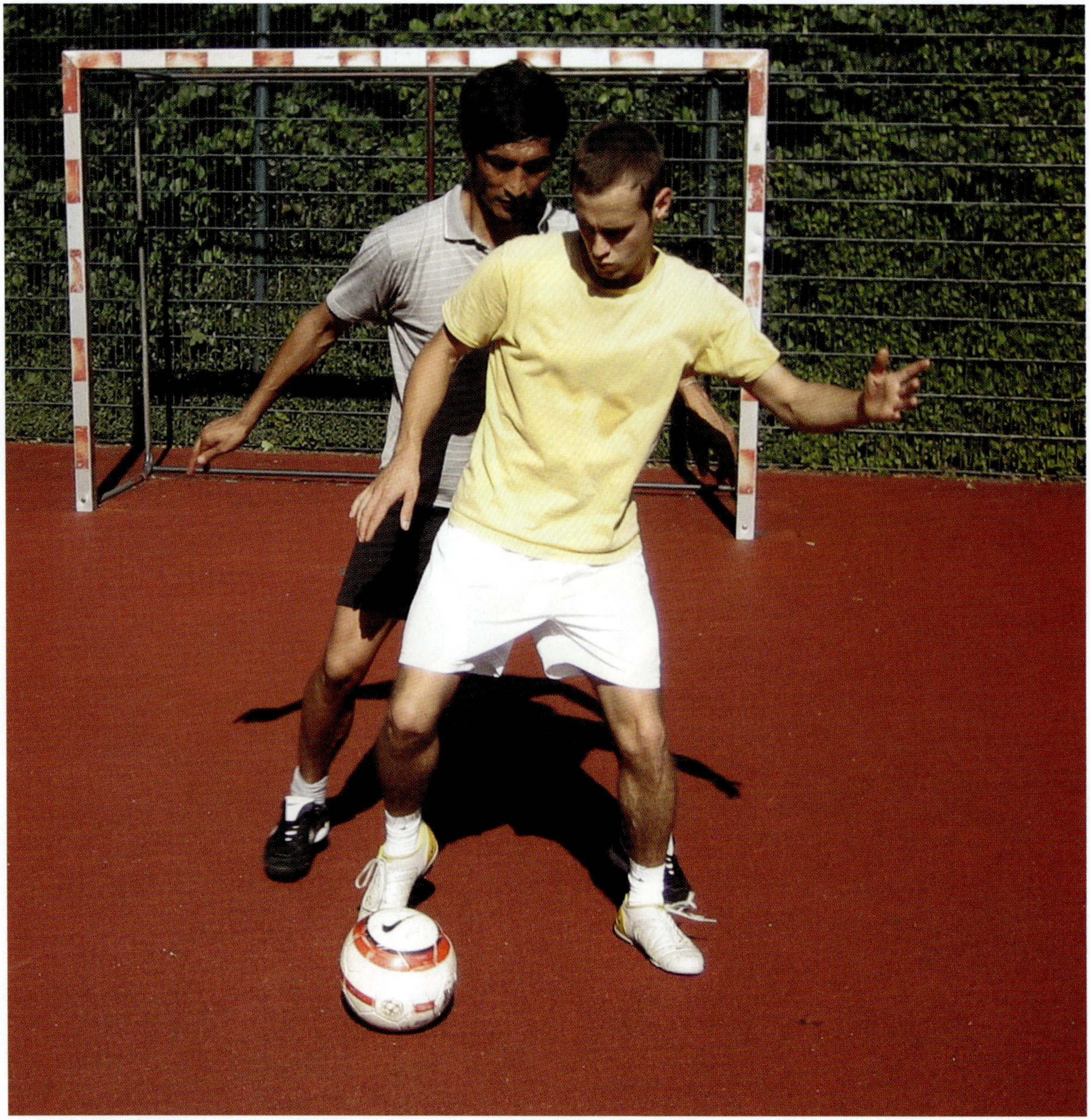

Die Back 2 Face Stellung

Die *Back 2 Face Stellung* ist die schwierigste Grundstellung zum Gegenspieler, weil du mit dem Rücken zu ihm stehst und ihn deshalb nicht sehen kannst (Abb. 47). Besonders oft kommt diese Situation vor, wenn man sich innerhalb der *Scorezone* befindet und den Ball von hinten zugepasst bekommt (Abb. 48 links). Du nimmst ihn mit dem Rücken zum Tor an, woraufhin der Gegenspieler sofort beginnt, dich von hinten zu bedrängen – es kommt zur Back 2 Face Stellung. Die Back 2 Face Stellung kann aber auch bewusst gesucht werden, z.B. nach einem Ballgewinn oder einem abgebrochenen Trick, um den Ball vor dem Gegenspieler zu sichern.

Der größte Vorteil der Back 2 Face Stellung ist, dass sich der Ball in der Ausgangssituation hinter der *Frontline* befindet und du ihn somit auf der *Saveside* führst. Der Gegenspieler kann nicht an den Ball kommen und ihn nicht sehen, weil du ihn mit dem Körper verdeckst.

Der größte Nachteil der Back 2 Face Stellung ist, dass man in der Ausgangssituation keine *Scorezone View* hat, dieser Zustand wird als *Blind* bezeichnet. Du kannst nicht sehen, was sich vor dem Tor abspielt und wo sich deine Mitspieler innerhalb der Scorezone postiert haben. Noch entscheidender für die Trix ist aber, dass du deinen Gegenspieler nicht im Blick hast und nicht beobachten kannst, ob und wie er auf deine Trickstyles reagiert. Dies ist vor allem bei Tricks relevant, bei denen *Faking* als *Trickmittel* eingesetzt wird. Du musst dir darü-

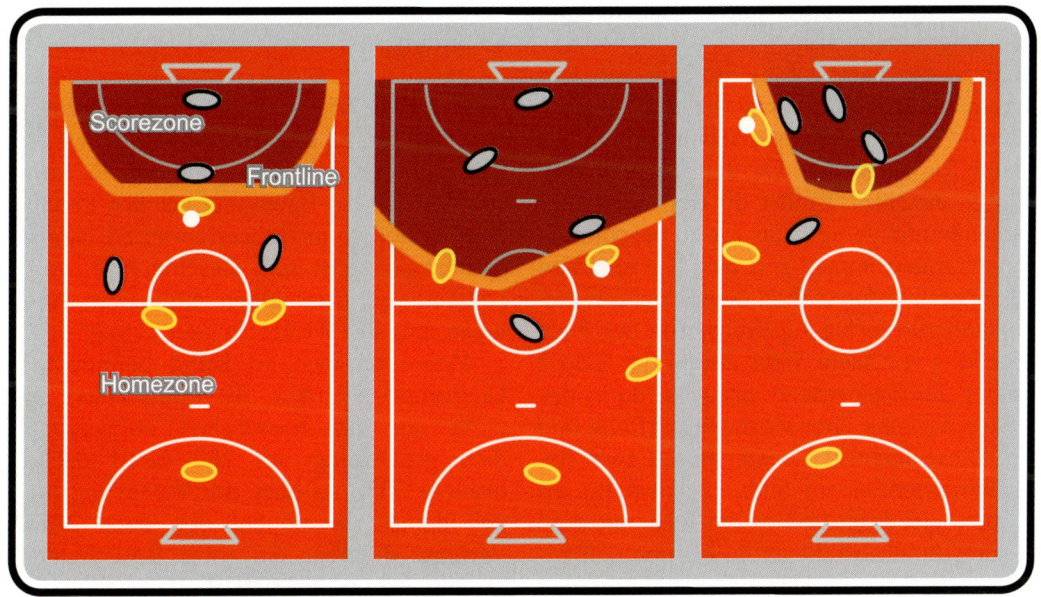

Abb. 47: Die Back 2 Face Stellung an verschiedenen Positionen auf dem Platz

Intro

327

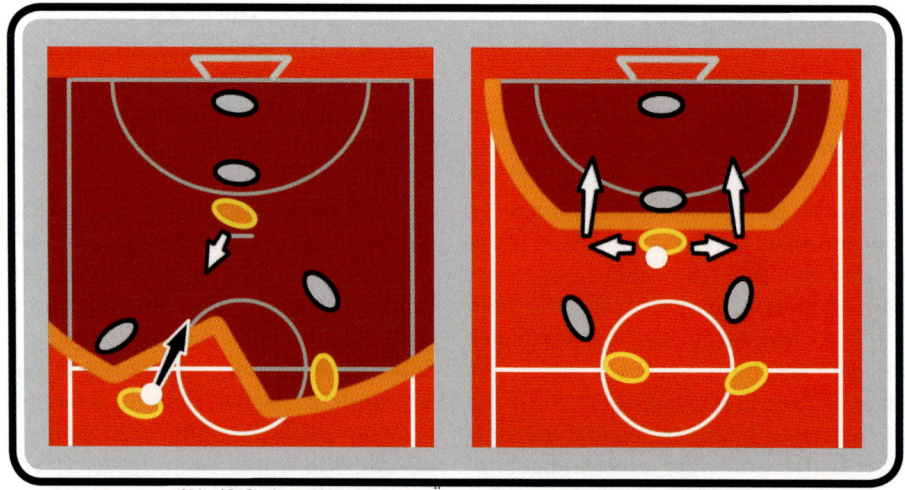

Abb. 48: Steilpass, Annahme und Überlaufen in der Back 2 Face Stellung

ber im Klaren sein, welche Reaktion du mit deiner Körpertäuschung beim Gegenspieler auslösen und wie du ihn überlaufen willst.

Da man in der Back 2 Face Stellung mit dem Rücken zum Tor steht, muss man bei allen Back 2 Face Trix eine halbe Drehung machen, um wieder frontal zum Tor zu stehen. Da der Gegenspieler genau hinter dir steht, kannst du dich nicht einfach umdrehen und gerade aufs Tor zu beschleunigen, sondern musst immer erst eine Kurve laufen (Abb. 48 rechts). Dafür stehen dir spezielle *Handling*-Techniken zur Verfügung. Werden in der Face 2 Face Stellung vor allem *Shifts* und in der Side 2 Side Stellung *Turns* eingesetzt, brauchst du in der Back 2 Face Stellung überwiegend *ShiftTurns* und *TurnShifts*. Diese Techniken bestehen aus zwei Bewegungselementen, einem Shift, mit dem du dir den Ball zur Seite legst und einem Turn, mit dem du dich zum Tor drehst. Legst du dir den Ball zuerst zur Seite und drehst dich dann zum Tor, spielst du einen ShiftTurn (Abb. 49 oben). Beim TurnShift ist die Bewegungsabfolge genau umgekehrt (Abb. 49 unten).

Back 2 Face Trix werden auf drei Arten eröffnet: aus dem Stand, aus der Bewegung weg vom Tor und aus der Seitwärtsbewegung. In keinem dieser Fälle ist die Bewegung bei der Eröffnung der Tricktechnik zum Tor gerichtet. So kannst du das Lauftempo nicht zum Beschleunigen nutzen. Du solltest also über einen explosiven Antritt verfügen, um bei Tricktechniken erfolgreich zu sein.

Wenn du dich im Stand befindest, also bei Lauftempo T_0 (Abb. 50 oben links), musst du nicht nur Geschwindigkeit aufbauen, sondern dich gleichzeitig um 180 Grad drehen. Dies braucht Zeit, so dass der Vorsprung in der Regel kleiner ist als bei den Face 2 Face Trix. Verfügst du über ein gutes Beschleunigungsvermögen, kannst du dich aber trotzdem schon innerhalb einer Sekunde einige Meter vom Gegenspieler absetzen, wenn du überraschend die Richtung wechselst (Abb. 50 oben Mitte). Als *Gegenspielertyp* hat man es meist mit einem *Rester* zu tun (Abb. 50 oben rechts). Hier kommt es darauf an, schneller als er zu beschleunigen. Der Gegenspieler kann aber auch als *Disturber* angreifen und dich von hinten attackieren. Da du den Ball auf der Saveside führst, kann er aber eigentlich nicht an den Ball kommen. Versucht er es trotzdem, solltest du dich mit *Fighter Skills* zur Wehr zu setzen und ihm klar machen, dass er mit einem Check zu rechnen hat, wenn er zu ungestüm auf dich drauf rennt.

Back 2 Face Trix werden auch oft aus dem Lauf weg vom Tor angespielt (Abb. 50 Mitte rechts). Dies ist z.B. der Fall, wenn du einen Ball mit dem Rücken zum Tor zugepasst bekommst, ihn bei der Annahme einige Meter prallen lässt und dich vom Gegenspieler weg bewegst. Da du entgegengesetzt der gewünschten Laufrichtung läufst, ist die Drehung und das Beschleunigen noch kraftintensiver als aus dem Stand, man bewegt sich im Bremsbereich des Bewegungsraums (Abb. 50 Mitte Mitte). Als Gegenspielertyp triffst du vor allem auf den Disturber. Der Disturber nimmt Tempo auf, geht dir hinterher und bewegt sich ebenfalls

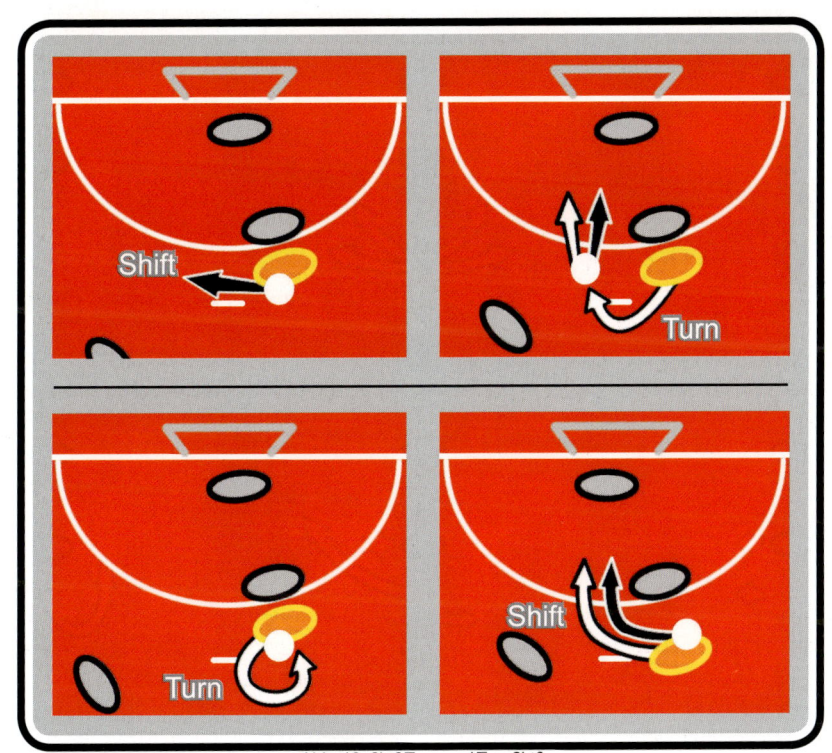

Abb. 49: ShiftTurn und TurnShift

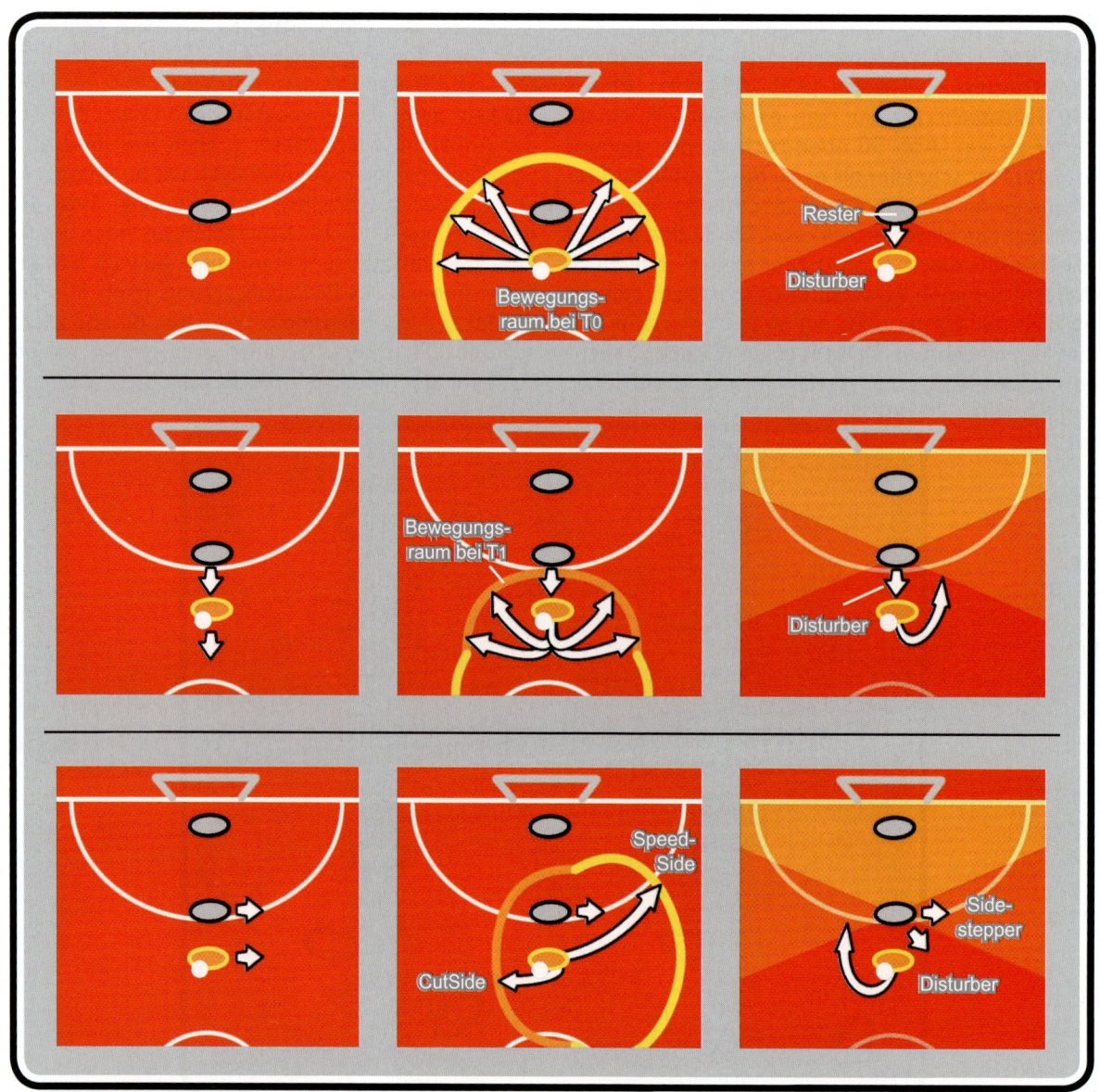

Abb. 50: Back 2 Face aus dem Stand (oben), bei langsamem Lauftempo vom Tor wegbewegend (Mitte) und in der Seitwärtsbewegung (unten)

weg vom Tor. Mit einer schnellen Drehung zur Seite kannst du ihn schön ins Leere laufen lassen.

Die dritte Möglichkeit, Back 2 Face Trix zu eröffnen, besteht darin, mit dem Rücken zum Gegenspieler seitwärts zu laufen (Abb. 50 unten links). Dabei bewegst du dich im Side- oder Crossstep und nimmst den Ball zur Seite mit. Im Seitwärtslaufen kann das Lauftempo höchstens T_1 betragen. Sobald man schneller läuft (T_2, T_3), muss man sich seitlich zum Gegenspieler drehen – es kommen die *Side 2 Side Trix* zur Anwendung. Der in Abbildung 50 unten (Mitte) dargestellte Bewegungsraum, gilt eigentlich nur fürs Vorwärtslaufen, er kann aber die Tendenz der Bewegungsmöglichkeiten zeigen. Indem du dich seitwärts bewegst, begibst du dich in einen *Side Run*. Bei einem Side Run kannst du immer auf einer Seite schneller am Gegenspieler vorbei beschleunigen (*SpeedSide*) als auf der anderen (*CutSide*). Den Gegenspieler auf der SpeedSide zu überlaufen, ist aus der Back 2 Face Stellung nur schwer möglich. Besser ist es, schnell abzubremsen und den Ball zur CutSide mitzunehmen. Als Gegenspielertypen begegnen dir der *Disturber* und insbesondere der *Sidestepper* (Abb. 50 unten rechts). Kommt der Gegenspieler als Disturber, bist du gezwungen, dich zur CutSide zu drehen, um den Ball abzuschirmen. Der Sidestepper kann entweder mit dem Trickmittel *Speeding* auf der CutSide überlaufen werden oder du zeigst zuerst eine *Faking*-Technik zur SpeedSide und gehst dann auf der CutSide an ihm vorbei.

Die Back 2 Face Trix sind nicht einfach zu spielen: Du hast den Ball zwar zunächst gesichert, kannst aber nicht sehen, was der Gegenspieler macht. Er hat den Vorteil, dass er dich beobachten kann. Schaffst du es, trotz dieser Schwierigkeiten Tricks gegen ihn zu zeigen, verdienst du dir den allergrößten Respekt auf dem Platz.

Fünf Klassen umfasst die Back 2 Face Stellung – die *Fake Trix*, die *Spin Trix*, die *Shift Trix*, die *Bypass Trix* und die *Stepover Trix*.

I. Fake Trix

Bei den *Fake Trix* täuschst du mit dem Rücken zum Gegenspieler eine Drehung oder eine Mitnahme zur Seite an und provozierst damit eine Abwehrreaktion. Da du den Gegenspieler beim *Faking* nicht sehen kannst, musst du darauf vertrauen, dass er auf die Täuschung reagiert und einen Schritt zur *Fakeside* macht. Daraufhin nimmst du den Ball blitzschnell zur anderen Seite mit, drehst dich nach vorne und überläufst den Gegenspieler.

Inside Fake 2 Outside ShiftTurn

Beim Inside Fake 2 Outside ShiftTurn führst du die rechte Innenseite nach links am Ball vorbei und täuschst so eine Mitnahme zur linken Seite an.

Dann nimmst du den Ball blitzschnell mit der rechten Außenseite nach rechts, drehst dich dem Ball hinterher und gehst am Gegenspieler vorbei.

Der Inside Fake 2 Outside ShiftTurn ist eine starke und einfach zu spielende Täuschungstechnik. In der Back 2 Face Stellung sind Faking-Techniken mit der Innenseite effektiver als mit der Außenseite. Man kann so weiträumige Bewegungen zur Seite zeigen und der Ball liegt während des Fakes vor dem linken Bein. Er wird so vor dem Gegenspieler abgeschirmt und kann gleichzeitig schlecht von ihm gesehen werden. Durch die Täuschung bekommst du einen Zeitvorsprung, um den Ball in die andere Richtung zu spielen und hast genug Platz, den Gegenspieler mit einer schnellen Drehung zu umlaufen.

Fake Trix

Inside Fake 2 Switch
Inside ShiftTurn

Beim Inside Fake 2 Switch Inside ShiftTurn täuschst du mit der rechten Innenseite eine Mitnahme zur linken Seite an und spielst den Ball dann mit der linken Innenseite (Switch) nach rechts. Du drehst dich dem Ball hinterher und überläufst den Gegenspieler.

Der Inside Fake 2 Switch Inside ShiftTurn kann schnell gezeigt werden. Die Täuschungsbewegung wird sehr weit zur Fakeside gezogen. Bei der Switch-Mitnahme mit der Innenseite kannst du dich dann schön gegen die Fake-Bewegung drehen und schnell am Gegenspieler vorbei beschleunigen.

Outside Fake 2 Inside ShiftTurn

Beim Outside Fake 2 Inside ShiftTurn führst du die rechte Außenseite nach rechts am Ball vorbei und täuschst damit eine Mitnahme nach rechts an.

Dann spielst du den Ball mit der Innenseite nach links, drehst dich zum Ball und beschleunigst nach vorne.

Der Outside Fake 2 Inside ShiftTurn ist eine einfache Standardtechnik, die bei langsamem Lauftempo allerdings etwas riskant ist. Da der Ball beim Fake schlecht geschützt ist, musst du aufpassen, dass der Gegenspieler ihn dir nicht zwischen den Beinen hindurch wegspitzelt. Mit der Innenseite kannst du dir den Ball kontrolliert zur Seite legen und dich an ihm vorbeidrehen.

Fake Trix

Outside Fake 2 Switch
Outside ShiftTurn

Beim Outside Fake 2 Switch Outside ShiftTurn täuschst du mit der rechten Außenseite eine Mitnahme zur rechten Seite an. Dann nimmst du den Ball

blitzschnell mit der linken Außenseite (Switch) nach links mit und drehst dich am Gegenspieler vorbei.

Den Outside Fake 2 Switch Outside ShiftTurn kannst du sehr schnell spielen. Du zeigst die Täuschbewegung und beschleunigst *Switch* sofort wieder zurück. Die Mitnahme mit der linken Außenseite ist allerdings nicht einfach zu spielen.

Back 2 Face

180° Fake 2 Inside ShiftTurn

Beim 180° Fake 2 Inside ShiftTurn stoppst du den Ball mit der Sohle, ziehst ihn leicht zurück und drehst dich mit dem Körper nach rechts. Damit täuschst du eine 180°-Mitnahme nach rechts an.

Dann nimmst du den Ball mit der Innenseite nach links und überläufst den Gegenspieler.

Der 180° Fake ist eine stylische Täuschungstechnik. Der Gegenspieler lässt sich sehr effektiv täuschen, da du dich mit dem Oberkörper weit zur *Fakeside* drehst. Nach dem Fake kannst du den Ball kontrolliert zur Seite spielen und dich am Gegenspieler vorbeidrehen.

Fake Trix

337

Double Inside Fake

Beim Double Inside Fake täuschst du zunächst eine Mitnahme mit der rechten Innenseite zur linken Seite an, dann eine Mitnahme mit der linken Innenseite nach rechts.

Du spielst den Ball mit der rechten Innenseite nach links, drehst dich dem Ball hinterher und gehst am Gegenspieler vorbei.

Beim Double Inside Fake wird der Gegenspieler doppelt getäuscht. Ein aufmerksamer Gegenspieler reagiert meist nicht auf den ersten Fake und wartet erst mal ab. Er meint, dein Täuschungsmanöver zu durchschauen und reagiert dementsprechend heftig auf den zweiten Fake. Mit einer schnellen Mitnahme in die Gegenrichtung kannst du ihn dann leicht ausspielen. Den Double Inside Fake kannst du gut einsetzen, wenn du den Gegenspieler bereits mit einem einfachen Fake hast aussteigen lassen.

II. Spin Trix

Die zweite Klasse der Back 2 Face Trix bilden die *Spin Trix*. Bei einem *Spin* machst du eine halbe Drehung, nimmst dabei den Ball zur Seite mit und gehst am Gegenspieler vorbei. Die Spin Trix sind die größte und wichtigste Klasse der Back 2 Face Trix und haben drei Unterklassen – die *ShiftTurn Spins*, die *TurnShift Spins* und die *180° Spins*.

1. ShiftTurn Spins

Bei einem *ShiftTurn* legst du dir den Ball zur Seite (*Shift*), drehst dich hinterher nach vorne (*Turn*) und überläufst den Gegenspieler auf der Seite (Abb. 51). Das Trickmittel ist *Speeding*, daher ist es wichtig den Ball möglichst überraschend zur Seite zu spielen und dann sofort die Drehung zum Ball einzuleiten. Die größte Schwierigkeit besteht darin, den Ball genau so weit zur Seite zu spielen, dass man ihn optimal aus der Drehung mitnehmen kann. Die Tricktechniken der ShiftTurn Spins solltest du gut studieren, denn du brauchst sie in vielen anderen Klassen der Back 2 Face Trix.

Abb. 51: ShiftTurn

Inside ShiftTurn

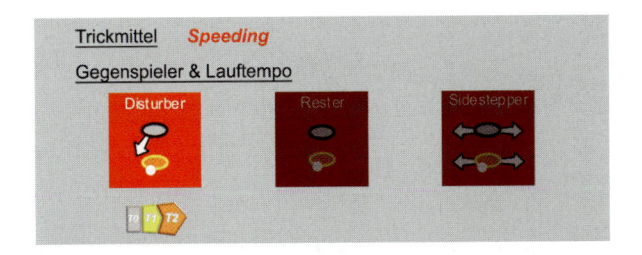

Trickmittel *Speeding*
Gegenspieler & Lauftempo
Disturber | Rester | Sidestepper

Beim Inside ShiftTurn spielst du den Ball überraschend mit der rechten Innenseite zur linken Seite und drehst dich linksherum am Gegenspieler vorbei.

Dann nimmst du den Ball mit der rechten Innenseite nach vorne mit und gehst aufs Tor zu.

Der Inside ShiftTurn ist die einfachste *ShiftTurn*-Technik, da sich der Ball mit der Innenseite kontrolliert zur Seite spielen lässt. Du drehst dich mit einem schnellen Turn um und lässt den Gegenspieler ins Leere laufen. Dabei bekommst du *ScorezoneView* und kannst gezielt aufs Tor zu dribbeln.

Spin Trix 341

Outside ShiftTurn

Beim Outside ShiftTurn legst du dir den Ball mit der rechten Außenseite zur rechten Seite und drehst dich rechtsherum am Gegenspieler vorbei.

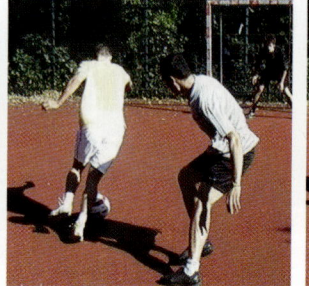

Dann nimmst du den Ball nach vorne mit und überläufst ihn.

Der Outside ShiftTurn ist technisch etwas anspruchsvoller als der Inside ShiftTurn. Du kannst mit dieser Technik dafür schneller drehen, da der Ball schön vor dem Körper hergetrieben wird. Beim Shift solltest du leicht in die Knie gehen, um dich dann beim Turn kraftvoll abdrücken zu können.

Back 2 Face

Cross Shift Turn

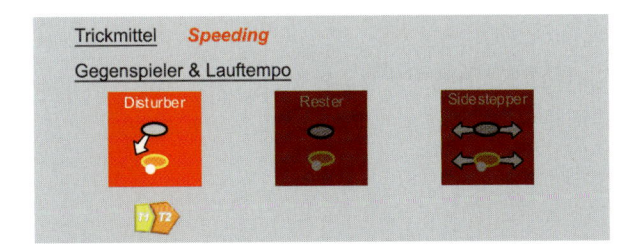

Beim Cross ShiftTurn kickst du den Ball mit der rechten Innenseite hinter dem Körper nach rechts und drehst dich linksherum hinterher.

Du gehst am Gegenspieler vorbei und nimmst den Ball nach vorne mit.

Der Cross ShiftTurn ist eine schöne Technik. Der Ball wird hier hinter dem Körper zur Seite gespielt, so dass ein sehr enges Drehen möglich ist. Nachdem du den Ball gekickt hast, kannst du dich optimal mit dem rechten Bein zur Seite abdrücken und fließend die Drehung einleiten. Da beim Cross Kick der Ball über die *Weakside* gespielt wird, solltest du denTrick allerdings nicht zu dicht am Gegenspieler zeigen.

Spin Trix

180° ShiftTurn

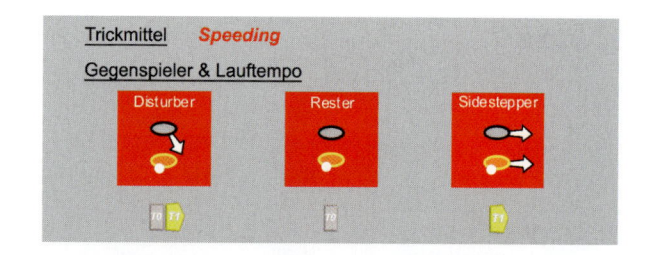

Trickmittel *Speeding*
Gegenspieler & Lauftempo

Disturber Rester Sidestepper

Bei 180° ShiftTurn stoppst du den Ball mit der rechten Sohle, drehst dich rechtsherum um und ziehst dabei den Ball blitzschnell zur rechten Seite.

Du beschleunigst hinterher, gehst am Gegenspieler vorbei und nimmst den Ball nach vorne mit.

Mit dem 180° ShiftTurn kannst du schnell abbremsen und schon beim Ziehen des Balls die Drehung nach vorne einleiten. So werden Balltechnik und Körperbewegung optimal miteinander gekoppelt. Du kannst so schnell in die Gegenrichtung beschleunigen und dabei den Ball schön mit dem Körper abschirmen.

Stroke SplitShiftTurn

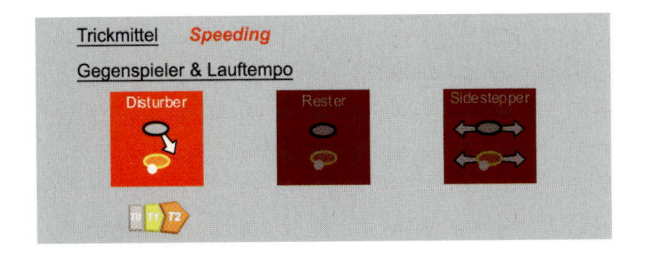

Beim Stroke SplitShiftTurn stoppst du den Ball mit der rechten Sohle und ziehst ihn blitzschnell zur rechten Seite. Dann drehst du dich linksherum um,

beschleunigst am Gegenspieler vorbei und nimmst den Ball nach vorne mit.

Der Stroke SplitShiftTurn ist der wohl stärkste Shift-Turn. Du ziehst den Ball mit der Sohle gefühlvoll zur Seite. Mit der *Split*-Technik kannst du dann schnell abbremsen, dich drehen und wieder beschleunigen.

Der Stroke SplitShiftTurn ist eine freche Technik, da du dich beim Spielen zum Gegenspieler hindrehst. Deshalb solltest du auch genügend Abstand halten, sonst kann es passieren, dass er dich umcheckt.

Spin Trix

345

SideStroke ShiftTurn

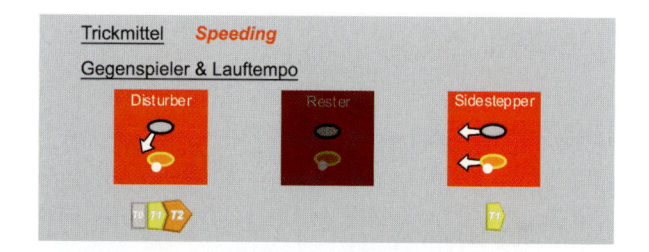

Beim SideStroke ShiftTurn stoppst du den Ball seitlich vom Körper mit der rechten Sohle und ziehst ihn hinter dem Standbein zur linken Seite.

Du drehst dich linksherum um, überläufst den Gegenspieler und nimmst den Ball nach vorne mit.

Mit dem SideStroke ShiftTurn kannst du sehr eng drehen, da du den Ball hinter dem Körper zur Seite ziehst. Er ist auch gut bei höherem Lauftempo spielbar, da du mit dieser Technik gut abbremsen und den Ball schnell vom Gegenspieler wegziehen kannst. Allerdings wird der Ball über die *Weakside* gespielt – also auf ausreichend Abstand zum Gegenspieler achten.

Heel ShiftTurn

Beim Heel ShiftTurn kickst du den Ball mit der rechten Hacke blitzschnell zur rechten Seite und drehst dich rechtsherum dem Ball hinterher

Du überläufst den Gegenspieler und gehst mit dem Ball aufs Tor zu.

Der Heel ShiftTurn ist nicht einfach zu spielen, da du den Ball mit der Hacke sehr genau treffen musst. Mit dem Heel Kick legst du den Ball weit zur Seite. Schon beim Spielen des Balls wird die Drehung im Oberkörper eingeleitet und du kannst so schnell aufs Tor zu beschleunigen. Der Heel ShiftTurn ist ein stylischer Trick, den du sehr überraschend und unvorhergesehen zeigen kannst.

Spin Trix

347

CrossHeel ShiftTurn

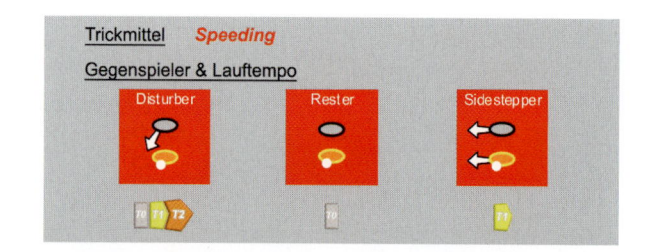

Beim CrossHeel ShiftTurn kickst du den Ball mit der rechten Hacke vor dem Körper nach links. Dann drehst du dich linksherum nach vorne,

gehst am Gegenspieler vorbei und nimmst den Ball nach vorne mit.

Der CrossHeel ShiftTurn ist eine stylische Technik, mit der du dich schnell und eng drehen kannst. Die Bewegung zum Kicken des Balls leitet die Drehung in der Hüfte ein, so dass man regelrecht herum gerissen wird. Da du den Ball vor dem linken Bein spielst, kann der Gegenspieler ihn nicht sehen und du kannst diesen Trick überraschend einsetzen.

Back 2 Face

SideHeel ShiftTurn

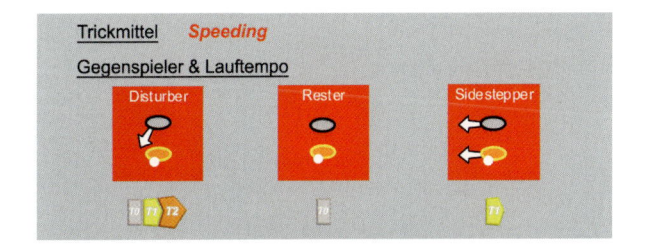

Beim SideHeel ShiftTurn kickst du den Ball blitzschnell mit der rechten Hacke hinter dem Körper zur linken Seite und drehst dich linksherum hinterher.

Du überläufst den Gegenspieler, beschleunigst zum Ball und nimmst ihn nach vorne mit.

Der SideHeel ShiftTurn ist ein schöner Trickstyle. Du kickst den Ball blitzschnell weit zur Seite und beschleunigst direkt hinterher. Da der Ball hinter dem Körper gespielt wird, kannst du dich eng nach vorne drehen und den Gegenspieler überlaufen.

Spin Trix

349

CrossStroke ShiftTurn

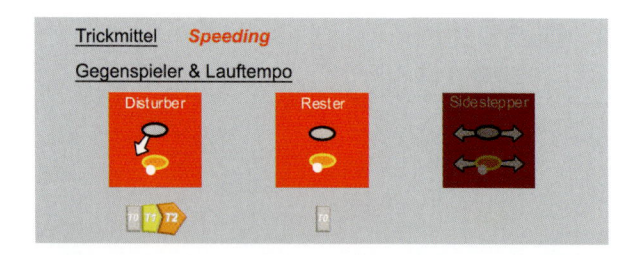

Beim CrossStroke ShiftTurn stoppst du den Ball mit der rechten Sohle, ziehst ihn vor dem Standbein nach links und drehst dich linksherum hinterher.

Du überläufst den Gegenspieler und nimmst den Ball nach vorne mit.

Mit dem CrossStroke ShiftTurn kannst du den Ball schön stoppen und gefühlvoll zur Seite ziehen. Der Ball wird dabei dicht vor dem Körper gespielt, so dass du dich sehr eng drehen kannst. Balltechnik und Körperbewegung werden optimal gekoppelt, da du schon mit der Bewegung der *Stroking*-Technik die Drehung in der Hüfte einleitest.

Back 2 Face

FrontTween ShiftTurn

Beim FrontTween ShiftTurn stoppst du den Ball mit der rechten Sohle und ziehst ihn von vorne zwischen deinen Beinen hindurch nach rechts.

Dann drehst du dich rechtsherum dem Ball hinterher und gehst am Gegenspieler vorbei.

Der FrontTween ShiftTurn ist ein starker ShiftTurn. Der Ball wird kontrolliert gestoppt und dann blitzschnell zur Seite gezogen. Schon beim Ziehen des Balls leitest du den Turn ein. Da du den Ball durch deine Bein ziehst, hast du ihn dicht am Körper und kannst sehr eng drehen. Der FrontTween ShiftTurn kommt sehr stylisch und es macht Spass, ihn zu spielen.

Spin Trix

351

BackTween ShiftTurn

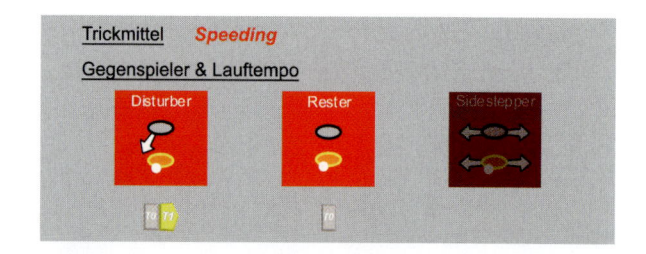

Beim BackTween ShiftTurn stoppst du den Ball mit der rechten Sohle und ziehst ihn von hinten zwischen deinen Beinen hindurch zur linken Seite.

Dann drehst du dich linksherum um, spielst den Ball am Gegenspieler vorbei und ziehst Richtung Tor.

Der BackTween ShiftTurn ist eine schöne Tricktechnik. Du hast gute Ballkontrolle und kannst den Ball dicht am Körper führen. Schon beim Ziehen des Balls beschleunigst du zur Drehung und spielst ihn dir direkt in den Lauf.

Back 2 Face

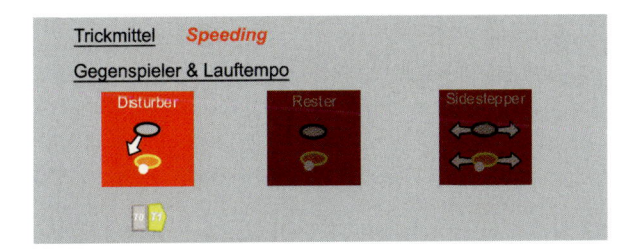

Cross ReverseShiftTurn

Trickmittel *Speeding*
Gegenspieler & Lauftempo

Beim Cross ReverseShiftTurn stoppst du den Ball mit der rechten Sohle, ziehst ihn zurück und spielst ihn blitzschnell mit der rechten Innenseite hinter dem Körper nach links. Du drehst dich linksherum hinterher und überläufst den Gegenspieler.

Der Cross ReverseShiftTurn ist ein schwieriger Trick, besonders wenn du ihn aus dem Lauf zeigen willst. Mit der *ReverseStroke*-Technik kannst du blitzschnell abbremsen und den Ball nach hinten ziehen.

Den Cross ShiftTurn anzuschließen, ist nicht einfach. Mit ihm kannst du dich eng am Gegenspieler vorbeidrehen und ihn überlaufen.

Spin Trix

Inside SplitShiftTurn

Beim Inside SplitShiftTurn spielst du den Ball mit der rechten Innenseite nach links und drehst dich sofort rechtsherum, weg vom Ball, nach vorne

Du gehst am Gegenspieler vorbei, beschleunigst zum Ball und nimmst ihn aufs Tor zu mit.

Der Inside SplitShiftTurn ist koordinativ recht anspruchsvoll. Mit der *Split*-Drehung beschleunigst du explosiv zur Seite. Du musst sie im richtigen Moment auflösen, damit du nicht zu weit drehst und optimal zum Ball beschleunigen kannst. Der Inside SplitShiftTurn ist ein stylischer Move, mit dem du den Gegenspieler ziemlich verblüffen kannst, wenn du dich plötzlich auf ihn zudrehst.

Heel SplitShiftTurn

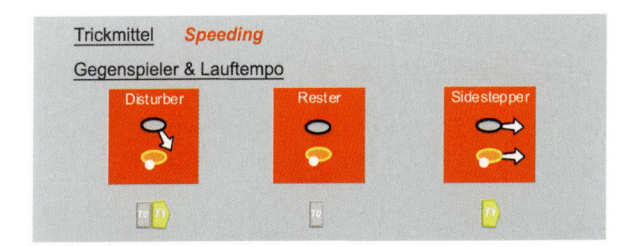

Beim Heel SplitShiftTurn kickst du den Ball mit der rechten Hacke überraschend nach rechts und drehst dich blitzschnell linksherum nach vorne.

Du beschleunigst am Gegenspieler vorbei und gehst zum Ball.

Der Heel SplitShiftTurn ist gut einsetzbar, wenn du schnell abbremsen kannst und über einen schnellen Antritt verfügst. Mit dem Heel Kick kannst du den Ball schnell und weit zur Seite kicken und drehst dich dann mit der *Split*-Technik explosiv in die Gegenrichtung.

Spin Trix

355

CrossHeel SplitShiftTurn

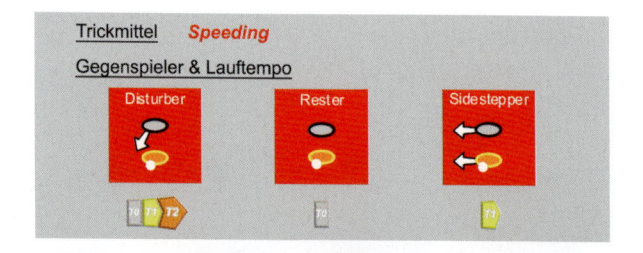

Beim CrossHeel SplitShiftTurn kickst du den Ball mit der rechten Hacke vor dem Standbein nach links und drehst dich blitzschnell rechtsherum um.

Du überläufst den Gegenspieler und nimmst den Ball nach vorne mit.

Der CrossHeel SplitShiftTurn ist ein schöner und effektiver Style. Mit der *CrossHeel*-Technik spielst du den Ball überraschend, weil verdeckt durch das Standbein, zur Seite. Direkt nach dem Kick zeigst du die *Split*-Drehung und beschleunigst explosiv in die Gegenrichtung.

2. TurnShift Spins

Bei einem *TurnShift* drehst du dich um den Ball herum nach vorne (*Turn*), um wieder frontal zum Tor zu stehen, dann spielst du ihn zur Seite (*Shift*) und überläufst den Gegenspieler (Abb. 52). Das Trickmittel der TurnShifts ist *Speeding* und du kannst mit diesen Techniken in der Tat sehr schnell am Gegenspieler vorbeigehen. Bei der Drehung kannst du die Rotationskraft zum Beschleunigen nutzen und den Ball direkt aus der Bewegung mitnehmen. Da er sich nach der Drehung auf der *Weakside* befindet, solltest du den Turn und den Shift flüssig hintereinander zeigen, damit er nicht allzu lange offen vor dem Gegenspieler liegt. Die TurnShifts sind stylische Tricktechniken und kommen meist sehr überraschend für den Gegenspieler.

Abb. 52: TurnShift

Spin Trix

Inside TurnShift

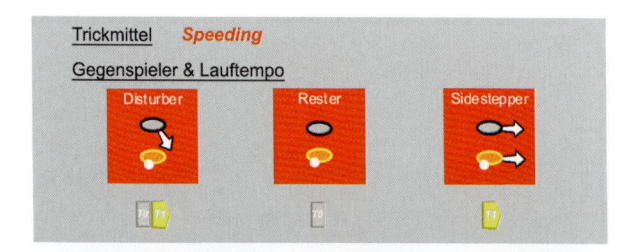

Beim Inside TurnShift führst du den Ball leicht nach links. Du drehst dich linksherum um und spielst den Ball mit der rechten Innenseite nach links.

Du beschleunigst am Gegenspieler vorbei, überläufst ihn und nimmst den Ball nach vorne mit.

Der Inside TurnShift ist ein schöner Back 2 Face Trick. Damit du genug Platz für die Drehung hast, musst du dir erst mal einen Meter Abstand vom Gegenspieler verschaffen. Bei der Drehung denkt der Gegenspieler, du wolltest ihn auf seiner linken Seite überlaufen. Er reagiert mit einer Abwehrbewegung nach links, während du weiterdrehst und den Ball an seiner rechten Seite vorbeikickst.

Outside TurnShift

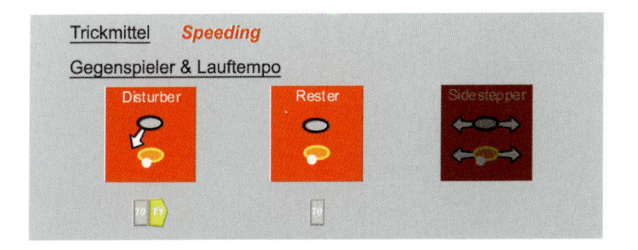

Beim Outside TurnShift führst du den Ball leicht nach rechts, drehst dich rechtsherum um und spielst den Ball mit der rechten Außenseite nach rechts.

Du überläufst den Gegenspieler, beschleunigst zum Ball und gehst aufs Tor zu.

Der Outside TurnShift ist nicht einfach zu spielen. Du drehst dich blitzschnell um den Ball herum und spielst ihn direkt aus der Drehung mit der Außenseite zur Seite. Da der Ball dabei schlecht abgeschirmt wird, solltest du die Technik nicht zu dicht am Gegenspieler anwenden.

Spin Trix

CrossTurnShift

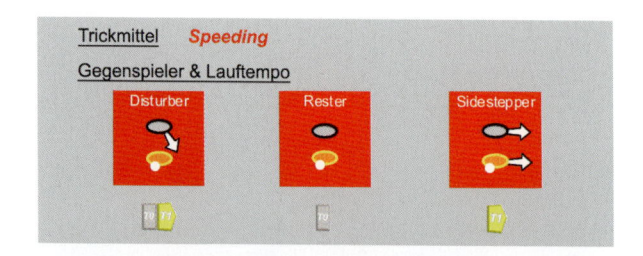

Beim Cross TurnShift drehst du dich linksherum um und spielst den Ball blitzschnell mit der rechten Innenseite hinter dem Körper zur linken Seite.

Du überläufst den Gegenspieler, gehst zum Ball und nimmst ihn nach vorne mit.

Der Cross TurnShift ist ein starker TurnShift. Bei der Drehung wird der Ball mit dem Standbein schön abgeschirmt und auch beim Shift bleibt er auf der *Saveside*. Mit der Innenseite legst du dir den Ball kontrolliert vor und stößt dich dann sofort mit dem rechten Bein zur Seite ab, um am Gegenspieler vorbeizubeschleunigen.

Back 2 Face

180° TurnShift

Beim 180° TurnShift drehst du dich überraschend linksherum um und ziehst dabei den Ball blitzschnell mit der rechten Sohle zur rechten Seite mit.

Du überläufst den Gegenspieler und nimmst den Ball mit der rechten Innenseite nach vorne mit.

Der 180° TurnShift ist eine schöne Tricktechnik. Du hast mit der Sohle perfekte Ballkontrolle und kannst schon beim Turn die *Scorezone* abchecken. Nachdem du den Ball zur Seite gezogen hast, kommst du in eine optimale Position, um mit rechts aufs Tor abzuziehen.

Spin Trix

361

Heel TurnShift

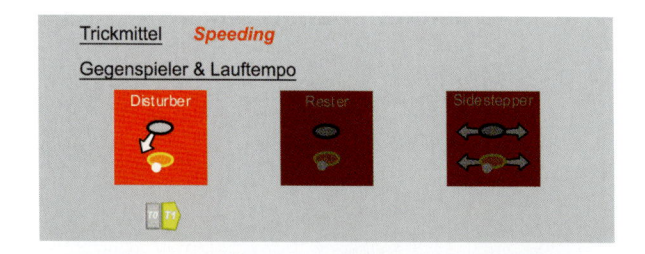

Beim Heel TurnShift drehst du dich überraschend rechtsherum um und kickst den Ball mit der rechten Hacke blitzschnell zur rechten Seite.

Du beschleunigst zum Ball und überläufst den Gegenspieler.

Der Heel TurnShift ist nicht einfach zu spielen. Du drehst dich überraschend um und musst bei der Drehbewegung den Ball genau mit der Hacke treffen. Du drehst dich blitzschnell mit dem Körper hinterher und beschleunigst zum Ball.

Back 2 Face

3. 180° Spins

Die dritte Unterklasse der Spin Trix sind die *180° Spins*. Bei einem *180°* machst du eine halbe Drehung und ziehst dabei den Ball mit der Sohle mit. Das Trickmittel ist *Speeding*. Mit den 180° Spins kannst du sehr schnell beschleunigen und den Ball dabei gut kontrollieren. Dabei werden Balltechnik und Körperbewegung optimal miteinander gekoppelt. Die 180° Spins kommen stylisch und du kannst sie für blitzschnelle Richtungswechsel einsetzen.

Forward 180°

Beim Forward 180° ziehst du den Ball mit der rechten Sohle blitzschnell nach links neben den Gegenspieler und stoppst ihn mit der rechten Sohle.

Du drehst dich blitzschnell rechtsherum um, ziehst dabei den Ball nach vorne mit und überläufst den Gegenspieler.

Der Forward 180° ist ein schöner Trickstyle, bei dem du den Ball mit der Sohle gut kontrollieren kannst. Er wird die ganze Zeit auf der *Saveside* geführt, so hat der Gegenspieler keine Chance, an ihn ranzukommen. Mit der Drehung beschleunigst du schnell nach vorne und gehst am Gegenspieler vorbei.

Sideward 180°

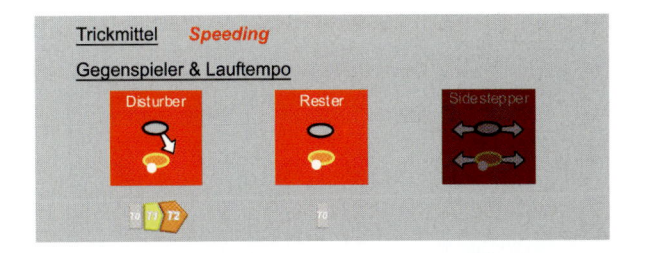

Beim Sideward 180° bewegst du dich ein kleines Stück vom Gegenspieler weg, stoppst den Ball mit der rechten Sohle und drehst dich linksherum um.

Dabei ziehst du den Ball mit der linken Sohle zur linken Seite und beschleunigst am Gegenspieler vorbei.

Der Sideward 180° ist einer der besten Back 2 Face Trix und ein fetter Trickstyle. Ballbehandlung und Körperbewegung werden flüssig miteinander gekoppelt, so dass du sehr schnell abstoppen und umdrehen kannst. Nach der Tricktechnik bist du dann in einer optimalen Position, um mit links aufs Tor zu schießen.

Spin Trix

III. Shift Trix

Bei einem *Shift* spielst du den Ball nach rechts oder links zur Seite. In der Back 2 Face Stellung werden Shifts nicht zum Überlaufen eingesetzt, sondern um dies anzutäuschen und den Gegenspieler zu einer Bewegung zur Seite zur verleiten. Das Trickmittel ist *Faking* und da du den Ball tatsächlich zur Seite spielst, ist es sehr effektiv, denn der Gegenspieler muss darauf reagieren. Dann nimmst du den Ball blitzschnell zur anderen Seite mit und überläufst den Gegenspieler mit einer *Spin*-Technik. Die Shift Trix haben zwei Unterklassen – die *Inside Shifts* und die *Outside Shifts*.

1. Inside Shifts

Beim *Inside Shift* spielst du den Ball mit der Innenseite des Fußes zur Seite. Der Inside Shift ist die stärkere Täuschungstechnik. Mit der Innenseite hast du optimale Ballkontrolle und kannst den Ball weit zur Seite mitnehmen. Er wird dabei vor dem Körper gehandlet und bleibt zunächst auf der *Saveside*. Die Mitnahme in die Gegenrichtung kannst du verdeckt einleiten und dich überraschend zur *CutSide* drehen.

Inside Shift 2 Outside ShiftTurn

Beim Inside Shift 2 Outside ShiftTurn spielst du den Ball mit der rechten Innenseite nach links und täuschst so eine Drehung zur linken Seite an.

Dann nimmst du den Ball blitzschnell mit der Außenseite nach rechts, drehst dich rechtsherum um und überläufst den Gegenspieler.

Der Inside Shift 2 Outside ShiftTurn ist eine einfache Standardtechnik. Da du den Ball beim Shift tatsächlich spielst, muss der Gegenspieler reagieren und sich auch zur Seite bewegen. Um den durch das *Faking* gewonnenen Vorsprung zu nutzen, solltest du die Mitnahme mit der Außenseite ohne zu zögern anschließen.

Inside Shift 2 Switch
Inside ShiftTurn

Beim Inside Shift 2 Switch Inside ShiftTurn legst du dir den Ball mit der rechten Innenseite nach links und täuschst eine Mitnahme zur linken Seite vor.

Dann spielst du ihn mit der linken Innenseite (Switch) nach rechts, drehst dich nach vorne und gehst am Gegenspieler vorbei.

Der Inside Shift 2 Switch Inside ShiftTurn kann sehr schnell gespielt werden. Mit dem Inside Shift täuschst du eine Mitnahme nach links an und spielst ihn dann mit dem anderen Bein blitzschnell wieder zurück. Der Ball wird dabei schön mit dem Körper abgeschirmt.

Shift Trix

Inside Shift 2 Inside TurnShift

Beim Inside Shift 2 Inside TurnShift spielst du den Ball mit der rechten Innenseite zur linken Seite. Dann drehst du dich weiter linksherum um,

spielst den Ball mit der rechten Innenseite blitzschnell nach links und beschleunigst am Gegenspieler vorbei.

Der Inside Shift 2 Inside TurnShift ist ein schöner Trick, bei dem du dich einmal um die eigene Achse drehst. Mit dem Inside Shift spielst du den Ball nach außen, drehst dich hinterher und gehst dann überraschend am Gegenspieler vorbei. Durch die Kombination mit dem Inside Shift, lockst du ihn noch weiter in die falsche Richtung, als beim einfachen *Inside TurnShift* (vgl. S. 358).

Inside Shift 2 180° ShiftTurn

Beim Inside Shift 2 180° ShiftTurn kickst du den Ball mit der rechten Innenseite nach links, täuschst eine Mitnahme zur linken Seite vor und stoppst den Ball mit der rechten Sohle.

Dann ziehst du ihn blitzschnell nach rechts, drehst dich dabei rechtsherum nach vorne und legst dir den Ball am Gegenspieler vorbei.

Beim Inside Shift 2 180° ShiftTurn kanst du den Ball sehr kontrolliert führen. Du spielst ihn nach außen und ziehst ihn dann mit der 180°-Technik *Saveside* wieder zurück. Die Drehung wird schon beim Spielen des Balls eingeleitet, so kannst du schnell am Gegenspieler vorbei beschleunigen.

Shift Trix

Inside Shift 2 Heel SplitShiftTurn

Beim Inside Shift 2 Heel SplitShiftTurn spielst du den Ball mit der rechten Innenseite nach links. Dann kickst du ihn mit der rechten Sohle nach rechts,

drehst dich linksherum um, beschleunigst dem Ball hinterher und überläufst den Gegenspieler.

Der Inside Shift 2 Heel SplitShiftTurn ist ein schöner Style. Du täuschst den Gegenspieler und kickst den Ball mit der Hacke hart und weit zur Seite. Mit der *Split*-Technik drehst du nach vorne auf den Gegenspieler zu und beschleunigst aus der Drehung heraus an ihm vorbei.

Back 2 Face

2. OUTSIDE SHIFTS

Beim *Outside Shift* legst du dir den Ball mit der Außenseite des Fußes zur Seite. Der Ball wird dabei vom Körper nach außen weggespielt und ist so kurzzeitig nicht gesichert. Daher solltest du nach dem Shift gleich mit dem Körper hinterher gehen. Sobald der Gegenspieler sich mitbewegt, beschleunigst du in die Gegenrichtung und überläufst ihn auf der *CutSide*.

Outside Shift 2
Inside ShiftTurn

Trickmittel *Faking*
Gegenspieler & Lauftempo
Disturber Rester Sidestepper

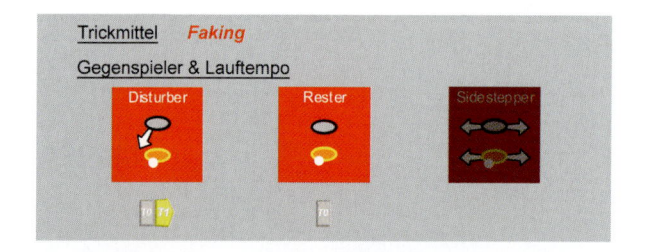

Beim Outside Shift 2 Inside ShiftTurn spielst du den Ball mit der rechten Außenseite nach rechts und täuschst eine Mitnahme zur rechten Seite vor.

Dann nimmst du den Ball mit der rechten Innenseite nach links, drehst dich dem Ball hinterher und gehst am Gegenspieler vorbei.

Der Outside Shift 2 Inside ShiftTurn ist ein einfacher Standardtrick. Mit dem Outside Shift bewegst du dich schnell nach links, nimmst den Ball dann kontrolliert mit der Innenseite wieder zurück und drehst dich nach vorne.

Back 2 Face

Outside Shift 2
Cross ShiftTurn

Beim Outside Shift 2 Cross ShiftTurn spielst du den Ball mit der rechten Außenseite zur rechten Seite. Dann kickst du ihn blitzschnell mit der rechten Innenseite hinter dem Körper nach links,

drehst dich linksherum um, gehst zum Ball und überläufst den Gegenspieler.

Der Outside Shift 2 Cross ShiftTurn ist ein schöner Style. Der Ball wird mit der Außenseite zur Seite gekickt und dann direkt mit der Innenseite hinter dem Körper wieder nach innen gespielt. So kannst du den Gegenspieler täuschen, um mit dem Cross ShiftTurn eng an ihm vorbeizudrehen.

Shift Trix

375

Outside Shift 2 180° TurnShift

Trickmittel *Faking*
Gegenspieler & Lauftempo

Disturber | Rester | Sidestepper

Beim Outside Shift 2 180° TurnShift legst du dir den Ball mit der rechten Außenseite zur rechten Seite und stoppst den Ball mit der rechten Sohle.

Du drehst dich rechtsherum um, ziehst dabei den Ball mit der rechten Sohle nach rechts und nimmst ihn dann mit der Innenseite nach vorne mit.

Der Outside Shift 2 180° TurnShift hat jede Menge Style. Mit dem Outside Shift verleitest du den Gegenspieler dazu, sich nach rechts zu bewegen. Du drehst dich weiter rechtsherum und ziehst den Ball mit dem 180° TurnShift gefühlvoll zur anderen Seite. Der Gegenspieler läuft ins Leere und du kommst in eine ideale Position, um aufs Tor zu schießen.

Back 2 Face

Outside Shift 2
CrossHeel ShiftTurn

Beim Outside Shift 2 CrossHeel ShiftTurn spielst du den Ball mit der rechten Außenseite nach rechts und täuschst eine Drehung zur rechten Seite an.

Dann kickst du den Ball mit rechten Hacke vor dem Körper nach links, drehst dich dem Ball hinterher nach vorne und gehst am Gegenspieler vorbei.

Beim Outside Shift 2 CrossHeel ShiftTurn führst du den Ball permanent auf der *Saveside* und kannst dich eng nach vorne drehen. Mit dem Outside Shift bringst du den Gegenspieler dazu, sich zur Seite zu bewegen. Die *CrossHeel*-Technik verwendest du, um den Ball kräftig in die Gegenrichtung zu kicken und anschließend direkt die Drehung einzuleiten.

Shift Trix

Outside Shift 2 Switch Stroke SplitShiftTurn

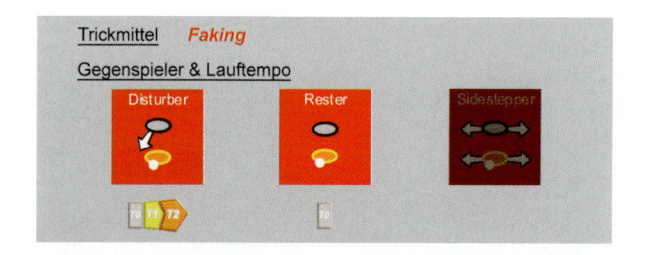

Beim Outside Shift 2 Switch Stroke SplitShiftTurn spielst du den Ball mit der rechten Außenseite nach rechts, stoppst ihn mit der linken Sohle (Switch),

ziehst ihn blitzschnell wieder nach links, drehst dich rechtsherum nach vorne und gehst am Gegenspieler vorbei.

Der Outside Shift 2 Switch Stroke SplitShiftTurn ist eine feine Technik. Mit dem Outside Shift lockst du den Gegenspieler zur *Fakeside*. Durch die *Switch*-Technik kannst du den Ball sehr schnell und für den Gegenspieler überraschend wieder nach innen ziehen, um dann mit der *Split*-Technik explosiv zur Seite zu beschleunigen.

378 Back 2 Face

IV. BYPASS TRIX

Die *Bypass Trix* sind die vierte Unterklasse der Back 2 Face Trix. Bei einem Bypass spielst du den Ball am Gegenspieler vorbei oder über ihn hinweg, drehst dich um, überläufst ihn und nimmst den Ball hinter ihm wieder an. Das Trickmittel ist *Splitting*. Die Techniken lassen sich vor allem gegen Gegenspieler vom Typ *Rester* und *Disturber* einsetzen. Die Bypass Trix sind allesamt fette Trickstyles und wirklich wahre Fußballkunst.

Outside Turn Tunnel

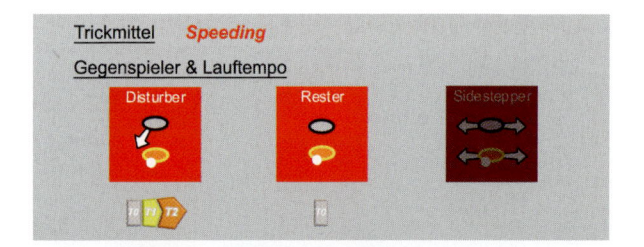

Trickmittel   *Speeding*
Gegenspieler & Lauftempo

Disturber   Rester   Sidestepper

Beim Outside Turn Tunnel legst du dir den Ball ein wenig vor, drehst dich blitzschnell rechtsherum um und spielst den Ball mit der rechten Außenseite durch die Beine des Gegenspielers. Du gehst auf der rechten Seite an ihm vorbei und nimmst den Ball wieder an.

Der Outside Turn Tunnel gelingt besonders gut, wenn du dich vom Tor weg bewegst und der Gegenspieler dich verfolgt. Du stoppst kurz ab, drehst dich um und spielst den Ball direkt aus der Drehung durch die Beine des Gegenspielers. Der Outside Turn Tunnel ist ein schöner Style und dabei nicht sonderlich schwer zu spielen.

Back 2 Face

Cross Turn Tunnel

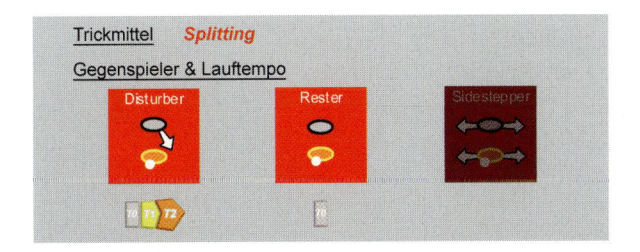

Beim Cross Turn Tunnel machst du eine viertel Drehung nach links und spielst den Ball mit der rechten Innenseite hinter dem Körper durch die Beine

des Gegenspielers nach vorne. Du drehst dich um und überläufst den Gegenspieler auf der rechten Seite.

Der Tunnel ist eine sehr effektive Tricktechnik. Du musst den Ball beim Überlaufen des Gegenspielers nicht erst zur Seite spielen, sondern kannst ihn direkt durch die Beine des Gegenspielers kicken.
Beim Cross Turn Tunnel drehst du dich schon vor dem Kick seitlich zum Gegenspieler. So kannst du gut die Lücke zwischen seinen Beinen ausmachen und den Ball mit der Innenseite kontrolliert hindurch schieben.

Bypass Trix

CrossStroke Tunnel

Beim CrossStroke Tunnel führst du den Ball vor dem linken Bein. Du drehst dich leicht nach links und ziehst den Ball mit der rechten Sohle am Standbein vorbei durch die Beine des Gegenspielers.

Du drehst dich weiter linksherum, gehst auf der linken Seite am Gegenspieler vorbei und beschleunigst zum Ball.

Der CrossStroke Tunnel ist eine schöne Tricktechnik, mit der du den Gegenspieler sehr einfach tunneln kannst. Bevor du die Technik einleitest, solltest du noch kurz einen Blick auf die Beine des Gegenspielers werfen, um den Ball gezielt hindurch spielen zu können. Mit der *CrossStroke*-Technik ziehst du ihn kontrolliert in die Gegenrichtung. Die Bewegung der Balltechnik geht fließend in die Drehbewegung des Körpers über, wodurch du den Gegenspieler sehr schnell überlaufen kannst.

Back 2 Face

180° Tunnel

Beim 180° Tunnel stoppst du den Ball mit der rechten Sohle und ziehst ihn dann blitzschnell durch die Beine des Gegenspielers in die Gegenrichtung.

Du drehst dich rechtsherum um, gehst auf der rechten Seite am Gegenspieler vorbei und beschleunigst zum Ball.

Der 180° Tunnel ist ein fetter Style. Er ist jedoch etwas riskant, da du den Gegenspieler bei der Ausführung der Technik nicht sehen kannst. Schaffst du es, den Ball zwischen den Beinen des Gegenspielers hindurch zu ziehen, läuft er herrlich ins Leere. Schon beim Spielen des Balls, beschleunigst du in die Gegenrichtung und ziehst blitzschnell am Gegenspieler vorbei. Da du dich auf ihn zudrehst, musst du allerdings aufpassen, dass du nicht von ihm umgerempelt wirst.

Bypass Trix 383

Stroke Split Tunnel

Beim Stroke Split Tunnel stoppst du den Ball mit der Sohle und ziehst ihn überraschend durch die Beine des Gegenspielers in die Gegenrichtung.

Dann drehst du dich linksherum, also weg vom Ball, nach vorne, überläufst den Gegenspieler und gehst zum Ball.

Mit dem Stroke Split Tunnel kannst du schnell abbremsen und den Ball gefühlvoll in die Gegenrichtung ziehen. Schon beim Spielen des Ball leitest du die Drehung ein. Dabei kannst du dich schön um den Gegenspieler herum winden und musst keine Angst haben, umgerannt zu werden. Der Stroke Split Tunnel ist eine stylische Tricktechnik, mit der du den Gegenspieler ziemlich alt aussehen lässt.

Back 2 Face

SideHeel Tunnel

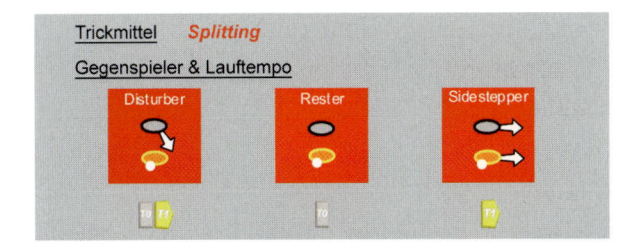

Beim SideHeel Tunnel drehst du dich mit der linken Seite zum Gegenspieler und kickst den Ball mit der rechten Sohle durch seine Beine nach vorne.

Dann drehst du dich rechtsherum um, überläufst den Gegenspieler auf der rechten Seite und beschleunigst zum Ball.

Mit dem SideHeel Tunnel kannst du sehr schnell drehen. Da du dich beim Kicken des Balls schon leicht zur Seite gedreht hast, musst du nicht mehr ganz so weit drehen, um wieder frontal zum Tor zu stehen. Der SideHeel Tunnel ist ein starker Bypass Trick, der auch aus der Seitwärtsbewegung gut spielbar ist.

Bypass Trix

Lop Shove Turn

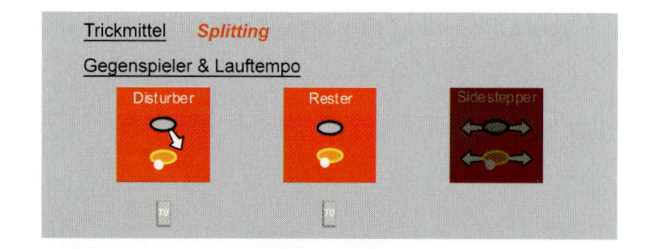

Beim Lop Shove Turn führst du den rechten Spann unter den Ball und schiebst ihn über dich selbst und den Gegenspieler hinweg in die Gegenrichtung.

Dann drehst du dich linksherum nach vorne, überläufst den Gegenspieler auf der linken Seite und nimmst den Ball wieder an.

Der Lop Shove Turn ist eine schwierige Tricktechnik. Beim Shove Lift muss das Bein ganz gestreckt sein, damit du den Ball extrem nach oben schieben kannst. Mit dem Fuß gibst du dem Ball einen letzten Impuls, wobei der Ball exakt mittig auf dem Spann geführt werden muss. Nachdem der Ball den Fuß verlassen hat, drehst du dich sofort am Gegenspieler vorbei und nimmst den Ball mit einer Drop-Annahme wieder an.

Back 2 Face

Cross Turn SideSplit

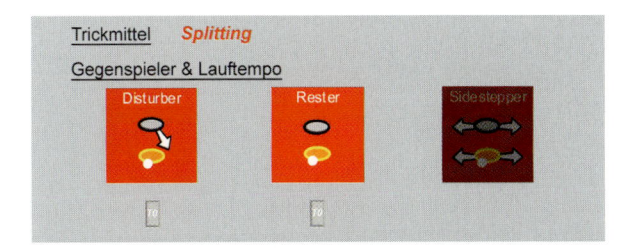

Beim Cross Turn SideSplit ziehst du den Ball mit der rechten Sohle zur Seite und spielst ihn mit einem Cross Kick links am Gegenspieler vorbei.

Dann drehst du dich linksherum um, überläufst den Gegenspieler auf der rechten Seite und nimmst den Ball wieder an.

Den Cross Turn SideSplit können besonders Spieler mit langen Beinen gut einsetzen. Mit einem *Reverse-Stroke* ziehst du den Ball auf die Seite des Gegenspielers, so dass er denkt, du wolltest die Richtung wechseln. Dann kickst du den Ball mit der Innenseite kontrolliert nach vorne, drehst dich um den Gegenspieler herum und überläufst ihn. Damit dieser stylische Trick gelingt, musst du das Zurückziehen des Balls und den Cross Kick schnell und flüssig hintereinander zeigen.

Bypass Trix

Inward Lop Shove SplitTurn

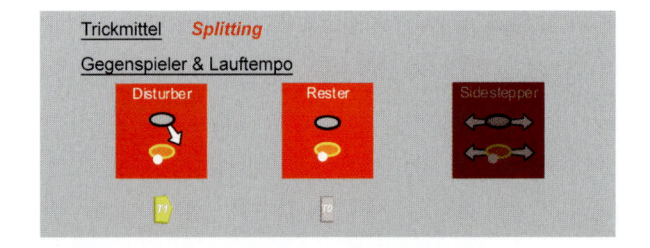

Beim Inward Lop Shove SplitTurn schiebst du den Ball mit dem rechten Spann leicht nach links über dich selbst und den Gegenspieler hinweg.

Dann drehst du dich rechtsherum, also weg vom Ball, am Gegenspieler vorbei nach vorne, überläufst ihn und nimmst den Ball wieder an.

Beim Inward Lop Shove SplitTurn steht der Gegenspieler leicht links hinter dir. Mit der *Shove Lift*-Technik schiebst du den Ball überaschend über ihn hinweg und leitest direkt die Drehung ein. Durch die Rotationsbewegung kannst du explosiv zum Ball beschleunigen und solltest ihn am besten als Dropannahme wieder unter Kontrolle bringen.

Outward Lop Shove SplitTurn

Beim Outward Lop Shove SplitTurn gehst du mit dem rechten Spann unter den Ball und schiebst ihn an deiner rechten Schulter vorbei über dich und den Gegenspieler hinweg. Dann drehst du dich linksherum, also weg vom Ball, am Gegenspieler vorbei und nimmst den Ball wieder an.

Der Outward Lop Shove SplitTurn ist der schwieriger zu spielende Lop Shove SplitTurn. Beim Spielen des *Shove Lifts* gibst du dem Ball im letzten Moment einen Impuls nach außen mit dem Sprunggelenk, damit er leicht nach rechts hinter dich fliegt. Mit der *Split*-Drehung kannst du dann blitzschnell in die Gegenrichtung beschleunigen und den Gegenspieler überlaufen.

Bypass Trix

Heel Split SideSplit

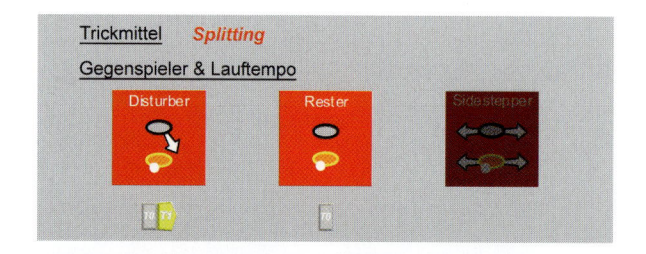

Beim Heel Split SideSplit führst du den Ball mit der rechten Außenseite nach rechts und kickst ihn dann blitzschnell mit der rechten Hacke auf der linken Seite am Gegenspieler vorbei.

Du drehst dich linksherum um, überläufst den Gegenspieler auf der rechten Seite und beschleunigst zum Ball.

Der Heel Split SideSplit ist ein stylischer Move. Mit der Außenseite legst du den Ball seitlich neben den Gegenspieler und kannst ihn dann mit der Hacke kraftvoll nach vorne spielen. Der Außenseit- und der Hackenkick müssen optimal aufeinander abgestimmt werden, damit du den Ball im richtigen Moment in die Gegenrichtung kicken kannst. Dann beschleunigst du aus der Drehung am Gegenspieler vorbei und nimmst den Ball wieder an.

Front Flip 2
Overhead Heel Kick

Trickmittel	***Splitting***
Gegenspieler & Lauftempo	

Beim Front Flip 2 Overhead Heel Kick ziehst du den Ball mit der rechten Sohle auf den linken Spann und schleuderst ihn vor dem Körper in die Luft.

Dann drehst du dich leicht nach links, kickst den Ball mit der rechten Hacke über den Gegenspieler hinweg, gehst zum Ball und nimmst ihn wieder an.

Beim Front Flip 2 Overhead Heel Kick kombinierst du eine *Lifting*- mit einer *Kick*-Technik. Der Ball sollte ungefähr auf Hüfthöhe in die Luft geschleudert werden, dann leitest du die Drehung ein und kickst den Ball mit der Hacke über den Gegenspieler. Den Ball exakt zu treffen ist koordinativ sehr anspruchsvoll, da der Ball volley hinter dem Körper gespielt wird und die Trefffläche beim Heel Kick relativ klein ist. Der Front Flip 2 Overhead Heel Kick ist eine megastylische Tricktechnik, die von guten Spielern auch aus dem Lauf gezeigt werden kann.

Bypass Trix

Overhead Flip Turn

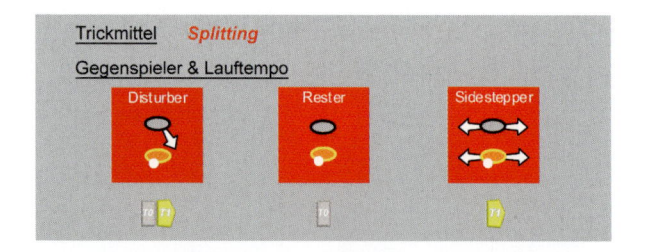

Beim Overhead Flip Turn klemmst du den Ball mit beiden Innenseiten ein, drehst dich rechtsherum nach vorne und ziehst den Ball leicht nach oben.

Beim nächsten Schritt kickst du den Ball mit der rechten Hacke über den Gegenspieler hinweg, überläufst ihn auf der linken Seite und gehst zum Ball.

Der Overhead Flip Turn ist ein schöner Style und eine spektakuläre Tricktechnik. Mit ihm kannst du den Ball überraschend über den Gegenspieler hinwegschleudern. Körperbewegung und Balltechnik werden optimal miteinander gekoppelt und du kannst schon während du den Ball flippst am Gegenspieler vorbei beschleunigen.

Back 2 Face

Front Flip 2 Switch Overhead Heel Kick

Beim Front Flip 2 Switch Overhead Heel Kick ziehst du den Ball mit der rechten Sohle auf den linken Spann und schleuderst ihn vor dir nach oben.

Du drehst dich linksherum um, kickst den Ball mit der linken Hacke (Switch) über dich und den Gegenspieler hinweg und überläufst ihn.

Der Front Flip 2 Switch Overhead Heel Kick ist ein schwieriger, aber megastylischer Trick, den nur wahre Könner drauf haben. Mit dem Front Flip beförderst du den Ball schnell in die Luft. Ihn dann mit der linken Hacke zu treffen, ist nicht ganz einfach, da man ihn beim Kick nicht mehr sieht. Du musst die Technik daher gut einstudieren, um sie auch im Spiel zeigen zu können.

Bypass Trix

V. Stepover Trix

Die fünfte und letzte Klasse der Back 2 Face Trix bilden die *Stepover Trix*. Beim Stepover führst du das Bein am Ball vorbei und täuschst dem Gegenspieler eine Mitnahme zur Seite vor. Dann spielst du den Ball zur anderen Seite und überläufst ihn. Das Trickmittel ist *Faking*. Mit den Stepovers kannst du den Gegenspieler schön täuschen und führst dabei den Ball eng am Körper. Die Tricktechniken können auch gut aus dem Laufen gezeigt werden. Gegenspieler vom Typ *Disturber* werden mit dem Stepover dazu verleitet, nach einer Seite anzugreifen. Gegen den *Sidestepper* sollte die Täuschung zur *SpeedSide* gehen und der Gegenspieler so zu einer Beschleunigung in Laufrichtung animiert werden.

Die Stepover Trix haben drei Unterklassen – die *Inside Stepovers*, die *Outside Stepovers* und die *Double Stepovers*.

1. Inside Stepovers

Beim *Inside Stepover* täuschst du die Mitnahme zur Seite mit der Innenseite an. Der Inside Stepover ist die bessere Stepover-Technik in der Back 2 Face Stellung. Mit ihm kannst du eine weite, raumgreifende Täuschung zur Seite zeigen. Bevor du den Übersteiger spielst, solltest du dir den Ball vor das Standbein legen, damit er vor dem Gegenspieler geschützt ist. Er kann nur schlecht sehen, was du machst und fällt leichter auf das *Faking* herein. Noch besser ist es, den Stepover *Switch* einzuleiten, dann hast du den Ball automatisch vor dem Standbein. Nach der Täuschung nimmst du den Ball blitzschnell in die Gegenrichtung mit, drehst dich nach vorne und gehst am Gegenspieler vorbei.

Inside Stepover 2
Outside ShiftTurn

Beim Inside Stepover 2 Outside ShiftTurn führst du die rechte Innenseite über den Ball hinweg und täuschst so einen Richtungswechsel nach links an.

Dann nimmst du den Ball mit der Außenseite nach rechts, drehst dich dem Ball hinterher und überläufst den Gegenspieler.

Der Inside Stepover 2 Outside ShiftTurn ist ein einfacher und effektiver Standardtrick. Da der Ball beim Innenseitübersteiger vor dem Standbein liegt, kannst du ihn gut abschirmen und der Gegenspieler kann ihn dir nicht wegspitzeln. Da er schlechte Sicht auf den Ball hat, reagiert er leicht auf das *Faking* und bewegt sich nach links. Du spielst den Ball mit der Außenseite schnell nach rechts und drehst dich am Gegenspieler vorbei.

Inside Stepover 2 Switch Inside ShiftTurn

Beim Inside Stepover 2 Switch Inside ShiftTurn täuschst du durch einen Innenseitübersteiger mit dem rechten Bein eine Mitnahme nach links vor.

Dann spielst du den Ball mit der linken Innenseite (Switch) nach rechts, drehst dich hinterher und gehst am Gegenspieler vorbei.

Mit dem Inside Stepover 2 Switch Inside ShiftTurn täuschst du dem Gegenspieler eine raumgreifende Mitnahme nach links vor. Dazu drehst du dich weit zur linken Seite, drehst dann sofort dagegen und beschleunigst aus der Hüfte nach rechts. Mit der Innenseite spielst du den Ball kontrolliert zur Seite und gehst am Gegenspieler vorbei.

Stepover Trix

Inside Stepover 2 Cross TurnShift

Beim Inside Stepover 2 Cross TurnShift täuschst du mit der rechten Innenseite eine Mitnahme nach links an. Dann drehst du dich weiter linksherum,

kickst den Ball mit der rechten Innenseite nach links und beschleunigst am Gegenspieler vorbei.

Der Inside Stepover 2 Cross TurnShift ist eine schöne und effektive Variante des Inside Stepovers. Du drehst dich einmal um die eigene Achse und kannst mit der Rotationskraft schnell beschleunigen. Schon vor dem Shift bekommst du die *Scorezone View* zurück und kannst den Ball dann mit der Innenseite kontrolliert zur Seite spielen. Der Ball bleibt dabei die ganze Zeit auf der *Saveside*.

Back 2 Face

Inside Stepover 2
Switch 180° TurnShift

Trickmittel	*Faking*	
Gegenspieler & Lauftempo		
Disturber	Rester	Sidestepper

Beim Inside Stepover 2 Switch 180° TurnShift zeigst du mit rechts einen Innenseitübersteiger zur linken Seite. Du drehst dich weiter linksherum um,

ziehst den Ball mit der linken Sohle (Switch) blitzschnell nach links und überläufst den Gegenspieler auf der linken Seite.

Der Inside Stepover 2 Switch 180° TurnShift ist ein schöner Style. Mit dem Übersteiger täuschst du den Gegenspieler und nimmst den Ball dann *Switch* zur Seite mit. Durch die Switch-Technik kann der Trick schnell gezeigt werden. Nach dem Inside Stepover drehst du dich weiter linksherum. Die Drehkraft kannst du ausnutzen, um schnell am Gegenspieler vorbei zu beschleunigen. Nach der Tricktechnik kommst du in eine optimale Körperposition, um mit links aufs Tor zu schießen.

Stepover Trix

2. Outside Stepovers

Mit dem *Outside Stepover* täuschst du eine schnelle Mitnahme nach außen an. Der Außenseitübersteiger ist die etwas schwächere Stepover-Technik in der Back 2 Face Stellung. Der Ball befindet sich bei der Täuschbewegung ungeschützt und für den Gegenspieler gut sichtbar zwischen deinen Beinen und kann so gezielt von ihm weggespitzelt werden. Du solltest den Outside Stepover daher nicht zu dicht am Gegenspieler zeigen und ihn vor allem aus dem Stand vermeiden.

Outside Stepover 2
Inside ShiftTurn

Trickmittel   *Faking*
Gegenspieler & Lauftempo
Disturber — Rester — Sidestepper

Beim Outside Stepover 2 Inside ShiftTurn führst du die rechte Außenseite über den Ball hinweg und täuschst damit eine Mitnahme nach rechts an.

Dann spielst du den Ball mit der rechten Innenseite nach links, drehst dich hinterher und überläufst den Gegenspieler.

Der Outside Stepover 2 Inside ShiftTurn ist eine einfache Standardtechnik. Mit dem Außenseitübersteiger verleitest du den Gegenspieler zu einer Bewegung nach rechts. Da der Ball dabei nicht geschützt ist, musst du aufpassen, dass der Gegenspieler ihn nicht zwischen deinen Beinen hindurch wegspitzelt. Mit der Innenseite nimmst du den Ball dann kontrolliert nach links mit und drehst dich am Gegenspieler vorbei.

Stepover Trix

Outside Stepover 2
Switch Outside ShiftTurn

Trickmittel *Faking*
Gegenspieler & Lauftempo
Disturber   Rester   Sidestepper

Beim Outside Stepover 2 Switch Outside ShiftTurn täuschst du mit einem Außenseitübersteiger mit rechts einen Richtungswechsel zur rechten Seite an.

Dann kickst du den Ball blitzschnell mit der linken Außenseite (Switch) nach links, drehst dich linksherum um und nimmst den Ball nach vorne mit.

Der Outside Stepover 2 Switch Outside ShiftTurn kann sehr schnell gezeigt werden. Du verlagerst das Gewicht kurz nach rechts und zeigst den Übersteiger, dann verlagerst du das Gewicht wieder nach links und spielst den Ball *Switch* zur Seite. Nach der Drehung kannst du gut mit rechts aufs Tor abziehen.

402   Back 2 Face

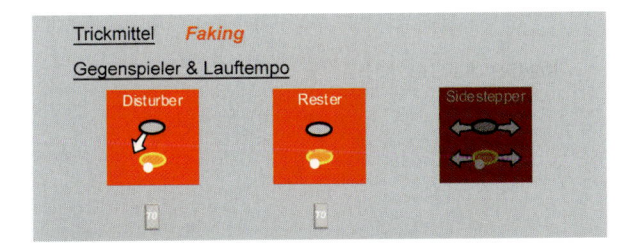

Outside Stepover 2 CrossStroke ShiftTurn

Beim Outside Stepover 2 CrossStroke ShiftTurn zeigst du einen Außenseitübersteiger zur rechten Seite. Dann ziehst du den Ball mit der rechten Sohle

vor dem Körper nach links, drehst dich linksherum um, gehst zum Ball und überläufst den Gegenspieler.

Mit dem Outside Stepover 2 CrossStroke ShiftTurn täuschst du den Gegenspieler und ziehst den Ball dann gefühlvoll mit der Sohle zur Seite. Die Drehung nach links wird schon beim Ziehen des Balls eingeleitet und du kannst sehr eng am Gegenspieler vorbei drehen.

Stepover Trix

Outside Stepover 2 Switch FrontTween ShiftTurn

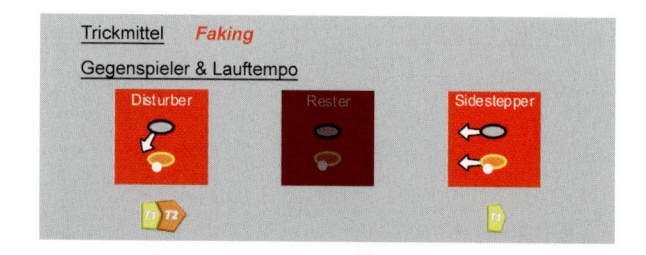

Beim Outside Stepover 2 Switch FrontTween ShiftTurn zeigst du mit rechts einen Außenseitübersteiger und stoppst den Ball mit der linken Sohle.

Dann ziehst du ihn mit der linken Sohle (Switch) von vorne durch deine Beine zur linken Seite, drehst dich linksherum um und gehst aufs Tor zu.

Der Outside Stepover 2 Switch FrontTween Shift-Turn ist eine sehr stylische Variante des Outside Stepovers. Gleich nach dem Übersteiger nimmst du den Ball *Switch* an, ziehst ihn blitzschnell zwischen deinen Beinen hindurch zur Seite und leitest direkt die Drehung nach links ein. So wird der Ball dicht am Körper geführt und du kannst sehr eng drehen.

Back 2 Face

Outside Stepover 2
Inside SplitShiftTurn

Beim Outside Stepover 2 Inside SplitShiftTurn zeigst du mit rechts einen Außenseitübersteiger und täuschst so eine Mitnahme zur rechten Seite an.

Dann spielst du den Ball blitzschnell mit der rechten Innenseite nach links, drehst dich rechtsherum nach vorne und überläufst den Gegenspieler.

Der Outside Stepover 2 Inside SplitShiftTurn ist eine schöne Styletechnik. Du zeigst den Outside Stepover und bewegst dich nach rechts, dann kickst du den Ball kontrolliert zur Seite und beschleunigst mit der *Split*-Technik explosiv am Gegenspieler vorbei. Da du dich auf ihn zudrehst, solltest du genug Abstand halten.

Stepover Trix

405

3. Double Stepovers

Die dritte Unterklasse der Stepover Trix bilden die *Double Stepovers*. Bei einem Double Stepover zeigst du zwei Übersteiger hintereinander. So kannst du auch sehr aufmerksame Gegenspieler ausspielen, die nicht gleich auf den ersten Stepover reagieren. Da der Ball beim Übersteiger eng geführt wird, sind Double Stepovers auch gut beim schnelleren Lauf weg vom Tor einsetzbar. Die Tricktechniken können ideal gegen Gegenspieler vom Typ *Disturber* verwendet werden. Dieser reagiert, nachdem er schon beim ersten Stepover attackiert hat, besonders heftig auf den zweiten Übersteiger. Du nimmst den Ball schnell zur anderen Seite mit und lässt ihn ins Leere laufen. Der Übersteiger kann auch mehrfach gezeigt und zum *Multiple Stepover* erweitert werden.

Double Inside Stepover

Beim Double Inside Stepover führst du die rechte Innenseite über den Ball hinweg und täuschst so eine Drehung nach links an. Dann täuschst du mit der linken Innenseite (Switch) eine Mitnahme nach rechts an.

Du kickst den Ball nach links, drehst dich linksherum um und überläufst den Gegenspieler.

Der Double Inside Stepover ist eine der besten *Faking*-Techniken in der Back 2 Face Stellung. Mit den Inside Stepovers zeigst du zwei weite Körpertäuschungen zur Seite, die sehr flüssig gezeigt und gut in die Laufbewegung integriert werden können. Der Ball wird die ganze Zeit mit dem Körper abgeschirmt und der Gegenspieler kann nur schwer erkennen, was mit dem Ball passiert.

Stepover Trix

Outside-Inside Stepover

Trickmittel *Faking*
Gegenspieler & Lauftempo

Beim Outside-Inside Stepover täuschst du mit einem Außenseitübersteiger eine Mitnahme nach rechts an. Dann täuschst du mit einem Innenseitübersteiger eine Mitnahme zur linken Seite an.

Du legst dir den Ball blitzschnell nach rechts, drehst dich hinterher und überläufst den Gegenspieler.

Beim Outside-Inside Stepover kombinierst du einen Außenseit- und einen Innenseitübersteiger. Direkt nach dem Outside Stepover verlagerst du das Gewicht nach innen, um den Inside Stepover zu spielen. Dann beschleunigst du aus der Hüfte, spielst den Ball zur Seite und drehst dich am Gegenspieler vorbei.

Back 2 Face

Inside-Outside Stepover

Trickmittel *Faking*
Gegenspieler & Lauftempo

Disturber — Rester — Sidestepper

Beim Inside-Outside Stepover täuschst du mit der rechten Innenseite einen Richtungswechsel nach links an. Dann täuschst du mit einem Outside Stepover eine Drehung nach rechts an.

Du spielst den Ball zur linken Seite, drehst dich nach vorne und beschleunigst am Gegenspieler vorbei.

Beim Inside-Outside Stepover führst du das Bein nach innen über den Ball und täuschst eine weite Mitnahme nach rechts an. Dann ziehst du das Bein blitzschnell wieder nach außen. Das *Faking* ist besonders effektiv, wenn du den Kopf beim Stepover kurz mit zur *Fakeside* drehst. Mit einer *Switch* Außenseitmitnahme kannst du schnell am Gegenspieler vorbeidrehen und aufs Tor zudribbeln.

Stepover Trix

Weitere Trix ohne Abbildung

Face 2 Face Trix

I. Fake Trix

    Double Inside Fake
    Inside-Outside Fake

II. Shift Trix

CutShifts

    InwardStroke CutShift
    OutwardStroke CutShift

ReverseShifts

    Inward Outside ReverseShift
    Switch Inside ReverseShift
    Inward Switch Outside ReverseShift
    Switch SideHeel ReverseShift

SplitShifts

    CrossStroke SplitShift

DoubleShifts

    Inside-Heel Shift
    CrossStroke DoubleShift
    Outward Stroke-SideHeel Shift
    CrossHeel-Stroke SplitShift

    BackTween-CrossHeel Split DoubleShift
    Inside-CrossStroke DoubleShift
    CrossOutside-Outside DoubleShift

III. Bypass Trix

    Inside SideSplit
    Outside Tunnel
    Cross Tunnel
    Heel Lift 2 Overhead Heel Kick
    Heel Lift 2 Swith Overhead Heel Kick

IV. Stepover Trix

Outside Stepovers

    Outside Stepover 2 SideHeel Shift
    Outside Stepover 2 CrossStroke Shift
    Outside Stepover 2 CrossHeel Shift
    Outside Stepover 2 SideStroke Shift
    Outside Stepover 2 BackTween Shift
    Outside Stepover 2 CrossHeel SplitShift

Inside Stepovers

    Inside Stepover 2 Heel Shift
    Inside Stepover 2 OutwardStroke CutShift
    Inside Stepover 2 FrontTween Shift

Inside Stepover 2 Stroke SplitShift
Inside Stepover 2 Heel SplitShift

Stepover Combos

InwardStroke 2 Outside Stepover

VI. ShotFake Trix

ShotFake 2 Switch Inside SpeedShift
ShotFake 2 InwardStroke CutShift
ShotFake 2 CrossStroke Shift

Side 2 Side Trix

I. Fake Trix

Inside Fake 2 Outside Turn (SS)
Inside Fake 2 Switch Outside Turn (SS)

II. Spin Trix

Turn Spins

FrontTween Turn (WS)
BackTween Turn (SS, WS)
Switch CrossOutward Turn (SS)

III. Bypass Trix

Inside Tunnel (SS)
Outside CutShift (WS)
Heel CutShift (WS)
CrossHeel CutShift (SS)
SideHeel SideSplit (SS)
OutwardStroke Tunnel (WS)
SideStroke CutShift (SS)
Heel SplitShift Tunnel (WS)

Inward Lop Shove Shift (SS)

IV. Stepover Trix

Outside Stepovers

Outside Stepover 2 Cross Turn (WS)
Outside Stepover 2 Heel Turn (WS)
Outside Stepover 2 Heel SplitTurn (WS)
Outside Stepover 2 Switch Cross Turn (WS)

Inside Stepovers

Inside Stepover 2 SideStroke Turn (SS)
Inside Stepover 2 CrossHeel Turn (SS)
Inside Stepover 2 CrossHeel SplitTurn (SS)

V. Stop&Go Trix

Inside Stops

Inside-Outside Stop&Go (SS)
Inside-Cross Stop&Go (WS)

Inside-180° Stop&Go (WS)
Inside-Switch Cross Stop&Go (SS)

Outside Stops

Outside-Inside Stop&Go (WS)
Outside-SideStroke Stop&Go (WS)
Outside-Switch Outside Stop&Go (SS)

Cross Stops

Cross-Switch SideStroke Stop&Go (SS)
Cross-Cross Stop&Go (SS)
Cross-CrossHeel Stop&Go (WS)

180° Stops

180°-Switch 180° Stop&Go (SS)
180°-CrossHeel Split Stop&Go (WS)

Stroke Split Stops

Stroke Split-Switch Outside Stop&Go (WS)
Stroke Split-CrossHeel Split Stop&Go (WS)

VI. ShotFake Trix

ShotFake 2 Cross Turn (SS)
ShotFake 2 SideHeel Turn (SS)

Back 2 Face Trix

I. Fake Trix

Double Outside Fake
Inside-Outside Fake
Outside-Inside Fake

II. Spin Trix

ShiftTurn Spins

Outside SplitShiftTurn
CrossStroke SplitShiftTurn

TurnShift Spins

CrossHeel TurnShift

III. ShiftTrix

Inside Shifts

Inside Shift 2 Stroke SplitShiftTurn
Inside Shift 2 Heel ShiftTurn

ohne Abbildung

Outside Shifts

Outside Shift 2 Switch Outside ShiftTurn
Outside Shift 2 CrossHeel SplitShiftTurn
Outside Shift 2 Switch Stroke SplitShiftTurn
Outside Shift 2 Switch 180° ShiftTurn

IV. Bypass Trix

Outside SideSplit
Stroke Split SideSplit
CrossStroke Split Tunnel
CrossHeel Split Tunnel

V. Stepover Trix

Inside Stepovers

Inside Stepover 2 180° ShiftTurn
Inside Stepover 2 Heel ShiftTurn
Inside Stepover 2 SideStroke TurnShift
Inside Stepover 2 Heel SplitShiftTurn

Outside Stepovers

Outside Stepover 2 Cross ShiftTurn
Outside Stepover 2 CrossHeel ShiftTurn
Outside Stepover 2 180° TurnShift
Outside Stepover 2 CrossHeel SplitShiftTurn

Double Stepovers

Double Outside Stepover

Stichwortverzeichnis

180° Spins	363	Defensive	13
180° Stops	303	Defensivstrategien	16
180°-Technik	65	Disturber	39
360° Spins	190, 246	Double Stepovers	173, 406
Abwehrmechanismen	33	DoubleShifts	131
Aktivierungsniveau	37	Dribbling	53
Back 2 Face Stellung	327	Einflussfaktoren der Trix	32
Back 2 Face Trix	325	Face 2 Face Stellung	81
BackTween-Technik	68	Face 2 Face Trix	79
Ballführung	52	Fake	85
Ballkreis	70	Fake Trix	85, 214, 332
Beschleunigungsbereich	45	Fakeside	34
Bewegungsraum	43	Faking	34
Blind	74	Fighter, Fighter Skills	15
Bremsbereich	45	Fighting	18
Bypass	150	Flip	157, 160, 391
Bypass Trix	150, 249, 379	ForwardStroke-Technik	63
Cross Shot	59	Frontline	71
Cross Stops	298	FrontTween-Technik	67
Cross-Technik, CrossInside-Technik	59	Fußball Skills	14
CrossHeel-Technik	61	Fußballarbeiter	18
CrossInwardStroke-Technik	66	Gegenspieler	37
CrossOutside-Technik	60	Gegenspielertypen	39, 83, 213, 329
CrossOutwardStroke-Technik	66	GoSide	284
CrossStroke-Technik	64	GoTurn	284
CutShifts	99	Grundelemente	18, 27
CutSide	82, 210, 331	Grundstellungen zum Gegenspieler	74

Grundtechniken	57	Querschnittselemente	25, 27
Hacken-Techniken	60	Real Fighter	39
Handling	31, 53	Receive	31
Heel-Technik	61	Receive Trix	31
Homezone	70	Rester	40
Individual Spiel	14	ReverseShifts	115
Innen- & Außenseit-Techniken	57	ReverseStroke-Technik	64
Inside Dribbling	53	Rohdiamant	20
Inside Shifts	367	Saveside (SS)	73
Inside Stepovers	168, 278, 395	Saveside Handling	73, 210
Inside Stops	286	Schönspieler	21
Inside-Technik	58	Scorezone	70
InwardStroke-Technik	63	Scorezone View	74
Juggling	53	Sektoren	71
Kicks, Kickstyles	31	Semi Scorezone View	74
Kingstyle Football	27	Shift, Shifting	55, 92
Kingstyler	22	Shift-Trix	92, 366
Kondition	22	ShiftTurn	328
Lauftempo	43	ShiftTurn Spins	340
Lifting	53	ShotFake	194
Mandala des Fußballs	18	ShotFake Trix	194, 317
Offensive	13	Side 2 Side Stellung	209
Offensivstrategien	16	Side 2 Side Trix	207
Outside Dribbling	54	Side Run	82
Outside Shifts	373	SideHeel-Technik	62
Outside Stepovers	162, 268, 400	SideSplit	151
Outside Stops	292	Sidestepper	41
Outside-Technik	58	SideStroke Stops	309
OutwardStroke-Technik	63	SideStroke-Technik	64
Pitbull	37	Sohlen-Techniken	62
Power Heel Kick	60	Speeding	33
Psyche	25	SpeedShifts	93

SpeedSide	82, 210, 331	Toy	38
Spin	186	Trägheitskraft	46
Spin Trix	186, 220, 339	Trick-ID	76
Split	65	Trickmittel	33
Split-Drehung, Split-Technik	125	Tricksituation	32
SplitShifts	125	Tripping	53, 62
Split Spins	239	Trix	31
Splitting	35	Turn, Turning	55, 187
Stepover	161	Turn Spins	187, 221
Stepover Combos	178	TurnShift	328
Stepover Trix	161, 267, 394	TurnShift Spins	357
Stop&Go, Stop&Go Trix	284	TurnSide	212
StopTurn	272	Watcher	41
Straight Run	82	Weakside (WS)	73
Stratege, Strategie Skills	15	Weakside Handling	73, 210
Strategie	18		
Strategien	14		
Stroke Split Stops	313		
Stroke Split-Technik	65		
Stroking-Techniken	62		
Style, Styles	18, 31		
Styler, Styler Skills	17		
Switch	87		
T1 – kein Tempo	44		
T2 – langsames Lauftempo	45		
T3 – schnelles Lauftempo	46		
T4 – Top Speed	48		
Tackling	15		
Take Out	73		
Taktik	15		
Team Spiel	13		
Total Scorezone View	74		

Stichwortverzeichnis

StreetSpot

Das Spiel in einer neuen Dimension
www.streetspot.net